叢書 現代社会のフロンティア 15

衰退するジャーナリズム

岐路に立つマス・メディアの諸層

福永勝也 著
Fukunaga Katsuya

ミネルヴァ書房

はしがき

「ＩＴ」（情報技術）の驚異的発展と、それに伴うインターネットという新たな情報伝達手段の登場によって、人々は「メディア・ビッグバン」という情報革命の渦中で生きることを余儀なくされている。このような社会における情報コミュニケーション体系の劇的な変化に加えて、人々のライフスタイルも「ネット時代」の到来によって根底から変容を迫られている。それは、情報に対するアクセス権が距離的条件を超越して飛躍的に拡充されたこと、さらに新聞やテレビを中心とする「マスコミ時代」に顕著だった情報の一方通行（大衆受容）が、ネットの普及によって個人が社会に向けて発信できる「双方向」の時代になったことに端的に表わされている。

このようなメディア環境の激変を「大衆」「情報」「社会」という観点から俯瞰《ふかん》すれば、個人の意思の社会的反映や情報を介した相互コミュニケーションの拡張という点において、ポストモダンの一環である「情報民主主義」の成熟に寄与したといえるのかもしれない。つまり、これまでマス・メディアに依存せざるを得なかった情報収集行為がパーソナルなレベルでも可能となり、さらに情報の「受容者」に甘んじていた一般大衆が、自ら情報発信することによって社会に深くコミットできるようになったわけで、このことは大衆が社会的自己実現のための「情報主権」を掌中にしはじめたことを意味する。社会の表層で「情報革命」が進行するその裏で、人々のマインドやライフスタイルそのものが確実に地殻変動を起こしているのである。

その一方で、インターネット特有の自由奔放性や匿名性ゆえに、「マスコミ時代」に想定されなかった様々な難題も表面化している。出所不明の不確かな情報や恣意的な虚偽情報、さらにネット掲示板への悪質な書き込みによって特定個人を誹謗《ひぼう》中傷する非倫理的行為などがそれで、その結果、インターネットの科学的利便性が大きく毀損《きそん》されている。情報伝達技術が日々刻々、猛烈なスピードで進化し続けているため、ネット世界において公正な秩序がなかなか構築されず、その間隙を縫って数々のトラブルが発生しているのである。

高度情報化時代において、情報の生産者や発信者に倫理観が厳しく求められるのはいうまでもない。しかし、その一方で、それを受容する情報消費者側にも情報の中身を吟味し、その是非を見極める鋭い眼力が求められる。そのような「鑑識眼」を持ち合わせていなければ、私たちは虚実入り乱れた情報洪水に翻弄《ほんろう》され、元来、人間社会のツールにすぎない「メディア」（媒体）に操作されてしまうことになりかねない。いわゆる、メディアクラシー（メディア支配）的社会の出現であるが、そのような事態を防ぐためにも、私たちはメディアや情報を批判的に読み解くメディア・リテラシー能力を備えた「賢い情報人」になる必要がある。

人間と情報の現代史を紐解《ひもと》くと、人々は日常生活を取り巻く情報の大半を、新聞やテレビ・ラジオ・雑誌といったマス・メディアに依存してきた。これらのメディアはジャーナリズム精神に立脚した報道機関として、憲法が保障する「国民の知る権利」に応えるために、正確で公正な公益情報の伝達に努めてきた。それと併せて、権力の監視や弱者の声の反映、世論の形成、さらに大衆に対するアジェンダ・セッティング（議題設定）やオピニオンリーダーといった社会的使命を果たすことに尽力してきたのである。

ところが、民主主義の根幹を支え、社会の地平を切り拓いてきたこれらメディアのジャーナリズム機能が、確固たる座標軸を喪失して急速に衰退の兆しを見せているように思える。その背景には、ネットに象徴される新世代メディアの参入、それに伴う多種多様な情報サービスの普及とメディア間競争の激化、そしてこれまで公共や公益を優先してきたマス・メディアが存亡の危機を迎えて、なりふり構わず〝禁断〟のコマーシャリズム（商業主義）に傾倒し始めたという事情がある。

その傾向がもっとも顕著に現われているのが「テレビ」で、報道機関としての社会的使命より利益優先の視聴率至上主義にどっぷりと浸《つ》かっているように見える。それに対する厳しい批判があっても、テレビ業界に反省の姿勢は見られず、日夜、視聴率稼ぎのための愚にもつかない安直な番組を流し続けている。かつて、大宅壮一は「テレビによる『一億総白痴化』」という刺激的な言葉で警鐘を鳴らしたが、それは今日に至っても依然として無視されたままなのである。

一方、インターネット時代の到来によって、「オールドメディア」と揶揄《やゆ》される新聞業界は前代未聞の苦境に立たされている。若者を中心に〝活字離れ〟が進み、それに伴う販売部数減と広告収入減によって、全国紙・地方紙の分け隔てなく深刻な経営危機に陥っている。「電子新聞」に象徴されるようにネットとの融合も模索されているが、それらは依然として新聞の未来を担うビジネスモデルにはなり得ていない。

それればかりか、これら新旧メディアの乱立による戦国時代的状況が激化するに伴って、本来、ジャーナリズムが死守すべき「言論動機」がいつしか「利潤動機」に侵蝕され、一般企業と同様の経営優先の論理が罷《まか》り通っている。その結果、報道そのものに物事の本質に切り込まない皮相性や、ネットと同様の情報のフラグメント（断片）化が顕著になっており、その帰結として言論機能も質的劣化の一途を辿《たど》っている。実際、かつて論壇ジャーナリズムの世界で威光を放った先鋭的で洞察力のある評論や批評・論説が見られなくなっており、ジャーナリズムは確実に衰退のメカニズムに組み込まれているといえる。

他方、欧米のメディア企業がその資本力にモノをいわせて、活字から電波・映像・ネットを問わず、関連メディアを次から次へと買収して、世界に冠たる巨大メディア・コングロマリット（複合企業）を誕生させている。多種多様な情報コンテンツを囲い込み、それを国境を越えた膨大な数の傘下メディアに流通させることによって、収益効率を飛躍的に高めるのが目的だが、そのことは多様性が尊重されるべきグローバリズムの時代において、一握りの巨大メディアによる「情報独占」が出現することに他ならない。当然のことながら、それは情報文化の世界的覇権や情報帝国主義に発展する危険性を孕《はら》んでいるわけで、「個」の解放を目指す情報民主主義に逆行するといわざるを得ないのである。

本書は第Ⅰ部から第Ⅳ部、計一二章で構成され、第Ⅰ部「『ＩＴ革命』による情報新時代の到来」で、インターネットによる通信革命とそれに伴うマクルーハンのグローバル・ビレッジの誕生、ネット時代における新聞革命の行方（第1章）、さらにメディア界に吹き荒れるＭ＆Ａの嵐や通信と放送の融合など（第2章）について検証した。第Ⅱ部「大衆に対して圧倒的な影響力を誇るテレビメディア」では、テレビニュース革命の旗手となった「ニュースステーション」の詳細な番組分析（第3章）と、これらキャスターニュース番組の主役であるキャスターそのものについて、「久米宏 VS 筑紫哲也」の比較論を含め多角的に考察した（第4章）。また、政治や選挙報道におけるテレビの影響力の大きさや問題点を「小泉劇場」や「選挙特番」の実証的分析を通して浮き彫りにした（第5章）。

第Ⅲ部「社会の公器としてのメディアを取り巻く諸問題」では、政治権力による放送への介入（第6章）やテレビに蔓延《まんえん》する視聴率至上主義（第7章）、さらに松本サリン事件などを例に挙げながら発表ジャーナリズムやメディア・スクラム、報道倫理の崩壊実態を検証した（第8章）。また、雑誌ジャーナリズムの社会的存在意義とプライバシー侵害（第9章）や個人情報保護の社会潮流の中における実名・匿名報道の是非（第10章）についても考察を試みた。第Ⅳ部「『社会の道標』としてのジャーナリズムに求められる課題」では、人間社会においてもっとも愚かな行為というべき戦争について、イラク戦争報道を詳細に分析し、その欺瞞《ぎまん》性や権力に追随する報道姿勢の問題点を明らかにした（第11章）。そして、最後にジャーナリズムとアカデミズムの提携や大学におけるジャーナリスト養成教育の必要性について、「知と情報」の公共圏という観点から学術的考察を加えて問題提起した（第12章）。

本書が完成に至ったのは、日本新聞協会・日本民間放送連盟・米国務省、そして関係新聞社やテレビ局の協力の賜物であり、この場を借りて心から御礼を申し上げたい。三十有余年のジャーナリスト経験を持ち、現在、大学教員である筆者がこの書を著したのは、第一に昨今のジャーナリズムに覇気がなく、社会の道標としてのかつての輝きを失っていることに対する危機感、第二に大学においてジャーナリスト志望者の要望に応える実践的養成教育が十分に行われていないことを痛感したことが、直接の動機である。その意味において、若きジャーナリストや研究者、さらにこれからジャーナリストを目指す学生たちが本書を手に取って、そこから何がしかを学び取っていただければ、著者として望外の喜びである。

二〇一〇年八月

著者　福永勝也

毎日新聞社学芸部デスク時代の筆者（左），右はかつての自分の席を訪れた学芸部の大先輩デスクで作家の井上靖氏（毎日新聞大阪本社にて）

米国 ABC テレビのニュースコメンタリー番組「ナイトライン」のアンカーマン，テッド・コペル氏（左端）と対談する筆者（右端）（ABC テレビ・ワシントンスタジオにて）

衰退するジャーナリズム——岐路に立つマス・メディアの諸層

目次

はしがき

第Ⅰ部　「ＩＴ革命」による情報新時代の到来 ……… ⅰ

第1章　メディア・ビッグバンで変貌を遂げる情報環境 ……… 3

1　インターネットの登場によるユビキタス的な情報通信革命 ……… 3
五年でＰＣユーザー「五〇〇〇万人」突破

2　マクルーハンが予言したグローバル・ビレッジの誕生 ……… 5
〝人間感覚〟の拡張としてのメディア
情報化社会の主役はメディアではなく人間

3　ネット時代に新聞の未来はあるか――紙なきデジタル時代の新聞革命 ……… 7
消滅の危機にある新聞とメディア・ミックス
米連邦議会が新聞業界を「絶滅危惧種」に
相次ぐ新聞社の破産申請と生き残り策
欧米の主要新聞社は「電子新聞」の有料化へ
電子新聞ビジネスで成功した「ウォールストリート・ジャーナル」
巨大部数を誇る日本の新聞業界と日経新聞電子版
ネット時代における新聞ジャーナリズムの存在価値

第2章　新旧メディアによる仁義なき〝M&Aウォーズ〟……21
1　アメリカ・メディア界に吹き荒れる「再編」の嵐……21
イブニングニュースの視聴率が半減
失敗に終わったAOLとタイムワーナーの合併劇
グーグルはネット時代の覇者になれるか
検索連動型の広告ビジネスで「MS帝国」を猛追
「MS・ヤフー連合」はグーグルに対抗できるか
マイクロソフトなどによるグーグル包囲網
2　マードックによる「テレビ朝日株」取得の衝撃……27
閉鎖的な日本の放送界に〝黒船到来〟の激震
放送のグローバル化は時代の要請
3　「ライブドア」によるニッポン放送買収劇と挫折……30
最終目的はニッポン放送ではなくフジテレビの支配
テレビジャーナリズムに対する認識不足を露呈
時価総額主義によるマネーゲームに幕
4　TBSに対する「楽天」の経営統合提案……33
依然として見えない「通信と放送の融合」モデル
三木谷社長の野望とTBS系列局の猛反発
利益追求 VS 公益性が融合のネックに
5　巨大メディア・コングロマリットによる世界支配……38
二四時間ニュース専門チャンネルの登場

メディア戦国時代の覇者・マードックの野望
マードック・ジャーナリズムに対するブーイング
欧米の大企業によるメディア帝国主義と情報支配

第Ⅱ部　大衆に対して圧倒的な影響力を誇るテレビメディア …… 47

第3章　「テレビニュース革命」によるニュースの大衆化 …… 49
1　ニュース番組の揺籃期から「戦国時代」への道程 …… 49
映像メディアの影響力とその社会的存在意義
「きょうのニュース」から「NC9」「ニュースコープ」へ
最終勝利者としての「ニュースステーション」
2　久米宏のキャスターニュース「ニュースステーション」の誕生 …… 54
〝テレビの天才〟と新聞社編集委員の混成チーム
「スペースシャトル爆発事故」特番で驚異的視聴率
ニュース番組によってクローズアップされるテレビジャーナリズム
3　「NHK的ニュース」から視聴者本位のニュースへの転換 …… 60
〝上意下達〟から視聴者のニーズに合わせた大衆路線へ
総花的傾向が顕著なNHKニュース
傾斜編集によって〝主張する番組〟へ

難解なハードニュースを分かりやすく
4　ワイドショー的な〝楽しませるニュース〟の定着……67
外部プロダクションによるエンターテインメント化
5　「キャスターニュース」の醍醐味とその賞味期限……69
久米宏の突然の「降板宣言」と構造疲労
NHKには久米宏の真似はできない
正式なキャスター降板発表と〝燃え尽き症候群〟
「テレビの天才」ならではの鮮やかなフィナーレ
6　「放送の世紀」のジャーナリズムとしてのテレビ報道論……74
テレビによる「一億総白痴化」と論点の単純化
圧倒的な「Nステ人気」の他局への波及
〝知らせるテレビ〟と〝考えさせる新聞〟

第4章　ニュースキャスターは「大衆の代理人」たり得るか……81
1　「キャスターニュース」の誕生とその主役たち……81
「大統領より信頼できるキャスター」としてのクロンカイト
一世を風靡した「ビッグ・アンカーマン時代」の終焉
ニュースを〝伝える〟から〝語る〟時代へ
時代を反映した「語り」のテンポとリズム
2　〝ウォッチドッグ〟としてのテレビジャーナリズム……87
キャスターの個人的見解の披瀝は主観報道なのか

〝主張するキャスター〟がニュースを客観的に語る
政治家を特別視しないで鋭く切り込む
座右の銘「風俗を語るように政治を語れ」と政治の大衆化
ベトナム戦争報道で田英夫がキャスター降板
自民党から「偏向報道」攻撃を受けた久米宏
3 稀代のジャーナリストだった久米宏と筑紫哲也の比較論……97
テレビ・新聞と出自は違ったが〝良きライバル〟
対照的な久米と筑紫のパーソナリティー
自民党支持層の六七％が「久米宏が好き」

第5章 ポピュリズムに翻弄されるメディアの選挙報道……105

1 「小泉劇場」による大衆迎合的ワイドショー……105
有権者にとって不可欠な選挙情勢報道
「小泉劇場」キャンペーンとわが国初のメディア選挙
公平性を逸脱したテレビの選挙報道
テレビ派は自民党、新聞派は民主党に投票
2 不確定要素が大きい新聞社の投票前情勢報道……110
「ＲＤＤ」方式の選挙情勢報道とサンプル数
毎日・朝日が「民主圧勝」を過大予測
3 政治ショーとしてのテレビの「選挙特番」……114
出口調査に基づく開票率ゼロ段階の予測報道

新聞より正確だったテレビの議席予測
〝誤予測〟となった二〇〇九年選挙の出口調査
出口調査の不完全さと特定層の投票動向
予測できなかった〝隠れ自民党支持者〟の出現
4　開票率ゼロ段階での「当確」報道と誤報……120
二〇〇九年衆院選の「当確報道」でテレビ朝日が圧勝
「24時間テレビ」の日本テレビが視聴率トップ
5　投票前の選挙情勢報道による「アナウンスメント効果」とその功罪……123
アンダードッグ効果か、バンドワゴン効果か

第Ⅲ部　社会の公器としてのメディアを取り巻く諸問題

127

第6章　政治権力の介入による放送の独立性の危機……129
1　朝日新聞による「NHK番組改変」報道……129
「自民党議員の圧力でNHKが番組改変」と報道
放送の自律性、番組編集の自由と政治家の圧力
外部からの干渉を排した放送法違反・事前検閲との批判
事実立証の決定打を欠いた朝日の検証報道
「真実相当の理由」を主張する朝日に他メディアからバッシング

読売は「裏付けのない報道は訂正するのが筋」と批判
朝日記者の先入観と取材の詰めの甘さ
〝疑わしきは報道すべき〟メディアの社会的使命

2　政治報道における不偏不党性と公平性――椿局長発言問題……139
「政治とテレビ」と題したテレビ朝日局長の講演内容
「自民党政権は絶対に阻止」という衝撃的な選挙報道指示
事実なら放送法違反に問われかねない〝偏向報道〟
国会喚問で「不必要・不用意・不適正な発言、脱線的な暴言」と陳謝
選挙報道番組の検証後に「椿局長発言は虚偽」の結論
国会喚問によるテレビ報道の萎縮を訴えた筑紫哲也

第7章　職業倫理を崩壊させた「視聴率至上主義」……153

1　テレビ・プロデューサーによる視聴率買収事件……153
視聴率成果主義導入の日本テレビが一〇年連続で「視聴率四冠王」
「視聴率一五%」が暗黙の合格ライン
興信所を使ってモニターを割り出し視聴を依頼
「視聴率の神様」と呼ばれた萩原敏雄社長が副社長に降格
〝審判を買収して得点を上げる〟背景に視聴率獲得優先主義
「真相報道バンキシャ！」誤報の陰にも視聴率と謝礼

2　虚偽で塗り固めた生活情報番組「発掘！　あるある大事典Ⅱ」……160
嘘の「納豆にダイエット効果」の放映で空前の納豆ブーム
大学教授のコメントや血液検査結果をでっち上げる

「捏造やデータ改竄などは一六件」と外部調査委員会が発表
実質的な番組制作を下請け会社に〝丸投げ〟
経営トップの管理能力の欠如とお粗末な危機対応
諸悪の根源としての視聴率至上主義と「視聴質」の導入

第8章　発表ジャーナリズムとメディア・スクラム……170

1　「松本サリン事件」における集団誤報道……170
警察発表に基づく〝犯人視報道〟が冤罪報道に発展
犯人と疑われた河野義行さんが「事実無根」と抗議
新聞・テレビの「謝罪報道」と人権侵害

2　坂本弁護士一家を死に追いやったＴＢＳの責任……174
取材情報は「報道目的」以外に使用しないという鉄則を破る
オウム幹部に見せたインタビュービデオが〝殺人動機〟に
日本テレビが「ＴＢＳが関与」と報道
「ＮＥＷＳ23」の筑紫哲也が「ＴＢＳは死んだに等しい」
担当プロデューサーの解雇・社長の引責辞任で幕引き

3　節度ある取材にはほど遠い「メディア・スクラム」の横暴……179
過剰取材の背景に〝みんなで取材すれば免罪される〟の甘え
和歌山カレー事件と秋田連続児童殺害事件の〝メディア狂騒〟
地元の報道懇話会が〝節度ある報道〟のために取材自粛協定
有罪判決を受けるまでの「推定無罪」とメディア不信

4 「所沢ダイオキシン報道」による風評被害と裁判……185
「所沢市の野菜から高濃度のダイオキシン検出」と報道
ホウレンソウ価格の暴落と「最高濃度は煎茶」との反論
集団提訴で一、二審とも農家側が敗訴
最高裁が「報道の主要部分は誤り」と逆転判決
名誉毀損成立の新基準に対して司法の介入を危惧する声
「ダイオキシン報道の意義は評価されるべき」とする補足意見

第9章 社会を抉る雑誌ジャーナリズムとプライバシー報道……197

1 死者の尊厳を冒す「東電女性社員殺人事件」の暴露報道……197
覗き見趣味の私生活暴露で〝二度〟殺された犠牲女性
「現代という時代を映し出す象徴的な事件」とする報道理由
「死者にムチ打つ報道は控えて！」と母親が涙の訴え
弁護士グループの公開質問書に対するメディア各社の回答
興味本位のプライバシー報道の背景に女性蔑視の風潮

2 「週刊文春」をめぐる報道の自由とプライバシー侵害……202
田中真紀子元外相長女の離婚報道に「出版禁止」
「報道の自由」に対する司法の〝事前検閲〟との批判
「北方ジャーナル」判決を踏襲した高裁の逆転決定
地裁決定に対して毎日・産経が「文春」を擁護
高裁決定で朝日が一転、地裁決定を批判
週刊誌のプライバシー報道に対して高額の損害賠償判決

「私人」「公人」を線引きするプライバシー・ガイドラインの策定を
福田和也・立花隆たちが裁判所・朝日・読売批判
司法権力に対してメディアは「報道の自由」で協調すべき

第10章 メディアによる「実名・匿名」報道と個人情報……222

1 実名報道によって形骸化する「少年法」と人権擁護……222
神戸小学生連続殺傷事件の犯人「酒鬼薔薇聖斗」の人権
フォーカスと週刊新潮が顔写真を掲載して実名報道
インターネットに流される「少年」の詳細な個人情報
徳山工業高専殺人事件で読売新聞・テレビ朝日などが実名報道
実名報道の理由は「少年の死亡で更生の可能性がなくなったから」
「推知報道の禁止」に対して日本新聞協会が柔軟な姿勢

2 「国民の知る権利」を阻害する警察権力の匿名発表……229
警察に実名・匿名発表の権限を与えたことにメディアが猛反発
警察内部の不祥事や公務員関与の事件で〝隠蔽〟の危険性
報道にはリアリティーが求められ、「実名原則」が妥当

3 個人情報保護法によって大きな制約を受ける報道……232
ＪＲ福知山線脱線事故で一〇病院が氏名公表を拒否
兵庫県警が「遺族の了解が得られない」と四人を匿名発表
スマトラ沖大地震の日本人犠牲者四二人のうち実名発表は四人だけ

第Ⅳ部 「社会の道標」としてのジャーナリズムに求められる課題 239

第11章 メディアは戦争の真実を伝えているか …… 241

1 イラク戦争を「正義の戦争」に仕立てる国際世論操作 …… 241
米英が表明した開戦の大義は事実無根だった
「正義の戦争」に仕立てるための対マス・メディア戦略

2 〝見せる戦争〟〝見せない戦争〟と発表ジャーナリズム …… 244
「午後五時の茶番劇」と嘲笑されたベトナム戦争の公式記者会見
湾岸戦争における〝報道のテレビゲーム化〟
イラク戦争ではアラブ系メディアの活躍で戦争報道に一大革命

3 米政府・軍当局の情報操作によって相次いだ誤報道 …… 247
テレビで繰り返し流された「フセイン大統領死亡」の誤報
NYT紙は大統領死亡説を「米軍による心理作戦」と批判
従軍記者たちによる「大量破壊兵器発見報道」が世界中を駆け巡る
「発見報道」のことごとくが虚偽で、失われた開戦の正当性

4 「アル・ジャジーラの戦争」としてのイラク戦争報道 …… 254
英BBCのバスラでの「蜂起」報道を現場取材で覆す
アル・ジャジーラ配信の「米兵捕虜映像」の米国内放映に圧力
「ナイトライン」のテッド・コペルがダブルスタンダードと批判

「中東のCNN」は米国にとって〝敵性メディア〟
アル・ジャジーラ攻撃でアラブ系メディアが一斉に反発
米軍による「パレスチナ・ホテル」攻撃で記者五人が死傷
5 ナショナリズムの鼓舞に利用された米国メディア……262
〝ブッシュ・チャンネル〟として愛国心を掻き立てたFOXテレビ
従軍記者が「戦争を顕微鏡で覗く感じだった」と告白
6 戦場から撤退した日本マス・メディアの〝軟弱ジャーナリズム〟……264
日本の特派員たちはバグダッドからヨルダンへ移動
フリーランサーと比べてひ弱な〝社員ジャーナリスト〟
7 国家の枠組みを超えた「グローバル・ジャーナリズム」への模索……267
〝カウボーイ的二元論〟に翻弄された米ジャーナリズム
客観的な戦争報道のための英BBCの「戦争報道指針」
「イラク戦争」からジャーナリストは何を学んだのか

第12章 ジャーナリズムとアカデミズムは連携できるか……274
1 情報化社会における「知の大衆化」と知識人の役割……274
知識人による社会的コミュニケーションの構築へ
メディアを通して「知の社会化」に貢献したサルトル
2 論議を呼ぶウォルター・リップマンの「大衆論」……276
メディアに操作される〝無知で脆弱な存在〟としての大衆像
リップマンのステレオタイプ化された疑似環境と世論

大衆の視座に立ったスノーとチョムスキーによるリップマン批判
3 「知と情報」の公共園としての論壇ジャーナリズム……280
知の旗手としての論壇知識人と〝知のトライアングル〟
巧みな弁舌と魅力的な風貌が有力な武器に
テレビに常時出演する〝タレント学者〟たちの世俗的欲望
4 「朝まで生テレビ」に常連出演する〝知性の人々〟……283
大衆受けを意識したシナリオ通りの〝知的激論ワイドショー〟
「朝まで生テレビ」の知識人ネットワーク
衆愚的なマスを意識した論点単純化と言葉のキャッチボール
5 新しい知のパラダイムでアカデミズムは「道標」になれるか……288
最近の知識人は「知の断片を切り売りしている知的セールスマン」
知力が大衆を解放すると考えるサイード
6 大学におけるジャーナリズム研究とジャーナリスト教育……289
ジャーナリスト志望学生のニーズに合わない教育内容
大学院でインターンシップを中心としたプロフェショナル研修を

人名・事項索引

第Ⅰ部　「IT革命」による情報新時代の到来

伝統的メディアである新聞はIT時代を「電子新聞」で生き残れるか

第1章　メディア・ビッグバンで変貌を遂げる情報環境

1　インターネットの登場によるユビキタス的な情報通信革命

五年でPCユーザー「五〇〇〇万人」突破

コンピューターの進化に伴って情報通信技術が目覚ましい発展を遂げ、今世紀が「情報革命の世紀」であることは論を俟《ま》たない。地球的規模で世界をネットワーキングするインターネットや衛星通信網、二四時間ニュース専門チャンネル、さらには携帯端末に代表される新世代モバイルの登場によって、人間と情報を取り巻くコミュニケーション体系はいまやコペルニクス的変貌を遂げている。

人々はオンライン上に出現したサイバースペース（電脳空間）やバーチャル・リアリティー（仮想現実）に慣れ親しみ、「情報旧人」とは明らかに異なる新奇性や独創性・空想性に富んだ思考回路を醸成しつつある。このように、前世紀末に起きた「メディア・ビッグバン」は今日、パーソナルな領域から社会全体、さらにはグローバルな空間へと飛躍的にネットワーキングを拡大させ、地球全体をクラウド（雲）のように覆う未来学的なシステム（クラウド・コンピューティング）が出現しようとしている。

このようなメディア環境の劇的な変化を可能にしたのが「IT（情報技術）革命」で、その中核的役割を担ったのがパーソナル・コンピューター（PC）の誕生である。元来、パソコンは米国東海岸のエスタブリッシュメントに対する一種の対抗文化《カウンター・カルチャー》として、ベトナム戦争前後の西海岸にその萌芽を見ることができる。

つまり、全米を支配するワシントンのポリティカル・パワーや、ニューヨークを本拠地とするメディア、コマーシャル・パワーに対するカリフォルニア的インディビジュアリズムに根差した「知的文化的対抗」と形容すべきものである。東海岸の政治・経済的覇権（ハードパワー）と西海岸の芸術文化（ソフトパワー）の対峙という構図であるが、このカリフォルニア・サブカルチャーが〝権力に対抗する個〟や〝主張する個〟として、新世紀にふさわしい「表象文化」を開花させたといっても過言ではない。

以来、インターネットはアメーバのように地球上の隅々にまで浸透し、いまや人々の暮らしや情報収集ツールとして必要不可欠な存在になっている。そして、その普及スピードはこれまでのメディアとは比較にならない速さで、たとえば、わが国においてはラジオのリスナーが五〇〇〇万人に達するのに三八年、テレビの視聴者が一三年を要したのに対し、ネットユーザーはわずか五年という桁《けた》外れのスピードだった。

新聞や雑誌などに代表される活字メディアを情報化時代の「第一世代」とすれば、電波を利用したラジオやテレビは「第二世代」、そして今日のインターネットは「第三世代」ということになる。この新しい電子メディアの特徴は、いつでも・どこでも・誰でも情報に自由にアクセスできるというユビキタス的特性に象徴されるが、それと同時に、これまでマス・メディアが発信する情報の「受け手」にすぎなかった個人が、自らも不特定多数の人々（大衆）に情報発信できるという双方向機能が挙げられる。つまり、人々はネット時代において初めて、社会に対して自己表現できるツールを手にしたわけで、これは情報人としての個人の権利が尊重される「情報民主主義」の誕生といえるかもしれない。

2　マクルーハンが予言したグローバル・ビレッジの誕生

"人間感覚"の拡張としてのメディア

このような新しいコミュニケーション世界の誕生はメディア社会学者、マーシャル・マクルーハン（一九一一〜八〇）によって一九六〇年代に予言されていた。

マクルーハンは、「メディアはメッセージである」というセンセーショナルなキャッチフレーズによって、新しいメディアによる近未来の感覚変容を予告しており、著書『グーテンベルクの銀河系』で人間の五感の外化が技術的頭脳を創造すると指摘。そして、電子技術によって生まれた新しい相互依存が、世界を「グローバル・ビレッジ」（地球村）に造り変えるとする仮説を発表した(1)。また、その二年後に著した『メディア論』において、この仮説を人間と文明に関わる包括的な現代思想にまで敷衍《ふえん》し、今日の「電子メディア時代」を予言していたのである。

彼の理論は、メディアを人間の感覚の拡張あるいは人間の外化した環境と捉《とら》えているところに特徴があり、そのために開発された技術は人間の知覚器官が拡張されたものと考察する。さらに、新しいメディアの電気的技術は身体の拡張を超越した脳髄を含む中枢神経組織の外在化で、それらは分節を持たない統合的場を構成すると考える。

そして、その帰結として「われわれは中枢神経組織を全地球的に拡張し、あらゆる人間経験に即時的な相互関係をもたらす」とする未来学的コミュニケーション論を誕生させた(2)。そのような過程を経て「グローバル・ビレッジ」概念の誕生となったわけだが、そこでは人間の中枢神経系としての空間システムが世界的規模に拡大し、その結果、地球上の距離や国境の消滅、さらには人間社会の同時知覚が可能となり、人間が全体世界に反応するような「地球的ネットワーク」が誕生するとの仮説を打ち立てたのである。

情報化社会の主役はメディアではなく人間

そのような未来モデルを可能にしたのが「ＩＴ革命」ということになるが、実際、今日の電子メディア社会では時間と距離が限りなくゼロに近づき、人々は情報伝達のタイムラグがほとんどなく、情報に対するアクセス権も限りなく平等という状況下で暮らしている。

サミュエル・ハンチントンは著書『文明の衝突』で、東西冷戦後の世界はイデオロギー的対立に代わってキリスト教とイスラム教や欧米文化圏とイスラム文化圏の対立、さらには人種・民族的葛藤が新たな紛争要因になると予言して大きな反響を呼んだ(3)。そのことは、アメリカ同時多発テロ事件やイラク戦争などに兆候を見ることができるが、マクルーハンが予言した「グローバル・ビレッジ」によって、世界中の人々が情報のコミュニケーションを円滑にし、互いに異なることの意義を尊重するようになれば、この「メディア革命」によってハンチントン理論は修正を余儀なくされるかもしれない。

インターネットの普及によって、私たちを取り巻くメディア環境は著しい変容の中に置かれている。しかし、メディアは元来、人間社会の情報媒体として開発されたコミュニケーション装置にすぎない。それゆえ、メディアがどれほど技術的に高度化されたとしても、情報化社会の主役はあくまでも我々「人間」であり、人間自身がそれを使いこなさなければ意味がない。

発信元が分からない真偽不明の匿名情報や虚偽情報、さらには第三者を誹謗《ひぼう》中傷する人権侵害情報などがネット上を飛び交い、精神的に未成熟な子供たちが有害サイトに自由にアクセスできるような無秩序な状況を鑑みれば、人間がメディアに翻弄されているといっても過言ではない。人間とメディアの関係は、メディアが技術的に高度化すればするほど、その操作や管理に困難が伴うのは必然で、それを克服しない限り、真に人間本位の情報社会は実現しないのである。

3　ネット時代に新聞の未来はあるか——紙なきデジタル時代の新聞革命

消滅の危機にある新聞とメディア・ミックス

いつでも・どこでも情報が簡単に入手できる「インターネット時代」の到来によって、若者の間で新聞や本を読まない〝活字離れ〟が進行し、世界中の新聞や出版産業は深刻な斜陽化に直面している。グーテンベルクの活版印刷以来、代表的な活字メディアとして栄華を享受してきた新聞や書籍・雑誌の販売部数が激減し、さらにそれに伴って広告収入も減少して深刻な経営危機に晒《さら》されているのである。

なかでも、「社会の木鐸《ぼくたく》」として社会的影響力を誇ってきた新聞業界では、インターネットによる「紙なき時代」の到来によって、発行部数の減少に歯止めがかからず存亡の危機に立たされている。とりわけ、ネット先進国である米国においては、新聞社の経営破綻が相次ぎ、職場を逐《お》われる記者や編集者が跡を絶たない。

その一方で、新聞社の中にはネットユーザー向けの「電子版」を新聞とネットのメディア・ミックスと位置付け、新たな収益モデルを模索する動きも出始めている。いわゆる、印刷媒体から脱皮を図る「新聞革命」がそれで、世界各地で〝紙なき時代の新聞〟に向けた挑戦が続いているのである。

米連邦議会が新聞業界を「絶滅危惧種」に

新聞産業の凋落《ちょうらく》は全世界に共通した現象だが、その惨状は米国で最も顕著に現われている。米新聞協会（NAA）・米新聞雑誌部数公査機構（ABC）によると、一九九〇年当時、全米で一四五二紙あった新聞総数は二〇〇八年に一四〇八紙にまで減少。さらに、それらの総発行部数はこの五年間で一一％減り、二〇〇九年に四八〇〇万部と縮減の一途を辿《たど》っている。うち、「ニューヨーク・タイムズ」や「ワシントン・ポスト」など都市部を本拠地とする主要三九五紙の総発行部数は三四〇〇万部で、これらの発行部数は前年比七％の落ち込みとなっている。

また、発行部数の減少に加えて、重要な収入源である広告収入も低迷しており、米新聞業界全体で二〇〇七〜〇八年の二年間で二三％も減少。このため経営難に陥った新聞社が相次いでリストラを断行し、二〇〇一年から二〇〇九年末までの間、全米の新聞記者や編集者の四分の一が社を去る事態となった。この三年間に限ると、これら解雇された新聞ジャーナリストは二〇〇〇人にも達している。

このような「新聞凋落」の原因としては、インターネットの普及によって、人々が電子メディアで情報を得るという〝新しい習慣〟が社会に根付いたことが挙げられる。しかし、新聞が単なる情報伝達ツールではなく、様々な社会事象を国民の立場から分析・批評し、政治や行政・権力を監視してアジェンダ・セッティング（議題設定）機能を持つ「ジャーナリズム」であることを考えると、その存亡はメディア産業論を超越して民主社会にとって極めて重要な問題といわざるを得ない。それゆえ、危機感を抱いた米連邦議会は、新聞業界を「絶滅危惧種」と命名して、その再生のための法案を提案するなど救済に乗り出したのである。

相次ぐ新聞社の破産申請と生き残り策

実際、米国では経営破綻によって姿を消す新聞社が続出しており、二〇〇七年には「ロサンゼルス・タイムズ」などを発行するトリビューン社や「フィラデルフィア・インクワイアラー」などを発行するフィラデルフィア・ニュースペーパーズ社が、日本の民事再生法に相当する連邦破産法一一条の適用を申請して事実上の倒産。二〇〇九年には、創刊一五〇年の歴史を誇っていた「ロッキーマウンテン・ニュース」（二二万部）が廃刊に追い込まれるなど、一年足らずで一〇社以上が法的整理に追い込まれた。

このような経営破綻の引き金になったのは、総収入の七〇～八〇％を占める広告収入の激減で、その背景にはネットの普及による広告市場のパイの減少と、サブプライム・ショックに端を発した景気後退が挙げられる。

その後、この難局を切り抜けるために、新聞業界で新しい取り組みが始まっている。その一つが紙媒体からオンラインへの移行で、その先頭を切ったのが創刊一〇〇年を誇る「クリスチャン・サイエンス・モニター」（本社ボストン）である。同紙は一時、二二万部あった部数が五万部にまで激減したため、二〇〇九年に日刊紙の発行を中止し、その代わりに、すべてのニュース記事をウェブサイトへ全面移行し、「デジタル新聞」として生まれ変わったのである。

これに、一八六三年創刊の「シアトル・ポスト・インテリジェンサー」（一一万部・ワシントン州）が追随し、「デトロイト・フリー・プレス」もそれまでの日刊宅配版を週三回発行に縮小して、ネットとの併用に踏み切った。このように、新聞各社は競ってウェブサイトや電子版ビジネスの拡充を進めており、これらのサイト閲覧者数は年率約一〇％の伸びを示し、二〇〇九年には約七三〇〇万人に達している。

それでは、新聞業界は電子版に移行することによって、生き延びることができるのだろうか。旧来の紙媒体と比べて、電子版には〝紙面スペース〟に限りがないため、特集やキャンペーン・連載といった長い記事が充実するうえ、掲載写真の枚数にも制限がない。また、記事内容によっては、写真の代わりに動画の配信も可能というメリットもある。それに加えて、ネットの電子版には紙媒体のように朝刊や夕刊といった編集締切がなく、ＣＮＮと同様、二四時間エンドレスでニュースを更新するため、「ニュース速報」という点で圧倒的に優位ということになる。

このような電子版サービスの事業展開を受けて、米アマゾン・ドット・コムは二〇〇七年、通信機能を搭載した電子ペーパー端末「キンドル」を発売し、いつでも・どこでも「ニューヨーク・タイムズ」や「ウォールストリート・ジャーナル」など二六紙の電子新聞が購読できるサービスをスタートさせた。また、「ニューヨーク・タイムズ」や「ワシントン・ポスト」は二〇〇九年夏から宅配のない地域に、このアマゾン端末を割安価格で提供し、その購読料を紙媒体より低く設定して電子版ビジネスの拡大を図っている。

このように、新聞社が長年にわたって培ってきた取材力や分析力・批評力といったジャーナリズム機能をネット部門に活用して、新しいビジネスモデルが構築できないか試行錯誤を続けている。その成否が、高度情報化時代における新聞業界の帰趨を決することはいうまでもない。

欧米の主要新聞社は「電子新聞」の有料化へ

一九九五〜九六年にかけて、英「フィナンシャル・タイムズ」や米「ニューヨーク・タイムズ」、「ウォールストリート・ジャーナル」は、相次いで従来の紙媒体に加えてインターネットの電子新聞（電子版）を創刊した。発行部数や広告収入の減少による経営悪化を、ネット上のニュース閲覧を有料にすることによって打開しようとしたものだが、長い間「ネットは無料」が常識だっただけに、それが収益モデルになるには幾多の困難と障壁が待ち構えていた。

たとえば「ニューヨーク・タイムズ」の場合、二〇〇五年に電子版の会員制有料サービスをスタートさせたが、会員数が思うように伸びずあえなく挫折。このため二年後に再び無料に戻し、閲覧料よりネット広告で利益を上げるビジネスモデルに方向転換した。これが功を奏して、電子版の無料閲覧者は紙媒体（九二万部）の二〇倍以上の二一〇〇万人に達したのである。

これは事実上の〝フリーペーパー〟で、購読料収入が得られなくても、電子版閲覧者の増大によってネット広告が見込める目途が立ったと思われたが、折からのサブプライム・ショックによって景気が後退し、その影響でネット広告が壊滅的な打撃を受ける。〇八年には、同紙の全売上高の六〇％を占める広告売上高が前年比一三％減となり、主役として期待されたネット広告も全体のわずか一二％にとどまって不振を極めた。

しかし、二〇一〇年に創業一六〇年を迎えた同紙にとって、インターネット時代を生き延びる新しいビジネスモデルの構築は避けて通れない大命題である。このため、様々な検討を重ねた結果、この電子版をネット時代における新聞事業の柱として位置付け、二〇一一年三月に再び有料化に戻し、本格的な収益モデルを目指すことになった。

同紙によると、現行の無料で閲覧できるネット記事の本数を制限する一方、一定の閲覧回数を超えた利用者からは料金を徴収する「メーター制」と呼ばれる課金方式を導入。それがどの程度の収益をもたらすかは不透明だが、紙媒体の購読者に対しては購読を継続してもらうためにネット閲覧を無料にしたという。

この窮余の一策としてのメーター課金方式が、「ニューヨーク・タイムズ」の救世主になるのかどうかは不明だが、これまでの例を見るまでもなく、電子版の有料化には数々の困難が伴うとされる。その原因の最たるものが、一般のネットユーザーたちがニュースや記事の無料閲覧や情報の無料検索に慣れ親しんでいることで、それに加えて彼らは一つの情報源ではなく、いくつものウェブサイトにアクセスして、日常的に多種多彩な情報を目にしている点が挙げられる。

つまり、バラエティーに富んだ情報やニュースを無料で楽しむスタイルが定着しているわけで、それを特定の電子新聞に限定し、その閲覧を有料にする電子版のビジネスモデルが、果たしてネット時代に適合するのかという疑問がある。また、有料化に踏み切った場合、当然、アクセス数が減って、ネット広告の売り上げが激減することも予想される。さらに、最悪の場合は紙媒体の購読者がネットに流れて"総崩れ"になる可能性も否定できない。このように、電子版の有料化事業には数々の難題が待ち構えており、そう簡単に「新聞再生」の処方箋にはなり得ないのである。

電子新聞ビジネスで成功した「ウォールストリート・ジャーナル」

一方、電子版の有料化に成功している新聞社もある。全米の新聞発行部数においてトップを誇る経済紙「ウォールストリート・ジャーナル」(発行部数二〇二万部)がそれで、同紙は九六年の電子版スタート当初から課金制度を導入している。当初のネット購読料は年間四九ドルで、紙媒体の定期購読料一六四ドルと比べると三分の一の安さだった。また、紙媒体の購読者にはネット料金を二九ドルと低く設定して、紙媒体とネットの併読を促進する方策をとった。

その後、電子版の会員が増えてビジネスとして軌道に乗り始めると、徐々にネット購読料を引き上げ、最近では電子版一〇三ドル、紙媒体一一九ドル、併読一四〇ドルとして定着している(二〇〇九年)。つまり、同紙の戦略は「併読」を促進することによって、結果的に電子版購読者を増やすというもので、これが功を奏して電子版購読者は一二〇万人にまで膨れ上がり、すでに黒字化に成功している。

「ニューヨーク・タイムズ」もこの方式を採用しようとしているわけだが、このビジネスモデルが一般紙に通用するかとなると疑問視する向きもある。なぜなら、経済専門紙である「ウォールストリート・ジャーナル」の電子版購読者の大半が企業経営者や事業主・ビジネスマンたちで、日々刻々と変化する株価など経済情報をリアルタイムで入手する必要性があり、ネット版は仕事上、不可欠なものである。また、彼らの多くが紙媒体と併せて電子版の契約も可能な比較的豊かな層という特殊事情もある。

一方、二〇〇二年から同様の課金制度を導入した英国の経済紙「フィナンシャル・タイムズ」の電子版は、現在、無料で記事を読むことができる一般閲覧者と登録購読者、さらに課金を適用した有料購読者の三種類に分かれ、その数は各一一四〇万人、一六〇万人、一二万人となっている。電子版の有料購読者は「ウォールストリート・ジャーナル」の一〇分の一にすぎないが、登録・未登録を問わず、閲覧者総数が一三〇〇万人を超えていることから、そこにおけるネット広告が収益確保に一定の貢献をしているのである。

また、一七八五年創刊の世界最古の英国紙「タイムズ」も無料の電子版をスタートさせており、その閲覧総数は米国内の三五〇〇万件を含めて、全世界で七〇〇〇万件に達している。これは紙媒体部数の一〇倍以上の数字である（二〇一〇年七月に有料化スタート）。このように、世界の主要紙では紙媒体の部数増を断念し、その代わりに電子版の国際市場での拡大を図り、そこに活路を見出そうとしているのである。

この「タイムズ」や「ウォールストリート・ジャーナル」を傘下に置くのが、世界に冠たるメディア・コングロマリット「ニューズ・コーポレーション」である。同社のルパート・マードック会長は「インターネット上の情報は無料」という考え方に強く反発する一人で、「質の高いジャーナリズムは決して安くはない」として、二〇一〇年からオーストラリアの「デーリー・テレグラフ」や英国の「サン」、「タイムズ」、さらに米国の「ニューヨーク・ポスト」など、これまで電子版閲覧が無料だったグループ内約三〇の新聞について、一部有料化に踏み切っている。

巨大部数を誇る日本の新聞業界と日経新聞電子版

それでは日本の新聞は一体、どうなっているのだろうか。日本の新聞業界が欧米と明らかに異なるのは、発行総部数の九〇％以上が「宅配制度」に支えられているという点である。さらに、新聞社の個別発行部数が欧米と比べて巨大であることや、売上高の七〇％前後を広告に依存している欧米の新聞と違って、販売が全売上高の約五〇％を占め、広告は約三〇％と比重が小さい点である。このことは、日本の新聞が販売体制において安定感があり、さらに広告比率が小さいことから、米国の新聞社ほど不況の影響を直接的に受けないことを物語っている。

しかし、インターネットという新たなメディアの出現で、新聞が情報産業市場のパイを削られ、販売・広告ともに不振に陥って経営面で苦境にあることは間違いない。実際、これまでテレビや新聞などマス・メディアに集中していた広告の分散化が顕著になり、この一〇年間で新聞社の広告売上高が半減している。朝日や日経という優良企業の赤字転落も、このような新聞社経営を取り巻く厳しい現況を象徴するものといえるだろう。

それに対して、新聞各社も様々な対応策をとっている。全国紙でありながら部数減に歯止めがかからない毎日は、共同通信に再加盟して地方記事の配信を受ける代わりに、地方支局の一部を閉鎖し、取材記者を減らすという大掛かりなリストラに着手した。その一方で、朝日・読売・日経の〝三強〟が共同してインターネット事業に乗り出すなど、ネット時代の新たな再編への動きも加速している。

その中で業界の注目を集めているのが、二〇一〇年四月にスタートした「日経新聞電子版（Ｗｅｂ刊）」である。これは従来の無料電子版ではなく、「ウォールストリート・ジャーナル」などと同様、閲覧者に一定額が課金される本格的な「電子新聞」の誕生である。そこには日経の記事全文が掲載されているほか、二四時間エンドレスで更新された最新ニュースを見ることができる。また、ウェブ紙面には限りがないため、紙媒体より長文の詳細な解説や関連記事・データ閲覧に加えて、過去記事の検索も自由という利便性がある。

つまり、同時性や速報性に加えてページに制限のない詳報性、閲覧者の興味分野に関わるサイトのカスタマイズ性、検索によるデーターベース性、さらに閲覧者からの意見や質問、それに対する編集局からの回答といった双方向性も大きな特徴になっている。そして、携帯電話からのアクセスも可能であるため、いつでも・どこでも詳細な最新ニュースに接することができるという点で画期的といえるかもしれない。

問題は、この電子新聞の閲覧を有料とすることで、苦境に喘《あえ》ぐ新聞社の新たな収益モデルになるのかどうかという点である。その決め手になるのが料金設定であることはいうまでもないが、日経は紙媒体の定期購読者に対しては、電子版を併読する場合、月額購読料にウェブ料金を上乗せした五三八三円（地域によって四五六八円）、そして電子版単独の購読には四〇〇〇円を課金している。これは「ウォールストリート・ジャーナル」と同様、紙とウェブの〝併読〟に重点を置くことによって、既存のビジネスモデルを毀損《きそん》しないために、紙媒体の購読者に配慮した料金体系である。

この電子新聞は「ウォールストリート・ジャーナル」と同様、ビジネス界を中心にかなりの閲覧者が期待できると見られている（創刊一年後の有料会員は約二〇万人）。しかし、読売や朝日のように一〇〇〇万部・八〇〇万部という巨大部数を誇り、しかも日経とは違って全国津々浦々に専売店を張り巡らせている総合全国紙にとって、電子新聞は読者のニーズや販売店経営といった観点から現実的でないとする考えが支配的だった。しかし、朝日は二〇一一年五月、電子化に踏み切った。

ネット時代における新聞ジャーナリズムの存在価値

新聞は民主主義の礎石として長年、その存在感を誇示してきたが、インターネットが張り巡らされた今日の「紙なき時代」において、新聞ジャーナリズムが果たして存続できるのか、岐路に立たされているといっても過言ではない。とりわけ、その経営面において欧米と日本の主要紙における新たな試みを紹介してきたが、この新旧メディアの特性や社会的影響力を勘案すれば、やはり「電子新聞」に象徴される「新聞とネットの融合」以外に道はないのかもしれない。

過去を振り返ると、テレビが世の中に登場した時、当時のメディア研究者たちは盛んに「新聞の消滅」を喧伝《けんでん》した。それほどテレビメディアのインパクトは強烈で、映像は活字より魅力的で迫力があり、速報性という点においても新聞より優れていることから、新聞はテレビとのメディア競争に敗れて消えていく運命にあると考えた。しかし、これらの予言は見事に外れ、新聞は消滅するどころか、テレビの普及との相乗効果によって飛躍的に部数を伸ばしたのである。

このように、新しいメディアが登場すると、旧来のメディアが淘汰《とうた》されるという短絡的な発想が学界などで開陳されるが、それは人間社会を取り巻く情報環境の現実を正しく認識していないからに他ならない。今日のインターネット時代にしても、その利便性ゆえにネットが社会の隅々にまで張り巡らされ、情報環境がアナログからデジタルへ移行するのは必然であるが、かといって旧来のテレビやラジオ・新聞・雑誌・映画が姿を消してしまうというのはどうだろうか。

元来、人間には必ずしも最新の優れたメディアに特化することなく、特性の異なる様々な新旧メディアを巧みに使い分ける習性がある。それは、人々の情報に対する感性や趣向がバラエティーに富んでいるためで、情報伝達技術の優位性が必ずしも決定的要因とはならない。

それに加えて、情報伝達ツールとしてのインターネットと違って、活字メディアである新聞は「ジャーナリズムの盟主」として、民主社会を根底から支えるという社会的使命を担っている。つまり、新聞には報道機関としての言論機能があり、社会事象に対する鋭い分析や批評・解説・論説といったジャーナリズム活動とその存在意義は、ネット時代においても他の追随を許さないのではないだろうか。

インターネットは膨大な情報を瞬時に送受信したり、双方向のインターラクティブ機能によってコミュニケーション体系を劇的に変容させたが、それはあくまでも情報伝達ツールとして優れているにすぎない。つまり、通信・伝達機能がどれほど優れていても、そこを流れる情報に、権力に対するウォッチドッグ（番犬）や大衆に問題提起するアジェンダ・セッティング、さらにはオピニオンリーダーといったジャーナリズム機能がなければ、高度情報化社会を主導する「旗手」にはなり得ないのである。

その意味で、新聞を筆頭にしたプロのジャーナリスト集団としてのマス・メディアの存在は、今日の電子的情報環境においても無視できないわけで、とりわけ新聞は長年培ってきた情報収集力と分析力を生かし、卓越した解説性や批評性・言論性に特化したジャーナリズムとして存在感を示すことができるのではないだろうか。

注

（1）マーシャル・マクルーハン（森常治訳）『グーテンベルクの銀河系』みすず書房、一九八六年。グーテンベルクによる活版技術が人間社会にどのような影響を与えたかをメディア論的に解析したもので、マクルーハンは活字という視覚メディアが聴覚や触覚をいかに抑圧してきたか、その経緯や歴史を丹念に例証した。また、この活字文化はアルファベットの発明に端を発し、社会の均質化や視覚化を促進したと考えると同時に、知性と感性を分離させる歴史的役割を担ったと考察する。そして、文化変容の理論において五感の外化に応じて変化する感覚比率の知識が必要であることなど、人間が発明した行為媒体のすべてが人間の感覚器官の拡張であるとするマクルーハンのメディア原理が、この著書において随所に表象されている。

（2）マーシャル・マクルーハン（栗原裕・河本仲聖訳）『メディア論』みすず書房、一九八七年。この著書の冒頭でマクルーハンは、世界は機械化し細分化する科学技術を用いて「外爆発」を続けてきたが、それを終えた今、「内爆発」を起こしていると述べている。別の項では、前者を中心から周縁へ向かう「遅々たる爆発」、さらに後者については空間と機能が相互浸透する「瞬間的内爆発」と形容している。つまり、前者が機械の時代における身体の空間への拡張であるのに対して、後者は、電気技術やエレクトロニクス技術が発達した今日、人間は身体ではなく中枢神経組織自体を拡張し、それは地球規模に及んでいると考える。そこでは旧来の時間も空間も消滅し、さらに国境や文化の障壁が一掃されており、彼はそのような感覚や神経が拡張したメディア状況を「人間拡張の最終相」と名付けた。

このような論理展開を経てマクルーハンの「グローバル・ビレッジ」（地球村）が誕生し、そこでは人間の諸機能が社会や制度に拡張し、結果的に個人の意識と公衆の意識が統合的な全体性を有する「人間家族」が生まれると説く。その重要な要素として、人間が関与せざるを得ないような全体の場を瞬時に、しかも常時つくり出す電気的メディアの全体的有機的相互作用を引き起こす即時的関与、つまりスピードを挙げている。このようなメディア社会の劇的な変容について、マクルーハンは「人間とこの地球という名の惑星との関係に変化をもたらし、この惑星の規模を夕方の散歩程度のものに縮小してしまった」と指摘する。

このほか、メディアを「熱いメディア」と「冷たいメディア」に分類し、それを区別する基本原理を当該メディアが単一の感覚を高精細度で拡張するものであるかどうかという点に置き、前者のメディアとしてラジオや映画、写真など、後者としては電話やテレビ、漫画などを挙げている。感覚を重視するマクルーハンならではの分析であるが、このことが果たして現代メディア解析においてうまく機能するのか疑問もある。

それと同様に、マクルーハン理論の象徴ともいうべき冒頭の「メディアはメッセージである」という命題にしても、その根拠としての「いかなるメディア（すなわち、われわれ自身の拡張したもののこと）の場合でも、それが個人および社会に及ぼす結果というものは、われわれ自身の個々の拡張（つまり、新しい技術のこと）によってわれわれの世界に導入される新しい尺度に起因する、ということだ」という記述は、細部において曖昧《あいまい》さや矛盾が指摘されている。ここに登場する「われわれ」が果たして、新たなメディアに対応できるよう改変された中枢神経組織を持つ身体なのか、それとも知性を備えたヒューマンな人間存在なのかも不明確である。

さらに、マクルーハンはメディアを人間自身の「外化した環境」、あるいは我々の中枢神経組織の大規模な拡張と捉えており、それは極論すれば人間自身ということになる。また、私たちが一般的にメディアと理解しているテレビやラジオにとどまらず、交通機関も含め人間の開発する技術すべてを「メディア」と呼んでいる。その結果、メディアにとって重要なのは内容ではなく、メディアそれ自体ということになり、このことの認識にはかなりの困難性が伴うに違いない。人間は自覚しないまま自身の生み出したメディアによって変容させられるという認識は評価されるが、「メディアはメッセージである」という表現はあまりにも感覚的かつ象徴的で、逆説的要素が包含されているがゆえに、今日の電子メディア時代において論議を呼ぶのは必然といえるだろう。

（3）　サミュエル・ハンチントン（鈴木主税訳）『文明の衝突』集英社、一九九八年。

参考文献

青木日照・湯川鶴章『ネットは新聞を殺すのか』NTT出版、二〇〇三年。

赤木昭夫『インターネット社会論』岩波書店、一九九六年。

ルース・アドラー（山本晶訳）『ニューヨーク・タイムズの一日』平凡社、一九七三年。

伊藤正直編『情報とテクノロジー』旬報社、二〇〇四年。

歌川令三『新聞がなくなる日』草思社、二〇〇五年。

ステファン・エルフェンバイン（赤間聡・服部高宏訳）『ニューヨークタイムズ』木鐸社、二〇〇一年。

岡村久道編著『インターネット訴訟』ソフトバンクパブリッシング社、二〇〇〇年。

小川克彦『デジタルな生活――ITがデザインする空間と意識』NTT出版、二〇〇六年。

小関健・音好宏編『グローバル・メディア革命』リベルタ出版、一九九八年。

ジェームズ・E・カッツ、マーク・オークス編（富田秀典監訳）『絶え間なき交信の時代』NTT出版、二〇〇三年。

河崎貴一『インターネット犯罪』文藝春秋、二〇〇一年。

河内孝『新聞社――破綻したビジネスモデル』新潮社、二〇〇七年。

ゲーリィ・ガンパート（石丸正訳）『メディアの時代』新潮社、一九九〇年。

公文俊平編『情報社会』日本放送出版協会、二〇〇三年。

デリック・ドゥ・ケルコフ（片岡みい子・中澤豊訳）『ポストメディア論』NTT出版、一九九九年。

塩原俊彦『探求・インターネット社会』丸善、二〇〇〇年。

下山進『アメリカ・ジャーナリズム』丸善、一九九五年。

エドワード・E・シャーフ（笹野洋子訳）『ウォールストリートジャーナル』講談社、一九八七年。

ロジャー・シルバーストーン（吉見俊哉・伊藤守・土橋臣吾訳）『なぜメディア研究か』せりか書房、二〇〇三年。

武市英雄・原寿雄編著『グローバル社会とメディア』ミネルヴァ書房、二〇〇三年。

竹村健一『マクルーハンの世界』講談社、一九六七年。

玉置彰宏・浜田淳司『ＩＴ文明論』平凡社、二〇〇一年。

中馬清福『新聞は生き残れるか』岩波書店、二〇〇三年。

津田幸男・関根久雄編著『グローバル・コミュニケーション論』ナカニシヤ出版、二〇〇二年。

西垣通『ＩＴ革命――ネット社会のゆくえ』岩波書店、二〇〇一年。

日本新聞労連『新聞が消えた日』現代人文社、一九九八年。

服部桂『メディアの予言者――マクルーハン再発見』廣済堂出版、二〇〇一年。

原真『巨大メディアの逆説』リベルタ出版、二〇〇四年。

ハワード・フリール、リチャード・フォーク（立木勝訳）『ニューヨークタイムズ神話』三交社、二〇〇五年。

古瀬幸弘・廣瀬克哉『インターネットが変える世界』岩波書店、一九九六年。

ブルース・マズリッシュ（吉岡洋訳）『第四の境界　人間―機械進化論』ジャストシステム、一九九六年。

水越伸編『インターネット時代を生きる』日本放送出版協会、二〇〇三年。

三輪裕範『ニューヨーク・タイムズ物語』中央公論新社、一九九九年。

山崎正和・西垣通編『文化としてのＩＴ革命』晶文社、二〇〇〇年。

山本武信『ＩＴ革命とメディア』共同通信社、二〇〇一年。

渡辺渉編著『崩壊期に立つ巨大新聞』山崎書房、一九七三年。

第2章　新旧メディアによる仁義なき〝M&Aウォーズ〟

1　アメリカ・メディア界に吹き荒れる「再編」の嵐

イブニングニュースの視聴率が半減

ネット時代における新聞の凋落と同様、電波メディアとしてのテレビもマルチメディア化という乱気流に巻き込まれて悪戦苦闘している。それはメディアの多様化・分散化に伴う視聴率の低下（CM売上高の減少）となって、半世紀にわたって栄華を誇ってきたテレビ局経営の屋台骨《やたいぼね》を直撃している。

米国の三大テレビネットワーク（NBC・CBS・ABC）のドル箱だった「イブニングニュース」も例外ではなく、三局の視聴率合計は一九八〇年の七五％から二〇〇三年には四〇％に半減して、この間、約一一〇〇万人もの視聴者を失った。それに伴って、テレビ各局のCM売上高も毎年一〇％前後の漸減傾向が続いており、日の出の勢いのグーグルなどネット（検索）企業と明暗を分けている。これらネット企業の総売上高はすでに三大ネットワークの約六〇％に達しており（二〇一〇年）、その急追ぶりから、追い抜くのは時間の問題とみられる。

実際、全世界のメディアにおける広告市場は、テレビが一七三六億ドル（前年比七・一％減）、新聞が一〇五五億ドル（同一四・七％減）と激減しているのに対し、インターネット広告は五六七億ドルとまだ少額であるものの、前年比一〇・一％と急増しているのである（二〇〇九年）。

失敗に終わったＡＯＬとタイムワーナーの合併劇

二〇〇一年一月、米国のインターネット接続最大手「アメリカ・オンライン」（ＡＯＬ）が、ＣＮＮテレビやタイム誌などを傘下に置くメディア・コングロマリット「タイム・ワーナー」との合併を発表した。これは実質的にＡＯＬによるタイム・ワーナーの買収で、新興ネット企業がテレビや雑誌・映画を中核とする世界最大級のマス・メディアを呑み込んだ「世紀の大合併」として注目を集めた。

これを機に「新旧メディア統合時代」が到来すると期待され、その行方が注視された。しかし、メディア界の予想を裏切って、この合併は新旧双方のビジネスモデルがうまく噛み合わず、当初予想のシナジー（相乗）効果が上げられなかったばかりか、反対に双方のビジネスに弊害が生じて合併が頓挫してしまったのである。

ＡＯＬにとって、大規模合併によって手に入れた豊富なコンテンツが、著作権問題などで必ずしもユーザーの要望に応える形で提供できなかったことが致命傷となった。その結果、ＡＯＬの契約者数は合併前の二七〇〇万人から二〇〇〇万人へと激減し、翌年、合併会社「ＡＯＬ・タイムワーナー」は約一〇〇〇億ドルもの赤字を計上した。このため、同社は新社名「ＡＯＬ・タイムワーナー」から「ＡＯＬ」を外すという緊急措置をとり、その後、正式に〝離縁〟することになったのである。

この失敗劇は、新興ネット企業が伝統的な大手マス・メディアを買収することによって、そのコンテンツを自身のネットサービス網で独占的に提供し、サービスを類型化することが、必ずしもユーザーの多様性志向のニーズに合致しないことを露呈したといえる。つまり、ネットユーザーは特定メディアにこだわらず、広範かつ多種多様なサービスを求める傾向が強いため、ネット企業は既存メディアのコンテンツを囲い込んで固定化するより、できるだけ多くのメディアと連携して、より多彩なコンテンツを配信する方がサービス向上につながることが証明されたのである。以来、米国においては、テレビ局や映画会社など既存マス・メディアに対するネット企業の買収攻勢にブレーキがかかり、慎重な姿勢が目立つようになった。

グーグルはネット時代の覇者になれるか

新聞やテレビに代わって社会の隅々にまで張り巡らされたインターネットは、あらゆる情報に対して限りなく自由なアクセスと、ユーザー間の双方向的な情報交換機能にその真髄があるといえるだろう。このデジタル社会の心臓部というべきエンジン機能を担っているのが、コンピューターに代表される「IT」（情報技術）である。

この情報伝達技術の向上に伴ってIT企業が飛躍的に成長するのは当然で、パソコン用基本ソフト（OS）で独占的支配態勢を築き上げた一九七五年創業の「マイクロソフト」（MS）は、ネット市場の総売上高二〇〇億ドルを達成するのに二五年を要した。ところが、その後のネット急成長時代に検索と連動するネット広告で台頭してきた新興の「グーグル」は、それをわずか一〇年でクリアしている。このように、インターネット・ビジネスの市場は加速度的に拡大しており、米国のネット広告のマーケットは二〇〇七年、三年前の約二倍の二〇〇億ドル、そして二〇一一年には三一〇億ドルに達している。

検索連動型の広告ビジネスで「MS帝国」を猛追

このように成長著しいITビジネスの主戦場において、この世界を代表するマイクロソフトと新興のグーグルによる熾烈な覇権争いが繰り広げられている。ソフトウェア最大手の前者は、これまでパソコン用基本ソフトの「ウィンドウズ」とワープロ・表計算の「オフィス」などによって営業利益の大半を稼いできた。しかし、ネット社会の成熟に伴うパソコン需要の冷え込みによって、これらの事業が次第に勢いを失い、〝脱パソコン〟の新しいビジネスモデルの構築が重要課題になっている。

一方、後発のグーグルはネット検索から出発して、GPS（衛星利用測位システム）を利用した住所・地名・地図を検索する「グーグル・マップ」、さらにネットで町並みを目視する「グーグル・ストリートビュー」など、〝ネット新人類〟ならではの斬新なサービスを展開して、ネット最強軍団に成長した。そのビジネスモデルは、様々な無料検索サービスによってアクセス数を劇的に増やし、その結果、検索連動型のネット広告の売上を飛躍的に増大させるというものである。

それは、マイクロソフトが築いてきた「ソフトは価値のある知的財産」（有料）という常識に真っ向から対抗するもので、このグーグル型モデルの成功によって、「MS帝国」を頂点とするネットビジネスの勢力図が塗り替えられようとしている。実際、二〇〇九年の米国における基本ソフト（OS）の売上シェアがマイクロソフト八八％、アップル一〇％であるのに対し、ネット検索シェアではグーグル六五・〇％、ヤフー一九・六％、マイクロソフト八・四％（同）、さらにネット広告においてはグーグル二五％、ヤフー八％、マイクロソフト四％（二〇〇八年）とグーグルの一人勝ちになっているのである。

「MS・ヤフー連合」はグーグルに対抗できるか

このようなグーグルの「IT覇権」に危機感を抱いたマイクロソフトは、二〇〇八年一月、ネット検索二位のヤフーに対して総額四四六億ドルで買収を提案する。検索サイトとしてのヤフーブランドとその人気は三位のマイクロソフトを上回っており、マイクロソフトとしてはヤフーと検索サイトを統合することによって、グーグルの本丸に切り込もうとしたのである。

ところが、その合併に思わぬ障壁が立ちはだかった。ネット時代の〝生みの親〟としてOSを開発してきた老舗「マイクロソフト」と、検索サイトの運営サービスを行う新興の「ヤフー」の間で、企業風土や従業員の意識が大きく異なっていたのである。それに加えて、ヤフーの創業者、ジェリー・ヤンＣＥＯ（最高経営責任者）が徹底した〝ＭＳ嫌い〟ということもあって、業績が振るわない同社にとって好条件の買収申し入れであったにもかかわらず、結局、買収交渉は決裂してしまう。そして、同年五月にマイクロソフトが買収提案を取り下げ、一件落着となったのである。

一方、マイクロソフトが検索ビジネス分野に触手を伸ばそうとしていることを知ったグーグルは、対抗意識を露《あら》わにして、その翌月、電撃的にヤフーとの業務提携を発表する。両社に共通する「ＭＳ帝国」への反発感情や、同じシリコンバレー企業という親近感がこの提携を実現させたわけだが、その直後、米司法省が検索シェア一位と二位の業務提携は独禁法に抵触すると判断し、提携を承認しなかった。

しかし、その後も独自の検索ビジネスを展開して順調に経営を拡大するグーグルに対し、ヤフーは活路を見出すことができず、業績は低迷したままだった。その責任をとって〝反ＭＳ〟の急先鋒だったジェリー・ヤンＣＥＯが退陣したこともあって、経営難という苦境を打開するために、再びマイクロソフトによる買収提案が俎上《そじょう》にのぼる。

そして二〇〇九年七月、当初提案の買収には至らなかったものの、両社の間でネット検索と広告ビジネスの提携で合意が成立する。これはマイクロソフトが従来の検索エンジン「ライブ・サーチ」を全面刷新して、同年六月から始めた「ビング」をヤフーに提供する一方、検索連動型広告については、ヤフーがマイクロソフト分を含めて営業活動するというもので、提携期間は一〇年とされた。紆余曲折《うよきょくせつ》の末、やっと実現した「ＭＳ・ヤフー連合」だが、この業務提携によって両社を合わせた検索シェアは二八％で、グーグル（同六五％）の四割強となり、今後、相乗効果によって事業規模を飛躍的に拡大すれば、十分追撃できる態勢になったのである。

マイクロソフトなどによるグーグル包囲網

一方、グーグルはその後も次々と魅力的なサービスを展開し、長い間、マイクロソフトが独占してきた表計算や文書管理、基本ソフト「クロームＯＳ」の開発、ネット経由のクラウド・コンピューティングの推進、さらに携帯電話向け「アンドロイド」の販売など攻勢を強めている。このほか、パソコンで書籍を一冊丸ごと読める電子書籍の有料サービス「グーグル・エディション」を事業化させるなど、一大ネットサービス革命を続行中で、マイクロソフトの収益基盤を揺さぶっている。

このようなグーグルの快進撃に対して、メディア業界でも警戒心や反発が強まっている。その先頭を切っているのが、「ウォールストリート・ジャーナル」などを傘下に収めている「ニューズ・コーポレーション」のルパート・マードック会長で、彼はグーグルが無料検索によるネット広告で収益を上げていることに反発し、グーグルに対して、支配下にある新聞社の電子版の閲覧を拒否する対決姿勢を明らかにしている。その一方で、マイクロソフトのネット検索サービス「ビング」に対しては、優先的にニュースを配信するなど、グーグルを標的とした「ＭＳ・ニューズ連合」を打ち上げた。すでに「ＭＳ・ヤフー連合」が誕生していることから、マイクロソフトを中心にグーグル包囲網は徐々に狭まっているといえるかもしれない。

このように、その存在が巨大になればなるほどグーグルに対する風当たりは強くなっているが、それは米国内に限らず、中国からも起きている。グーグルの中国における検索シェアは一二・七％（一位は中国企業「百度《バイドウ》」の七七・二％、いずれも二〇〇九年）だったが、同年末、グーグルは中国から自由な検索が不可能になる猛烈なサイバー攻撃を受ける。

元来、検索サイトはあらゆる情報に対して、自由にアクセスできることが大前提になっている。しかし、中国ではインターネットの検閲や特定サイトの閲覧禁止、政府の指示に従わない検索エンジンの排除、さらに「天安門事件」や「チベット独立運動」といった治安上好ましくないキーワードの使用禁止など、情報の自由検索や発信が厳しい規制を受けて、事実上、インターネットが機能麻痺に陥っている。それはネット検索に加えて、ユーザーの情報投稿サイト「ユーチューブ」や情報交換サービスの「ツイッター」や「フェースブック」などにも及んでいる。

人口一三億人の中国におけるネット人口は四億八五〇〇万人（二〇一一年）で、それはグーグルにとっても魅力的なマーケットである。しかし、このような中国政府による厳しいネット規制や同社に対する発信元不明のサイバー攻撃を受けて、グーグルは「情報の自由や言論の自由を侵害するもの」と猛反発。そして二〇一〇年三月、検索サービスを中国本土から撤退させて香港に移すと発表したのである。

共産主義体制の中国政府は、インターネットによる情報の自由流通によって政情が不安定になり、体制が揺らぐことを怖れて「ネット規制」を強めたことは疑うべくもない。そこには、衛星テレビによって西側諸国の情報が流れ込み、それが引き金となって「東欧革命」が起きたことが念頭にあったのかもしれない。

しかし、今日のグローバル化した情報化社会において、インターネットが「情報民主主義」の主役として時代的使命を担っていることは明らかで、中国政府が今後、どこまで「ネット開放」に踏み切るかが注目される。

2　マードックによる「テレビ朝日株」取得の衝撃

閉鎖的な日本の放送界に〝黒船到来〟の激震

ＡＯＬによるタイム・ワーナーの買収に先立って、わが国のメディア界でも驚天動地の出来事が起きていた。一九九六年六月、IT企業の先駆的存在であるソフトバンク（孫正義社長）とオーストラリアのメディア・コングロマリット「ニューズ・コーポレーション」（ルパート・マードック会長）が日本で折半出資の合弁会社を設立し、全国朝日放送（テレビ朝日）の株式二一・四％を四一七億五〇〇〇万円で取得して、朝日新聞グループ（三四・一％）に次ぐ第二位の大株主に躍り出たのである。

テレビ朝日は、朝日新聞グループが株式の大半を安定的に保有する同新聞社系キー局だったが、成長著しい新興ネット企業と世界的な巨大メディア企業によって自社株が買い占められたため、寝耳に水の〝黒船到来〟に震え上がることになった。しかも、その張本人が世界の名だたる新聞社やテレビ局にM&A（合併・買収）を仕掛けて、それらを次々と買収してきた「メディアの帝王」ルパート・マードックだっただけに、親会社の朝日新聞社はいうに及ばず、日本のメディア界全体にも激震が走った。

その衝撃は新聞各紙の報道を見ても明らかで、「マードック氏『放送鎖国』崩す」「メディア複合体狙う」（朝日）、「『メディア王』進出で激震」（毎日）に加え、「豪ニューズ社、テレ朝『筆頭株主』に――系列局戦略に波紋」「資本の論理に揺れる放送界」（日経）(1)、さらにジャーナリズムよりもビジネスを優先するマードック手法に危機感を募らせる読売は、「日本〝上陸〟メディア王ルパート・マードック氏　世界制覇へあらゆる手段」と警鐘を鳴らす論調だった(2)。

放送のグローバル化は時代の要請

その一方で、日本の放送業界が長年、国からの放送免許に安住し、系列のメディアグループによって擁護されていることに言及して、この外圧を機にテレビ業界にグローバルな競争原理が働き、メディア再編が起きることを期待する論調もあった(3)。

それでは、日本上陸を果たしたマードックのメディアに対するM&Aは、これまでどのようなものだったのだろうか。それは母国オーストラリアにおける新聞社買収から始まり、その後、英国に進出してタイムズなど主要紙を次々と傘下に収めた。その対象は、新聞社からテレビ局・衛星放送・通信・出版・映画業界に及び、最終目的である米国では優良コンテンツとしてのメジャーリーグ買収も実現させた。

また当時、英国領だった香港では、持ち前の政治力を駆使して英BBC放送を追い出し、その後釜に座るなど、狙った獲物は確実にモノにする豪腕を遺憾なく発揮した。そのような買収攻勢によって、世界最大級の巨大メディアグループを築き上げてきただけに、日本の新興ネット企業と組んでテレビ朝日の大株主になったことは、当然、誰もが同局の買収を画策していると考えても不思議ではなかった。

この件で、マードックのビジネスパートナーになったソフトバンクの孫社長は、「テレビ朝日に対する資本参加は、予定している衛星放送のコンテンツ確保のための業務提携が狙い」とたびたび釈明する。しかし、親会社である朝日新聞社が〝買収疑念〟を払拭《ふっしょく》できるはずはなく、以来、マードック側と水面下で株式買い戻しに向けた交渉が展開されることになる。

そして、この激震から約九カ月後、双方の間で合意が成立し、孫・マードック連合がテレビ朝日株の取得に要した金額と同額の四一七億五〇〇〇万円を朝日新聞社が支払って、買い取られたテレビ朝日株すべてを買い戻すことで決着した。

この買収騒動がよほどこたえたのか、朝日新聞社は同テレビ局の朝日関連個人名義の株式すべてを朝日新聞社名義に書き換えるなど、厳しい企業防衛措置を施すことになる。その結果、朝日新聞社のテレビ朝日の持株比率は五五・五%と過半数を超え、名実ともに安定株主になった。このようにして、朝日新聞社とテレビ朝日にとって降って湧いた買収騒動は一件落着となったが、これはその後に勃発する「通信と放送の融合」をキャッチフレーズにしたＩＴ企業とテレビ局の「Ｍ＆Ａ戦争」の序曲にすぎなかった。

3　「ライブドア」によるニッポン放送買収劇と挫折

最終目的はニッポン放送ではなくフジテレビの支配

その象徴的な事例が、二〇〇五年に表面化したネット企業「ライブドア」（堀江貴文社長）によるニッポン放送への猛烈なM&A攻勢だった。同年二月八日、ライブドアは約七〇〇億円でニッポン放送の株式二九・六％を時間外取引で取得し、取得済み分と合わせると計三五％に達した。

その後も株式を買い進め、堀江社長は同放送が筆頭株主になっている「フジテレビ」の買収を視野に入れていることを示唆する。無名に近いIT企業によるテレビ業界への〝殴り込み〟で、テレビ業界は騒然となるが、ライブドアはその後、ニッポン放送株の五〇％以上を取得し、事実上、経営権を掌中にする。

それでは、このように大手放送局の支配を目論むライブドアとは、一体いかなる企業だったのか。同社は、表向きはインターネットを利用する際の入口である「ポータルサイト運営」を本業と謳《うた》っていたが、実際は経営資源の大半を「M&Aビジネス」に投入する投資会社的色彩の強いIT企業だった。当時、このM&Aによって同社の傘下に入った企業は約四〇社に達しており、連結総売上高の中で本業のネット関連事業は二割前後にすぎなかった。

ニッポン放送買収の大義名分として、堀江社長はデジタル時代における「通信と放送の融合」を標榜し、買収後はニッポン放送とフジテレビの番組（コンテンツ）のインターネット配信というビジネスモデルを提案する。しかし、同社長が報道機関としての放送局の社会的役割を理解していたとはとうてい思えず、この提案にどれだけ真実味があったのかは大いに疑問だった。

ニッポン放送買収騒動の渦中にあった同年三月、日本外国特派員協会で行われた記者会見で、同社長は「放送とネットの融合の速度が遅いので、ある程度、強引な手法を使わないといけないと思った」「ネットは、すべてにおいて既存メディアに勝《まさ》っている」「放送はこれからどんどん先細りになるが、まだブランドと集客力はある」「ＩＴ化すれば新しいビジネスモデルになるが、ここ一、二年が勝負」などと言明。この発言から明らかなように、放送局の買収をＩＴビジネスの観点からしか考えておらず、そこには社会の公器としての「放送ジャーナリズム」の視点はまったく見られなかったのである。

テレビジャーナリズムに対する認識不足を露呈

また、既存メディアに対する批判も激しさを増し、「これからのメディアはインターネット主体になり、新聞社などの大組織やこれまでのブランドはもう通用しない」「テレビはコンテンツ（番組）を持っている分だけ、まだ活用できる」、さらに「テレビの経営者は甘い」「テレビを取ればいろんなことができる」「既存ジャーナリズムは不必要」といった過激で短絡的な発言が繰り返された。それに加えて、同社長はテレビのバラエティー番組に頻繁《ひんぱん》に出演し、「人の心はお金で買える」といった拝金主義的な発言をして、世間から反感を招くことになった。

本当に、真摯な気持ちでニッポン放送やフジテレビとの業務提携や事業統合を考えているのなら、当然、ジャーナリズムとしてのメディアの公共性や公益性に対する認識が必要不可欠だが、それに対する知識を持ち合わせていなかったのか、言及は皆無に等しかった。ＴＢＳの報道番組「筑紫哲也ＮＥＷＳ23」に出演した際も、筑紫キャスターがその点について見解を求めたが、堀江社長は答えられず、結局、テレビジャーナリズムに対する基本的認識の欠如を露呈する結果になってしまった。

このニッポン放送に対するM&A攻勢は、いわばフジサンケイグループに対する宣戦布告だったわけだが、それに対してフジテレビの日枝久会長は「提携する気は毛頭ない」と当初から門前払いの姿勢をとった。また、系列の産経新聞も「主張」(社説)で、「産経を支配するって？　少し考えて言ったらどうか」という挑戦的な反論見出しを掲げ、「経済合理性の観点からメディア戦略を構築しようとしているだけで、言論・報道機関を言論性でなく、むしろそうした色あいをできるだけ薄めた情報娯楽産業としかみていないのは驚くべきこと」と堀江社長を痛烈に批判したのである(4)。

同社長に、「通信と放送の融合」に対する現実的なビジョンが無いことに加え、ジャーナリズムとしての放送という認識が著しく欠落していたことから、メディア界においても「所詮《しょせん》は、株式の高値売り抜けを狙ったマネーゲームではないか」といった疑心暗鬼が渦巻き、M&A攻勢に対して批判的な論調が大勢を占めた。

その一方で、「堀江社長は若い・生意気・だらしない服装・短気・野望という、日本の伝統的なビジネスエリートが嫌悪するすべての要素を兼ね備えている」「しかし、彼は積年の日本の閉鎖性に風穴を開ける英雄になるかもしれない」といった記事(英「フィナンシャル・タイムズ」)に象徴されるように、海外メディアの中には、堀江社長が旧態依然として閉鎖的な日本のテレビ業界に、勇猛果敢に切り込む姿勢を高く評価する論評も散見された。

時価総額主義によるマネーゲームに幕

ニッポン放送の発行株式の過半数を取得して、事実上、買収に成功したライブドアは、次のステップとしてフジテレビの支配を画策していたが、そのような攻勢に対してフジテレビが座して「死」を待つはずはなかった。

同テレビ局は、密かにM＆A専門の投資会社や証券会社に依頼して企業防衛策を練っており、起死回生の逆転勝利を目指して採用したのが、M＆Aの世界において「焦土作戦」と呼ばれる奇策であった。これは、ニッポン放送が保有しているフジテレビ株（全体の二二・五一％）のすべてを投資会社「ソフトバンク・インベストメント」と「大和證券ＳＭＢＣ」に貸し出して〝封印〟するというもので、たとえライブドアが同放送の経営権を掌中にしても、そこは〝焦土〟、つまり目的のフジテレビ株はゼロということになる。

実際、このような防衛策の行使によって、同テレビ局に対するライブドアの議決権行使は不可能になり、金融機関から巨額の資金を借りてニッポン放送株を買い占めた意味がなくなってしまった。当然、フジテレビの経営権取得も消滅したわけで、かくして「通信と放送の融合」を大義名分にしたライブドアのニッポン放送買収騒動は、この大命題に立ち入ることなく幕を閉じることになったのである。

4　ＴＢＳに対する「楽天」の経営統合提案

依然として見えない「通信と放送の融合」モデル

ライブドアに端を発した新興ネット企業による「テレビ局買収」攻勢の第二弾は、インターネット上の仮想商店街「楽天市場」を運営する楽天（三木谷浩史社長）のＴＢＳ（東京放送）に対する経営統合提案である。

ライブドアのニッポン放送株取得から約八カ月後の二〇〇五年一〇月、三木谷社長は民放キー局の老舗《しにせ》「ＴＢＳ」の株式一五・四六％を約八八〇億円で取得して筆頭株主になる。そして、社長自らが記者会見を開いて、ＴＢＳに対する経営統合提案を発表したのである。

席上、同社長は経営統合後のビジネスモデルとして、⑴楽天グループの顧客約三〇〇〇万人に対してＴＢＳ番組をネット配信する、⑵ネット技術を生かしてテレビの視聴者参加型番組を共同制作する、⑶テレビ番組とネット商店街・チケット販売事業などを相互にリンクさせて、多角的なネットビジネスを展開する――といった提案をする。

しかし、これらはライブドア騒動の際、「通信と放送の融合」モデルとして俎上にのぼったものと大差なく、ＴＢＳだけではなく放送業界にとっても新味に乏しい内容だった。また、ライブドア騒動の際、メディア側から「報道機関に対する認識が著しく欠如している」と厳しい批判を受けた放送の公共性についても、「第三者機関を設置して維持する」と表明するにとどまった。

この統合提案は、ライブドア騒動を反面教師として周到に準備したことを覗《うかが》わせたが、メディア・ビッグバンの起爆剤あるいは接着剤としての「通信と放送の融合」という大命題については、依然として現実的施策に乏しく、提案された案件についても確実に収益が見込めるビジネスモデルとはいい難いものだった。実際、ＴＢＳ側にしてみれば、「コンテンツ不足」という悩みを抱えた楽天が、その問題に対処するために〝宝の山〟を抱えたテレビ局に触手を伸ばしたと考えても不思議ではなかった。

このことは、ライブドアのＭ＆Ａ騒動によって実証済みで、楽天がどれほど「友好的統合であって、けっして敵対的買収ではない」と強弁しても、十分な根回しもなく、突然、記者会見を開いて経営統合提案を発表したこともあって、ＴＢＳ側の疑念が払拭されるはずはなかった。実際、当時の両社の発行株式の時価総額を見ると、急成長している楽天のそれがＴＢＳを上回っており、提案通り、共同持株会社になった場合、主導権は明らかに楽天側にあり、結果的に楽天によるＴＢＳ買収になるのは目に見えていた。

三木谷社長の野望とＴＢＳ系列局の猛反発

楽天の主たる事業内容は、インターネット上の仮想商店街として最大手の楽天市場の運営で、そのほかネット証券の楽天証券や楽天クレジット、さらに宿泊予約サイトの楽天トラベルといった各種ネット企業を傘下に置き、二〇〇四年にはプロ野球球団「東北楽天ゴールデンイーグルス」を誕生させている。その際、新球団創設を巡ってライブドアと熾烈な競争を繰り広げたことは記憶に新しいが、このようなネットビジネスの多角的な展開の延長線上にＴＢＳ統合提案が位置付けられていた。

これはライブドアにも当てはまるが、一大マス・メディアとしてのテレビ局（東京キー局）は、社会的影響力や知名度がネット企業とは比較にならないほど大きいため、Ｍ＆Ａの倍々ゲームによってのし上がってきた新興企業にとって〝高嶺の花〟であったことは間違いない。それゆえ、急成長によって豊富な資金を手にしたネット企業が、財力に物言わせてテレビ局を乗っ取りたいと考えても不思議ではない。つまり、新聞社をはじめとして、テレビ局や衛星放送・ネット企業・映画会社・メジャーリーグ球団などを、次から次へと買収していったルパート・マードックの「グローバルメディア・コングロマリット」（国際メディア複合企業）への野心が、三木谷社長の心中になかったといえば嘘になるだろう。

この統合提案の発表後、楽天はさらにＴＢＳ株を一九・一％まで買い進め、再度、ＴＢＳに対して経営統合の決断を迫る。しかし、ＴＢＳ側はこのような有無をいわせぬ攻勢に対して、通常の業務提携とは異なる資本の論理による敵対的買収として反発を強める。また、全国に約三〇あるＴＢＳ系列の地方各局も「楽天批判」「ＴＢＳ擁護」「統合反対」で足並みを揃え、労働組合も動員して抵抗の姿勢を示した。

このような困難な状況の出現で、楽天はやむなく経営統合提案の暫定的な取り下げに追い込まれ、取得済みのＴＢＳ株（全体の約一九％）のうち約一〇％分を大手銀行に信託し、議決権を凍結して恭順の意を示す。このように友好ムードを醸し出して、統合提案について水面下で話し合いを続けるが、なかなか打開策は見つからなかった。

そればかりか、〇八年に改正放送法が施行され、認定放送持ち株会社制度によって、単独株主が議決権の三三％までしか保有できないことになる。早速、ＴＢＳがこの制度を導入したため、楽天が単独でＴＢＳの経営権を握ることは不可能になった。このため、楽天は〇九年に入って経営統合を断念し、ＴＢＳ株取得に要した総額一一七〇億円の回収を巡ってＴＢＳ側と訴訟になったが、二〇一一年四月、最高裁が楽天の取得価格の半値以下というＴＢＳ側の主張を認めて決着したのである。

利益追求 VS 公益性が融合のネックに

ライブドア・楽天の例を見て明らかなように、「通信と放送の融合」には新興ネット企業と老舗テレビ局の企業風土の違いが、大きな阻害要因として横たわっている。前者の生き馬の目を抜く熾烈《しれつ》なマネーゲームや市場原理主義に対し、半世紀以上の歴史と伝統を誇り、揺るぎない社会的地位を築いているテレビ局の経営理念や流儀、さらに社員意識に大きな隔たりがあるといえるだろう。

その結果、テレビ局側にネット企業の軍門に降ることを潔しとしないプライドがあったことは想像に難くない。実際、ネットと放送が同種の情報関連企業であるとはいえ、前者はアダルトなどを含む非倫理的なサイトへのアクセスも可能な「利益追求型」メディアであるのに対し、テレビ局は視聴率至上主義的傾向が顕著であるものの、放送法によって放送業務の大枠として「公共性」や「公益性」を担保されている。その最たるものが報道機関としての社会的使命で、倫理面はいうに及ばず、放送内容の公平性や公正性も強く求められているのである。

その一方で、ブロードバンド（高速大容量）の急速な普及によって、ネットで映画やドラマ・スポーツといった動画コンテンツを楽しむことが日常的となり、テレビとネットの通信技術面の垣根が徐々に低くなっているのも事実である。元来、インターネットはパーソナル・コミュニケーションのツールで、その活動はマス・メディアと比べてはるかに自由かつ奔放で、流通領域も国境を越えて果てしなくグローバル化している。

また、ネット空間を飛び交う情報は匿名性が強く、放送のように発信責任が厳しく問われることもない。その点において、「国民の知る権利」に応える社会的存在としてのマス・メディアとは行動律が根本から異なるわけで、両者の間に横たわる溝は限りなく深いといわざるを得ない。

現実問題として、利益追求を第一義とするネット企業がテレビ局を傘下に置くとなると、これまで過度の商業主義化が批判されてきたテレビのジャーナリズム性が一層、劣悪化することは目に見えている。資本の論理によって、株式上場しているテレビ局の買収は可能であっても、民主社会の根幹を支えているジャーナリズム機能の維持という点において、ネット企業のテレビ局支配は深刻な事態を招きかねないのである。

通信と放送が近い将来、融合する運命にあるのは間違いないかもしれないが、双方が協調して新しいメディア環境を創造するなど、共存共栄するために不可欠な理念の構築や道筋は、残念ながらいまだに見えていない。そのような状況を考えると、双方の円滑な融合環境が整うまで、しばらくはテレビメディアとインターネットがそれぞれの特性を生かした棲み分けを続け、可能なところから連携を始めていくしかないのかもしれない。

5　巨大メディア・コングロマリットによる世界支配

二四時間ニュース専門チャンネルの登場

今日のネット時代に先立って、世界のメディア界に一大旋風を巻き起こしたのが、ニュース専門チャンネル「CNN」の登場である。グローバル・メディアの先駆けとして一九八〇年、衛星とケーブルテレビをリンケージさせた二四時間ニュース配信をスタートさせ、それまで三大ネットワークの牙城だった「テレビニュース」の分野に殴り込みをかけた。

いわば、それまでの常識を根底から覆す「ニュース革命」を起こしたわけで、この衝撃的な〝CNNフィーバー〟は野火のように広がり、米国内における契約受信世帯は一〇年足らずで五〇〇〇万を突破し、ニュースの視聴率シェアにおいても三大ネットワークを上回る快挙を成し遂げたのである。

このCNN方式は、三大テレビネットワークのように番組を固定した総合編集とは違って、二四時間いつでも最新のニュースを見ることができるというもので、レーガン大統領暗殺未遂事件や中国の天安門事件・湾岸戦争などにおいて数々の映像スクープをものにした。その結果、世界中の人々の間で〝CNNを見ていないと時勢に乗り遅れる〟という「CNN効果」現象が起きる。衛星経由の配信であるため受信契約は地球上すべての大陸に及び、二一〇カ国／地域の約二億世帯（視聴者推定約五億人）が同テレビを常時、視聴しているという。

CNNの生みの親であるテッド・ターナーは、同局の斬新なニュース報道の開発者であるがゆえに、「メディア界の風雲児」あるいは「革命児」と呼ばれ、その類《たぐい》稀なる創造力と既存の権威に対する鋭い批判やリベラルな姿勢が、欧米のジャーナリズム界で高く評価されている。その点において、保守権力との提携や営利追求に徹するルパート・マードックとは対照的な存在で、両者が犬猿の仲であるのも宜《むべ》なるかなである。

このCNNに続いて、グローバルニュースの世界に参入してきたのが英国のBBC放送で、一九九一年に海外向け二四時間ニュース専門チャンネル「BBCワールド」を誕生させ、一八七カ国／地域の約一億五〇〇〇万世帯が視聴している。その報道姿勢は速報性を最重視するCNNと違って、BBCのお家芸ともいうべきニュースの詳報や分析・解説に重きを置いている。それに加えて、世界四三カ国語で国際ラジオ放送も行っており、BBCの視聴者とリスナーは世界中で二億人を超えるといわれている。

メディア戦国時代の覇者・マードックの野望

一九四一年七月、米国でNBCとCBSがテレビ放送を開始し、第二次大戦後の四八年、ABCがそれに加わって「三大テレビネットワーク」が誕生した。そこへCNNが参入し、さらにインターネットに象徴されるマルチメディア時代の到来で、米テレビ業界は一気に弱肉強食の「戦国時代」に突入する。八五年にケーブルテレビ「キャピタル・シティーズ」がABCテレビを、ルパート・マードックの「ニューズ・コーポレーション」が映画会社「二〇世紀フォックス」をそれぞれ買収し、翌年には電機メーカー「GE」がNBCテレビを傘下に収めた。また、八九年には雑誌の「タイム」と「ワーナー・コミュニケーションズ」が合併して、全米で最大規模の「タイム・ワーナー」が誕生する。

九五年には映画会社「ウォルト・ディズニー」がABCテレビ・キャピタルシティーズを、総合電機メーカー「ウェスティングハウス・エレクトリック」がCBSテレビを、さらに前述のタイム・ワーナーがCNNの親会社であるTBSを吸収合併するなど、空前の買収ラッシュとなった。また、ウェスティングハウスに買収されたCBSテレビは、その四年後、メディア大手「バイアコム」に再買収され、

ＴＢＳを買収したばかりのタイム・ワーナーも二〇〇〇年、ネット接続最大手のＡＯＬに合併を余儀なくされるなど、想像を絶する勢いでメディアの合従連衡が進行する。

このように、米国のメディア業界では大規模なＭ＆Ａが自己増殖的に繰り返され、その度にメディア企業は巨大化し、コングロマリット（複合企業）化していった。その代表的存在であるニューズ・コーポレーションの生みの親が、「テレビ朝日株取得」で登場したルパート・マードックである。

彼はオーストラリアの故郷メルボルンで、父親から小さな新聞社の経営を任されたのを皮切りに、一九六〇年代にシドニーのミラーやオーストラリアンといった新聞社を相次いで買収。その後、新聞発祥の地である英国に進出して、大衆紙「サン」や世界最古の高級紙「タイムズ」（一七八五年創刊）、高級日曜紙「サンデー・タイムズ」「ニューズ・オブ・ザ・ワールド」、衛星放送「ＢスカイＢ」などを次々と傘下に収めた。

また米国では、大衆紙「ニューヨーク・ポスト」や映画会社「二〇世紀フォックス」、出版大手「ハーパー・コリンズ」、米国最大の衛星放送「ディレクＴＶ」の経営権を手に入れたほか、メジャーリーグ球団「ロサンゼルス・ドジャーズ」も所有するなど、世界に冠たる一大メディア・シンジケートを築き上げたのである。

マードック・ジャーナリズムに対するブーイング

このような経営才覚ゆえに「メディアの帝王」と形容されるマードックであるが、そのジャーナリズム手法は手厳しい批判に晒《さら》されることが多い。一般的に、報道機関は「編集権」と「経営権」が互いの聖域を侵害しないというのが不文律になっているが、マードックはそんなことにはお構いなしで、傘下に収めたメディアの編集幹部の人事に容赦なく口を出す。それは、ジャーナリズムの死命を制する報道の質より、利益追求を第一義とする商業主義的路線への転換を徹底するための介入である。

その結果、買収された権威ある老舗新聞が〝売らんかな主義〟のため、女性のヌード写真の掲載を余儀なくされるなど、次第にイエロージャーナリズム化していった。つまり、社会的使命としての権力批判といった公益性より、〝プライバシー・ハンター〟である追っかけカメラマン「パパラッチ」が隠し撮りした有名人のプライバシー写真をセンセーショナルに掲載することによって、売上高を伸ばすことに専心したのである。

このようなスキャンダリズムに傾倒した報道姿勢と、スーパーマーケット並みの激しいダンピングによってライバル紙を廃業に追い込み、シェアを拡大していくという経営姿勢が功を奏して、ニューズ・コーポレーションが傘下に収めた新聞社の経営は軒並み順調で、それらの総発行部数はいまや英国全体の三分の一に達している。しかし、そのような報道姿勢に対して、メディア界から「ジャーナリズムの風上にも置けない」という反発が起きるのも当然で、米国の週刊誌「タイムズ」にいたっては、「マードックが触るものすべてが下品になる」と辛辣極まりない批判をしている。

一方、メディアに対するマードックの「M&A攻勢」はその後も一向に衰えることはなく、二〇〇七年には米国の高級経済紙「ウォールストリート・ジャーナル」（WSJ）を発行するダウ・ジョーンズ社に触手を伸ばす。

しかし、マードックのあまりにも商業主義的なジャーナリズム姿勢に、同紙の記者たちは異を唱え、「買収反対」のストライキに打って出る。また、ダウ・ジョーンズ社の株式の六四％を保有しながら、これまで中立原則を堅持して編集に口出しをしてこなかった創業家・バンクロフト家も彼らに同調して、マードックの買収交渉に慎重な姿勢をとった。

米国の主要紙もこれらの動きに理解を示し、「ニューヨーク・タイムズ」は「バンクロフト家にWS

Ｊ紙を発行し続ける道を模索してほしい」「それが無理なら、報道の自由を保障してくれる別の相手を探してほしい」と社説で異例の主張をする。このように、米国メディア界で「マードック・ジャーナリズム」に対する反発が噴出したが、当のマードックはこのような逆風をものともせず、ダウ・ジョーンズ社株の買い取り価格を時価の六〇％増しという破格の条件を提示し、買収に成功したのである。

このようにして、一二五年もの間、世界経済のトップウォッチャーとして君臨してきたダウ・ジョーンズ社「ウォールストリート・ジャーナル」が、ついにマードック帝国の軍門に下ることになったわけだが、これに対する米国メディアの反発は次のように厳しかった。

「マードックは、ＷＳＪ紙の名声を自身の利益拡大に利用するに違いない」（シカゴ・トリビューン）

「マードックの利益追求という野心のために、ＷＳＪ紙の名声が犠牲にされてはならない」（ロサンゼルス・タイムズ）

「ジャーナリズムに関心を抱いている人々は、ＷＳＪ紙の報道が買収によって偏向しないかどうか、厳しく監視すべき」（ニューヨーク・タイムズ）

これらはいずれも社説として掲載されたもので、わが国でも朝日新聞が「報道の独立は守れるか(5)」、読売新聞が「紙面の信頼性は守られるか(6)」という見出しで、マードック流の新聞社経営に懸念を示す社説を掲載した。

欧米の大企業によるメディア帝国主義と情報支配

このニューズ・コーポレーションに代表されるように、昨今、様々なメディアを統合した「巨大メディア・コングロマリット」が情報の世界的支配を顕著にしはじめている。つまり、私たちはニューズ・コーポレーションの米ＦＯＸテレビや米ＣＮＮ・英ＢＢＣ・米ＡＰ通信、さらに米三大テレビネットワークなど、一握りの欧米系巨大メディアによって情報が独占された世界に生きており、このことはこれらメディア企業の本拠地である米国や英国という「国家」に立脚した価値観や視点が、全世界に向けて発信されていることに他ならず、「メディア帝国主義」と呼ばれる所以《ゆえん》でもある。

さらに、これら巨大メディアの主たる使用言語が「英語」であるため、グローバル・コミュニケーションが拡大すればするほど、英語の「世界語化」がいっそう促進されることになる。この傾向は、すでにインターネットの普及によって顕在化しており、言語の観点から「英語帝国主義」がメディアを通していっそう浸透しているのである。

地球上の各地域には、それぞれ固有の歴史や伝統・文化が花開き、人々はそれらに限りない愛着とアイデンティティーを抱いて暮らしてきた。このことは、いかなる時代においても尊重されなければならず、異なるものの存在に対して敬意を払うことが民主主義の基本的規範であることは論を俟たない。

しかし、昨今の欧米系巨大メディア・コングロマリットによる一元的な情報支配の現況を目の当たりにすると、日本を含めた「非欧米的なもの」の無視につながりかねない危険性があるといわざるを得ない。それが、ネット時代の到来によっていっそう加速されている観すらある。メディア学者・マクルーハンはポジティブな文脈において、電子メディア時代における「グローバル・ビレッジ」（地球村）の誕生を予言したが、その成否はこれら巨大メディア・コングロマリットがそのことを斟酌し、いかに柔軟に対処するかにかかっているといっても過言ではないのである。

注

（1）「ソフトバンク・豪ニューズ社、テレ朝『筆頭株主』に――系列局戦略に波紋」「資本の論理に揺れる放送界」、日本経済新聞朝刊、一九九六年六月二一日。同紙はマードック戦略について「世界でメディア事業を展開するマードック氏にとって、日本は先進国では最後に残った『空白地帯』だった」「一〇年前の二〇世紀フォックス買収、そしてテレビ朝日への資本参加は、同じ戦略の上にある」と分析している。

(2)「日本〝上陸〟メディア王ルパート・マードック氏　世界制覇へあらゆる手段」、読売新聞朝刊、一九九六年六月二三日。同紙は「マードックはポピュリスト（大衆迎合主義者）」「彼はビジネスマンであり、ビジネスの利益を最優先する」「自分のテレビ局には俗悪番組を作らせても、それを自分の子どもには決して見せないような人物」とする米国のメディア評論家でマードック研究で知られるケン・オーレッタへのインタビュー記事を掲載して、その素顔の一端を紹介している。

(3)(1)「マードック氏の日本上陸」、朝日新聞社説、一九九六年六月二二日。(2)「『テレ朝』株大量取得の波紋」、読売新聞社説、一九九六年六月二二日。メディアの世界的潮流としてマードックの日本上陸は驚くに値しないとの論調ではあるものの、「マードック氏が、英国の高級紙『ザ・タイムズ』を買収したときには、編集に介入したり、安売り競争を仕かけてシェアを伸ばすなど、顰蹙《ひんしゅく》を買った過去もある。かりにマードック氏に日本のメディア産業を制覇しようとの野心があったとしても、日本の文化や良識が手をこまねいて許すことはないだろう」と警告を発している。(3)「メディアの地殻変動が始まった」、日本経済新聞社説、一九九六年六月二二日。(4)「メディア　外資に慌てることはない」、毎日新聞社説、一九九六年六月二二日。冷静な対応を訴える一方で、(2)と同様、「問題は国民の歴史や文化、アイデンティティーを見失わせかねない放送がいずれ、はびこるかどうかだ。アイデンティティーの確立と国際化の波を融合させることは、日本人の大きな課題」と放送と国家という根幹に言及している。

(4)「堀江氏発言　産経を支配するって？　少し考えて言ったらどうか」、産経新聞「主張」（社説）、二〇〇五年二月一八日。

(5)「米紙の買収　報道の独立を守れるか」、朝日新聞社説、二〇〇七年八月三日。マードック流ジャーナリズムは買収した英タイムズ紙や米ニューヨーク・ポストに顕著に示されているように、利益追求のためにはポピュリズム（大衆迎合主義）やセンセーショナリズムも厭《いと》わないというもので、これに対して朝日社説は「大規模化や集中が進むと、報道の自由や情報の公正さを脅かす恐れがある。投資家から目先の収益拡大を迫られることにもなりかねない。この買収劇を他国の出来事とばかりは見ていられないだろう」「買収の条件としてニューズ社は、外部の識者による特別委員会を設けてＷＳＪ編集幹部の任免権を委ねることにした。だが、委員の人選を通じて間接的に編集陣を支配する恐れは消えていない」「報道の自由と報道の質は切っても切れない。マードック氏がＷＳＪの編集権を脅かせば、紙面を支えてきた有能な人材が会社を去り、読者も離れて、肝心のブランド力が低下するだろう」と警告する。

（6）「ダウ買収　紙面の信頼性は守られるか」、読売新聞社説、二〇〇七年八月四日。読売もこの社説で「マードック氏が編集に過剰な介入をすれば、ＤＪの名声と信頼は低落し、企業価値も減殺されるだろう」と注文を付けている。

参考文献

青柳武彦『サイバー監視社会――ユビキタス時代のプライバシー論』電気通信振興会、二〇〇六年。

ボブ・ウッドワード（伏見威蕃訳）『ディープ・スロート――大統領を葬った男』文藝春秋、二〇〇五年。

江下雅之『ネットワーク社会の深層構造』中央公論新社、二〇〇〇年。

桂敬一『メディア王マードック 上陸の衝撃』岩波書店、一九九六年。

金村公一『二一世紀に展開するデジタルメディア』中央経済社、一九九九年。

川竹和夫・門奈直樹編『デジタル時代の放送を考える』学文社、一九九七年。

久保正敏『マルチメディア時代の起点――イメージからみるメディア』日本放送出版協会、一九九六年。

倉田保雄『ニュースの商人ロイター』新潮社、一九七九年。

志賀厚雄『デジタル・メディア・ルネッサンス』丸善、二〇〇〇年。

杉山隆男『メディアの興亡』文藝春秋、一九八六年。

須藤春夫『デジタル放送で何が起こるか』大月書店、二〇〇一年。

滝山晋『ハリウッド 巨大メディアの世界戦略』日本経済新聞社、二〇〇〇年。

田中良紹『メディア裏支配』講談社、二〇〇五年。

マーク・タンゲート（氷上春奈訳）『世界を制した二〇のメディア』ブーマー社、二〇〇五年。

月尾嘉男・浜野保樹・武邑光裕編『原典 メディア環境（一八五一～二〇〇〇）』東京大学出版会、二〇〇一年。

中川一徳『メディアの支配者』講談社、二〇〇五年。

西正『デジタル放送革命』プレジデント社、二〇〇一年。

アル・ニューハース（由布翔子訳）『大いなる野望――わが全米メディア制覇への道』ダイヤモンド社、一九九一年。

浜田和幸『ネット・ウォーズ』PHP研究所、二〇〇〇年。

廣瀬英彦編『情報の倫理――インターネット時代を生きる』富士書店、二〇〇〇年。

マーリン・フィッツウォーター（佐々木伸・菱木一美訳）『ホワイトハウス報道官――レーガン・ブッシュ政権とメディア』共同通信社、一九九七年。

ドン・M・フラノイ、ロバート・K・スチュワート（山根啓史・薗部寿和・山根澄子訳）『CNN 世界を変えたニュースネットワーク』NTT出版、二〇〇一年。

ジョエル・ブリンクリー（浜野保樹・服部桂訳）『デジタルテレビ日米戦争』アスキー社、二〇〇一年。

ピーター・ボイヤー（鈴木恭訳）『ニュース帝国の苦悩――CBSに何が起こったか』TBSブリタニカ、一九九〇年。

前川徹・中野潔『サイバージャーナリズム論』東京電機大学出版局、二〇〇三年。

フランク・マッカロック編（前沢猛訳）『米国マスコミのジレンマと決断』ビジネス社、一九八六年。

水越伸『新版 デジタル・メディア社会』岩波書店、二〇〇二年。

簑葉信弘『BBCイギリス放送協会』東信堂、二〇〇二年。

湯浅正敏編著『放送 VS 通信 どうなるメディア大再編』日本実業出版社、二〇〇一年。

ディヴィッド・ライアン（河村一郎訳）『監視社会』青土社、二〇〇二年。

マイケル・リープマン（桜井元雄訳）『BBC王国の崩壊』日本放送出版協会、一九八九年。

ケヴィン・ロビンス（田畑暁生訳）『サイバー・メディア・スタディーズ』フィルムアート社、二〇〇三年。

第Ⅱ部　大衆に対して圧倒的な影響力を誇るテレビメディア

「ニュースステーション」最後の日の久米宏

第3章　「テレビニュース革命」によるニュースの大衆化

1　ニュース番組の揺籃期から「戦国時代」への道程

映像メディアの影響力とその社会的存在意義

今日の高度情報化社会において、テレビの社会的影響力は新聞を凌駕《りょうが》し、その存在感は人々の生活の奥深くにまで浸透している。コンピューターや通信技術の発展によって、華々しく登場したインターネットがどれほど普及しようとも、人々の日常生活は「テレビ視聴」なくしてあり得ないようにさえ思える。その一方で、テレビにおけるジャーナリズム性の脆弱《ぜいじゃく》さが、大衆に対するその影響力の大きさゆえ、批判対象としてクローズアップされている。とりわけ、社会事象に対する専門的な分析や解説、批評という点において、新聞より著しく見劣りするのは否めない。これは、新聞がジャーナリズム性に合致した論理的メディアであるのに対し、テレビは感性や情緒の世界を流れ行く刹那《せつな》的な映像メディアであることと無縁ではない。

テレビのメディア特性は、演出された映像や音響、ナレーション、テロップなどが予定調和的に視聴者をイメージの世界に誘《いざな》うという点に凝縮される。このように瞬時に流れて消えていくメディア特性ゆえ、物事を論理的に思考すべきジャーナリズム機能という点において、その実現に困難が伴うのは致し方がないのかもしれない。しかし、テレビには大衆を一定方向に誘導する卓越したアジェンダ・セッティング機能があるため、その存在と影響力は無視できないのである。

そのテレビが、政治権力によって完膚《かんぷ》なきまでコントロールされたのが「湾岸戦争」（一九九一年）で、放送記者たちは「現場」である戦場での取材を許されず、米軍当局から提供されたピンポイント爆撃の映像を、無批判的に繰り返し垂れ流すことを余儀なくされた。そのような戦争報道はゲーム機メーカー「任天堂」をもじって〝ニンテンドーウォー〟と揶揄《やゆ》され、世界中のテレビ視聴者たちは残虐な殺戮《さつりく》が繰り広げられている現実の戦争ではなく、その真偽すら定かでない官製映像を見せ続けられた。

その一方で、映像が人権擁護に威力を発揮した出来事もある。北朝鮮から逃れて来た脱北家族たちが在中国外国公館に駆け込む様子を実写した証拠ビデオがそれで、隠し撮りされたその模様が世界中のテレビで流された。その結果、亡命を阻止し事実を隠蔽《いんぺい》するのに躍起となっていた中国政府は、これらの証拠映像によって亡命の事実を認めざるを得なかった。

中国・瀋陽《しんよう》の日本総領事館で発生した同様の亡命事件では、NGO（非政府組織）と日韓メディアがその一部始終をビデオ撮影し、駆け込み直後に世界中のテレビ局がそれを放映した。当初、日中両外務省ともその事実を黙殺していたが、ビデオ映像が流れると慌《あわ》ててその事実を追認したのである。もし、日中両国の間に脱北者の亡命を闇から闇に葬るという密約があったとすれば、これら亡命家族たちは秘裡に日本総領事館から中国公安当局へ引き渡され、さらに北朝鮮に強制送還されて一件落着となった可能性が極めて高い。その意味において、この証拠映像はそのような非人道的シナリオを突き崩し、亡命家族たちの未来に大いに貢献したことになる。

その映像メディアの代表的存在が「テレビ」なのである。硬派ニュースに重点を置く新聞とは違って、テレビは元来、ドラマや芸能、バラエティーなど日常生活に彩りを添えるエンターテインメント的色彩が強いメディアだった。しかし、一九八〇年代の高度経済成長期に入ると、テレビは放送時間枠を二四時間体制に拡大し、番組内容も徐々にニュースに重点を置くようになる。

「きょうのニュース」から「NC9」「ニュースコープ」へ

日本でテレビ放送がスタートしたのは一九五三年（昭和二八）二月一日のNHKが最初で、それに続いて同年、日本テレビが民放のトップを切って放送を開始した。放送開始直後、東京・新橋駅前などに設置された街頭テレビの前では、家にテレビのない人々が米国人プロレスラーを空手チョップで薙《な》ぎ倒す力道山の活躍に熱狂し、五九年には皇太子（今上天皇）ご成婚の〝ミッチーブーム〟によってテレビは爆発的に普及する。そして、六〇年のカラー放送、ケネディ大統領暗殺をリアルタイムで日本に伝えた六三年の衛星中継（実験放送）のスタートなどを経て、わが国は名実ともに本格的な「テレビ時代」に突入したのである。

当初、NHKはニュースを一日に二回流していたが、その時間は合わせて九分という短いものだった。一方、民放で最初に放送を開始した日本テレビは朝日・毎日・読売の各新聞社に協力を求め、この三大新聞社が日替わりでニュースフィルムを制作し、それを毎晩一五分間放映するという態勢をとった。このような「テレビ黎明期」のニュース番組は、映画とラジオ、そして新聞をミックスさせた形で制作されたが、それを一変させたのが六〇年四月にスタートしたNHKの「きょうのニュース」である。

この番組はその日一日に起きた様々な出来事を幅広く伝えるという総合ニュース番組で、初の専属アナウンサーとして同局の今福祝アナが進行役に抜擢された。そして、これに続く民放の代表的なニュース番組が、六二年にスタートしたTBSの「ニュースコープ」だった。

このような経緯を経て七四年四月、今日のニュース番組の雛形《ひながた》ともいうべきNHKの「ニュースセンター9時」（NC9）が誕生する。この番組はNHKの花形国際記者としてその名を轟《とどろ》かせていた磯村尚徳をメインキャスターに据えたキャスターニュース番組で、その豊かな国際経験と柔らかい語り口調が視聴者の間で人気を呼ぶことになる。

この「NC9」に触発されて、民放各局は相次いで「報道番組」を誕生させる。八〇年一〇月にスタートした日本テレビ「TV—EYE」をはじめとして、TBSの「報道特集」・テレビ朝日の「ビッグニュースショー　いま世界は」などがそれで、これらは米国で圧倒的人気を誇っていた報道番組「シックスティ・ミニッツ」(CBS)を手本にしたものだった。その内容はNHKのようなストレートなニュース報道ではなく、世間で話題になった様々な出来事の真相や背景を探ったり、内幕を暴いたりするフィーチャーストーリー的なものだった。

一方、NHKは「NC9」が黄金期を迎えていた八〇年に午前七時放送の「NHKニュースワイド」(森本毅郎キャスター)をスタートさせて、朝のニュース番組にも進出する。それに対し、民放もTBSが八四年一〇月にそれまで二五分枠だった「ニュースコープ」を五〇分枠に拡大、ローカルニュースと合わせて連続一時間二〇分という大型ニュース番組に拡充した。また、フジテレビも「FNNスーパータイム」をスタートさせるなど、テレビ界は一気に「ニュース戦国時代」に突入するが、これらの混戦を抜け出て、圧倒的な勝利を掌中にしたのが翌八五年一〇月七日にスタートしたテレビ朝日の「ニュースステーション」である。

最終勝利者としての「ニュースステーション」

この番組はテレビ界における「ニュース革命の旗手」として、今日のキャスターニュース番組の元祖となるが、それに触発されて他局も相次いで対抗番組を誕生させる。翌八六年秋、日本テレビが「NNNライブオンネットワーク」、TBSが「ネットワーク」、さらにフジテレビが「ニュース工場一本勝負」をスタートさせ、テレビ界における「ニュース戦争」はいっそう過熱する。
八七年一〇月には、ＴＢＳが元ＮＨＫアナウンサー、森本毅郎をキャスターに起用した「ニュース22・プライムタイム」で「Ｎステ」に真っ向勝負を挑む。ＮＨＫも一四年間続いた「ニュースセンター9時」を八〇分枠に拡大、さらに八八年四月から新番組「ニュース・トゥデイ」に衣替えして巻き返しを図った。キャスターには磯村と同様、著名な国際記者、平野次郎を起用し、政治・経済・社会・国際・スポーツ・気象の各分野ごとに専門キャスター計六人を配置して、ＮＨＫの取材力を結集した総力戦を挑んだのである。

このように午後九時から同一一時の時間帯において、ＮＨＫと民放の双方が入り乱れた激しいニュース戦争が展開されたわけだが、テレビ朝日の「Ｎステ」はメインキャスター、久米宏の強烈なキャラクターと圧倒的人気に支えられて他の追随をまったく許さなかった。他局が視聴率一桁台で喘《あえ》いでいるのを尻目に、常時一七％前後という独走状態を維持したのである。

このため、ＴＢＳは「ニュース22・プライムタイム」の森本キャスターを降板させ、新たに小川邦雄をキャスターに起用して「ＪＮＮニュースデスク’88」で再チャレンジを試みるが、これも「Ｎステ」の前には敵ではなかった。そして翌八九年秋、朝日新聞出身の筑紫哲也を看板キャスターにした「筑紫哲也ＮＥＷＳ23」として最後の勝負に打って出ることになるが、これも最初から「Ｎステ」との競合を避け、放送時間を午後一一時台と一時間遅らせたのである。

一方、鳴り物入りでスタートしたＮＨＫの「ニュース・トゥデイ」は専門キャスターが多過ぎたことが仇《あだ》となって、視聴者の間から「内容が難解すぎる」との苦情が寄せられ、報道局の思惑が空回りする結果となった。久米宏の歯切れの良いトークとウィットに富んだアドリブ、そして容赦のない権力批判に慣れ親しんだ視聴者にとって、ＮＨＫの報道スタンスはたしかに公平・公正・客観的かもしれないが、ややもすると〝優等生的すぎる〟といった印象が拭《ぬぐ》えず、結局、思うような成果が上げられなかった。このためＴＢＳと同様、「Ｎステ」との競合を避けて放送時間を一時間繰り上げ、番組も一時間番組に縮小された。

その結果、ＮＨＫをはじめとしてＴＢＳの「筑紫哲也ＮＥＷＳ23」や日本テレビの「きょうの出来事」、フジテレビの「ニュースＪＡＰＡＮ」、そしてテレビ東京の「ワールド・ビジネス・サテライト」など、すべてのナイトニュース番組が「Ｎステ」の放送時間帯を回避する事態となり、「Ｎステ」がニュース戦国時代の覇者として歴史に名を刻むことになったのである。

ちなみにＮＨＫは二〇〇〇年三月、「Ｎステ」に再度挑戦する形で同時間帯に一時間枠のニュース番組「ニュース10」をスタートさせたが、平均視聴率が八〜九％と低迷し、〇六年四月に午後九時放送開始の「ニュースウォッチ9」へと改編を余儀なくされた。

2　久米宏のキャスターニュース「ニュースステーション」の誕生

〝テレビの天才〟と新聞社編集委員の混成チーム

一九八五年一〇月七日にスタートした「ニュースステーション」の放送時間は午後一〇時から同一一時二〇分までで（開始時）、視聴者は若者や二〇〜四〇歳代の女性が多くを占めていた。それまで〝ニュース嫌い〟とされてきた人々が熱心な視聴者になったわけで、「Ｎステ」は新たなニュース視聴者層を開拓したことになる。

そして、この「Ｎステ」の生みの親というべき存在が、テレビ朝日の小田久榮門報道局次長と制作プロダクション「オフィス・トゥー・ワン」の海老名俊則社長、そして電通の桂田光喜ラジオ・テレビ局長の三人で、彼らの意気込みは電通が放送時間帯枠のCMすべてを買い上げて保証するという異例の協力姿勢に端的に表われていた。

一方、番組の成否を決するキャスターの人選については、電通の桂田局長と「オフィス・トゥー・ワン」の海老名社長が久米宏の起用を強く主張した。その久米宏は一九四四年七月一四日生まれで、早稲田大学政経学部を卒業後、アナウンサーとしてTBSに入社。「ぴったしカン・カン」（七五〜八四年）などで脚光を浴び、当時、司会を担当していた三番組の視聴率合計が一〇〇％を超えていたことから、テレビ界で「視聴率一〇〇％男」と呼ばれていた。

当時の久米宏のイメージは、これらの番組に象徴されるように芸能バラエティー色が強く、硬派のニュース報道とは縁遠いものだった。また、トークの切れ味が抜群で軽妙洒脱、さらに頭の回転の速い〝テレビの天才〟であっても、ニュース報道となると不安視する向きもあった。しかし、彼のジャーナリスト的資質を見抜いていた桂田局長と海老名社長が起用を強硬に主張し、小田次長がそれに同意する形で「久米キャスター誕生」となる。

次に、久米キャスターを補佐するコメンテーターとして、候補者五人の中から小林一喜・朝日新聞編集委員が選ばれる。鋭い舌鋒で政治や社会を抉《えぐ》る久米の傍らで、穏やかな笑みを浮かべながら分別のあるコメントをする彼の存在は、この番組に絶妙の安定感をもたらした。いわば、久米宏という暴れ馬のパーソナリティーを存分に発揮させながらも、ニュース報道に課せられた公平性や信頼性に配慮するという点において、小林の存在は一種の安全装置として機能したのである。

また、サブキャスターにはテレビ朝日の局アナ、小宮悦子に白羽の矢が立てられた。彼女については、テレビ朝日の小田次長が「彼女は声がきれいなうえ、自分自身の言葉を持っている」「知的なイメージがあり、男性に受ける色気もある」として推挙した。そして、彼女の役割も小林一喜と同様、久米宏の激しい突っ込みに合いの手を入れたり、やんわりと諌《いさ》めたりして、番組全体に和《なご》やかさを醸し出す緩衝材として彩りを添えることになった。

この番組のコンセプトについて、テレビ朝日は記者会見で「中学生でも分かるやさしいニュース番組」と説明したが、久米宏がこのことを了解していたことは小田久榮門の次の言葉でも明らかである。「久米さんと常々意見が一致していたのは、ニュースをいかにわかりやすく、中学生にもわかる、しかもテレビの特性を生かして、いかに立体的、映像的に見せるか、極端に言えば言葉はいらない、というくらいのニュース番組を作れるといいね、ということだった(1)」。

それに加えて、久米と小田の間で意見が一致していたのは、視聴者の素朴な〝なぜ?〟に丁寧《ていねい》に答えようということだった。視聴者本位のニュース番組という点からは当然のことであるが、それは日本のマス・メディアが長い間、安住してきた「発表ジャーナリズム」からの脱却宣言でもあった。

その背景には、「発表もの」を横並びで流すだけの安直な広報的報道は、多様化している国民の知る権利から乖離《かいり》しているとの現状認識と危機感があったからに他ならない。しかし、独自取材によるニュースの発掘は調査報道を含め、そんなに簡単なものではない。新聞記者と比べて取材経験の乏しいテレビ局の報道スタッフが、果たしてどれだけ中身のあるニュースが発掘できるのか、疑問視する声があったのも事実である。

「スペースシャトル爆発事故」特番で驚異的視聴率

このような不安材料を抱えながら「Nステ」はスタートするが、初日の視聴率は〝ご祝儀〟を入れても九・一%と目を覆うばかりの惨状だった。その後も一向に上昇せず、七~八%の低視聴率状態が約三カ月間続く。最高視聴率のとれるゴールデンタイム枠の番組だっただけに、「視聴率一〇%以上の番組を外してニュース番組を立ち上げたのが、そもそもの間違い」「早期に打ち切るべし」といった非難の声が社内から轟々《ごうごう》と上がったのも、当然といえば当然である。

しかし、この番組の生みの親である〝Nステ三人男〟と久米宏らの切歯扼腕《せっしやくわん》はそう長くは続かず、三カ月余で終焉を迎える。翌八六年一月二八日、全世界に衝撃を与えた米国のスペースシャトル「チャレンジャー号」の爆発事故が「Nステ」の窮地を救ったのである。

この事故は打ち上げから一分余りで「チャレンジャー号」が爆発炎上し、女性宇宙飛行士二人と初の日系人宇宙飛行士を含む計七人のクルー全員が死亡するという宇宙開発史上、類例のない大惨事だった。それを打ち上げから爆発の瞬間まで全米に生中継していたのが、テレビ朝日とニュース提携している米国の二四時間ニューステレビ「CNN」で、そのことが「Nステ」に予期せぬ幸運をもたらす。

「Nステ」は同局からリアルタイムで送られてくる迫真の現場映像をフルに活用して、衝撃的な爆発の瞬間から悲嘆に暮れる遺族の表情、さらに専門家による爆発原因の分析など、日本のテレビ局としては他局の追随をまったく許さない〝独占報道〟を大々的に展開することができたのである。それは「チャレンジャー号」の特大模型をスタジオに設置し、CM抜きの七時間ぶっ続けの報道特番にしたことに端的に表われており、民放他局はいうに及ばず、圧倒的取材力を誇るNHKの報道でさえ色褪せて見えるほどだった。

「Nステ」はここにいたって初めてその存在感を示すことができたわけで、これはテレビニュースの真髄というべき即時性と映像性をフルに発揮した「現場報道主義」の勝利でもあった。ちなみに、「Nステ」の当日の視聴率は関東で一四%、関西で二一%と、この種の報道特番としては異例の高い視聴率となった。この成功について、小田久榮門は「当初から〝二四時間世界は眠らない〟というキャッチコピーで、国際化時代に対応する番組を模索していたが、その構想を実現するのにCNNとの契約が大きかった」と告白している。

この事故報道を機に「九・一一同時テロ」はいうに及ばず、全世界に衝撃を与える国際的な大事故や大事件の映像が、テレビニュースの成否を決するようになったのである。実際、その直後の同年二月二五日に起きたフィリピン革命においても、「Nステ」はCNNの映像を流して他局を圧倒し、一九・三%という高視聴率を記録した。

このような成功体験が、久米宏をして「テレビは〝ナマ（生）〟こそ命」と言わしめたのであるが、フジテレビのキャスター、木村太郎も「テレビは〝ナマ〟にこだわらなければ意味がない」、そしてNHKの元キャスター、平野次郎も「人間を驚かせるものがニュースである以上、〝ナマ放送〟こそが最大のニュース」と述べている。それを現実のものにして成功を収めたのが「Nステ」だったのである。

ニュース番組によってクローズアップされるテレビジャーナリズム

この「Nステ」の成功を機にテレビニュースの影響力が強まり、それまであまり俎上《そじょう》にのぼらなかったテレビのジャーナリズム機能がクローズアップされるようになった。つまり、「国民の代弁者」としてのテレビ報道の権力批判や世論形成、さらにその報道の客観性や真実性・公平性・公正性などが厳しく問われるようになったのである。とりわけ、政治報道については報道姿勢によって国民世論が大きく左右されるとあって、政府や与党は権力に批判的な「Nステ」に神経を尖らせることになる。

国から電波使用権を認可されているテレビ局は「放送法」の適用（規制）を受けており、それゆえ国家権力や政治権力に対する批判力は、新聞と比べて限定的あるいは抑制的であるべきとされる。放送行政の観点からはその通りかもしれないが、テレビが国民から認知された報道メディアとして、社会事象を大衆に伝達するマス・コミュニケーション行為を担っている以上、自由なジャーナリズム活動が担保されていることはいうまでもない。その結果、大衆の視座に立つ限り、政治報道においても当然、権力批判は許されてしかるべきなのである。

テレビニュースの世界に一大革命を引き起こした「Nステ」は、二〇〇四年三月二六日に放送を終了することになるが、本書では番組スタート時から終了までの全体的な報道検証に加えて、同年三月八日から同月一九日までの二週間すべてのニュースを仔細に分析し、同じ時間帯に放送された「NHKニュース10」をはじめ、TBS「筑紫哲也NEWS23」やフジテレビ「ニュースJAPAN」との比較分析を行った。「Nステ」と「NHKニュース10」の比較検証を重視したのは、テレビニュースの歴史においてNHKニュースが圧倒的存在感を誇ってきたものの、「Nステ」の登場によってその牙城が大きく揺らぎ、主役の座を明け渡したからである。

なお、本書で表記する「ストレートニュース」は事件や事故・政治・経済・国際ニュースを指し、「一般ニュース」はテレビ局独自のルポや調査報道、企画特集などを加えたニュース全般を意味する。ちなみに、調査期間中の一般ニュースの放送件数（一日平均）は「Nステ」九・〇本、「NHKニュース10」一一・三本で、うちストレートニュースは「Nステ」六・六本、「NHKニュース10」一〇・六本だった。「Nステ」の一般ニュースは「NHK10」より二・三本少なく（約二割）、そのうちストレートニュースに限ると、平均四・〇本（約四割）少なかったことになる。これは「Nステ」が事件や事故といったニュースだけではなく、特集に代表される企画性や志向性を持ったニュースの掘り下げに力を注いだことを物語っている。

3 「ＮＨＫ的ニュース」から視聴者本位のニュースへの転換

〝上意下達〟から視聴者のニーズに合わせた大衆路線へ

それまでのテレビニュースは午後七時や九時の定時に流されるＮＨＫニュースが原型で、謹厳実直然としたアナウンサーが感情を抑制して、原稿を淡々と読み上げるスタイルが一般的だった。このような姿勢の背景として、ＮＨＫに染み付いている上意下達の意識、さらに放送法によって定められた公平で公正な報道を頑《かたく》なに遵守するという公共放送特有の実直性や硬直性が挙げられる。

その結果、政府や行政官庁の「発表もの」を無批判的に垂れ流すということになるわけだが、それに対して「ニュースステーション」は情報の受け手である視聴者のニーズを重視し、それに応えるために日常生活の話題やスポーツ、芸能、社会風俗といった〝ソフトニュース〟の充実にも力を入れる。つまり、ニュースの消費者である視聴者が関心を示すものこそ本当のニュースと認識していたわけで、その結果、従来のハードニュースに代わって「独自もの」としてのルポや企画、調査報道が増え、それらが視聴者の熱い支持を受けて「ニュースの大衆化」が一気に加速することになる。

当初、「Ｎステ」の視聴者は比較的若い人や女性が多かったが、このような視聴者本位の報道姿勢が受けて、高齢・男性に傾倒しているＮＨＫニュース支持層の多くも、徐々に「Ｎステ」に流れていった。これは生活者である視聴者本位の〝身近なニュース〟が評価されたからに他ならない。

総花的傾向が顕著なＮＨＫニュース

それでは、「Ｎステ」はストレートニュース以外にどのような報道に重点を置いていたのだろうか。

それをＮＨＫやＴＢＳと比較しながら検証したのが資料３-１、資料３-２である。

この日の最大のニュースは「週刊文春の出版禁止、仮処分」で、その根拠は憲法で保障され、民主社会の根幹である表現の自由が司法判断によって否定された点にある。それが大々的に報じられるのは当然のことで、「Ｎステ」は前後二回に分けてトップニュース（放送時間計一一分一〇秒）で報じた。ところが、「ＮＨＫ10」のトップニュースは「慈恵医科大手術ミス、医師に業務停止処分、医療事故防止への課題」で、「週刊文春問題」は二番手だった。ニュースの価値判断において、ジャーナリストなら誰が考えても「慈恵医大手術ミス」が「週刊文春問題」を上回るはずはなく、この種の問題に対するＮＨＫの問題意識のなさを露呈したと言われても仕方がない。

しかも、ＮＨＫの「週刊文春問題」の放送時間は五分五秒で、「Ｎステ」（一一分一〇秒）の半分以下だった。これではいくらＮＨＫといえども報道の自由や表現の自由、さらにはプライバシー権との関わりなど、今回の仮処分が投げかけた問題の核心に踏み込むのは難しい。メディアと表現の自由というテレビ報道にも深く関わる問題だっただけに、ＮＨＫの取り組みの素《そ》っ気《け》なさと熱意のなさは一体、何に起因するのか、怪訝《けげん》に思った視聴者は多かったに違いない。

一方、同夜のＴＢＳ「筑紫哲也ＮＥＷＳ23」の報道内容は資料３-２の通りである。

「ＮＥＷＳ23」でも「週刊文春問題」がトップで、「ＮＨＫ10」がトップニュースとした「慈恵医科大の医師、医業停止処分」は最後の一〇番目にすぎなかった。しかも、ダイジェスト・ニュース三本のうちの最後という扱いで、放送時間は二五秒だった。この程度のニュースバリューでしかなかったのである。

一般ニュースは計一〇本で、「Ｎステ」の三本を大きく上回った（「ＮＨＫ10」は一〇本）。そのうち、「週刊文春問題」「慈恵医科大手術ミス」に加えて、「泉佐野市、母の虐待で一歳の男児死亡、二女一〇

資料 3-1　各局ニュース番組の報道内容比較（2004年３月17日〈水〉）(1)

「ニュースステーション」（テレビ朝日）
▽「週刊文春」出版禁止，東京地裁仮処分，真紀子さん長女の記事で（1分10秒）
▽「週刊文春」出版禁止，仮処分，「言論の自由」に制約，出版界に波紋（10分0秒）
▽世界に広がるスペイン・ショック，イラク派兵は間違っていた？（5分5秒）
☆（企画特集）スペイン・ショックと逆行する日本，いよいよ憲法改正か，今に続く憲法との出合い，大江健三郎の原点（自民党，来年秋の結党50周年までに憲法改正の草案をまとめることを決定，改正の主たる対象は憲法９条，前文）（5分20秒）
☆（企画特集）大江健三郎の原点，今ひとたび「憲法の話」（12分12秒）

「NHK ニュース10」（NHK）
▽慈恵医科大手術ミス，医師に業務停止処分，医療事故防止への課題（5分50秒）
▽週刊文春出版禁止の仮処分，撤去，文春〝言論の制約〟異議申し立て，どう見る出版禁止処分（5分5秒）
▽春闘，大手電機や自動車など，回答〝ほぼ要求どおり〟(4分59秒)
☆（調査報道）アフガニスタン，復興の道は，武装解除に抵抗，軍閥の実態（7分19秒）
▽鳥インフルエンザ，大阪・茨木市と京都・亀岡市のカラスから陽性反応（2分16秒）
▽日朝協議，北朝鮮に促すも〝まだ回答ない〟(1分47秒)
▽入港禁止法案，自公，国会提出へ（46秒）
▽西日本で桜開花，東京のサクラは？　開花予想，今年は早い，サクラの開花（6分39秒）
◇「短いニュース」（2本）
　▽大阪泉佐野市，３歳次女，やけどの跡126カ所（39秒）
　▽法務省がホームページで情報募集，人権侵害か，団体が中止要望（39秒）

注：▽はストレートニュース，☆はルポ・調査報道・特集・企画などの独自ネタ。
　　タイトルはすべて画面上に表記されたもの，末尾のカッコ内は放映時間。

資料 3-2 各局ニュース番組の報道内容比較（2004年 3 月17日〈水〉）(2)

「筑紫哲也 NEWS23」（TBS）
▽週刊文春，「差し止め」に波紋（5分2秒）
▽イラク復興支援，ドイツ人・オランダ人技師ら民間人 4 人，イラクで殺害，航空自衛隊交代要員が出発，派遣中止求め100人が毎日提訴（2分23秒）
☆（企画特集）「イラク戦争から 1 年，この戦争の正体」 3 回目，これからのイラクと日本の関係，自衛隊派遣，サマワの最新報告，復興支援のハードル（14分25秒）
▽スペイン連続爆破テロ，首相が情報操作か，日本も駅などで警戒，アメリカについてどう思うのか（2分43秒）
▽大阪府泉佐野市，母の虐待で 1 歳の男児死亡，二女108カ所のやけど跡（2分22秒）
▽鳥インフルエンザ・ウィルス，それぞれ別の渡り鳥が運ぶ（3分18秒）
▽北海道でダンプカー脱輪事故（1分1秒）
◇「NEWS INDEX」（ダイジェスト・ニュース）（3本）
　▽はやくも桜開花宣言（21秒）
　▽北朝鮮籍船舶，入港禁止法案提出へ（31秒）
　▽慈恵医科大医療過誤の医師，医業停止処分（25秒）

注：資料 3-1 に同じ。

八カ所のやけど跡」「鳥インフルエンザ・ウィルス、それぞれ別の渡り鳥が運ぶ」「はやくも桜開花宣言」「北朝鮮籍船舶、入港禁止法案提出へ」など六本が「NHK10」と重複していた。

ちなみに、同夜のフジテレビ「ニュースJAPAN」も、「週刊文春問題」をトップニュースとして報じていた。そのタイトルは「文春〝差し止め〟に異議申し立て、波紋広がる、文春〝発禁〟の波紋、『救済』か『検閲』か」というもので、東京地裁の発売禁止仮処分を批判的に報じる内容だった。同番組の放送時間は「Nステ」や「NHK10」「NEWS23」の約半分にすぎないのに、「週刊文春問題」については五分一七秒を割いて、「NHK10」の五分五秒、「NEWS23」の五分二秒を上回っていた。しかも、この仮処分決定は表現の自由を阻害すると危惧する感度の高い報道で、それだけに「NHK10」の素っ気ない報道姿勢がいっそう際立って見えたのである。

傾斜編集によって〝主張する番組〟へ

この日の「Nステ」の報道内容で注目すべきことは、一般ニュースが週刊文春問題と大江健三郎特集などわずか三本だった点である。「NHK10」「筑紫哲也NEWS23」の各一〇本と比べて、その本数の少なさは際立っている。唯一のストレートニュースは「週刊文春、仮処分」だけで、大江健三郎特集とルポ的性格の強い「世界に広がるスペイン・ショック、イラク派兵は間違っていた?」は、ともに企画性の強い非ストレートニュースの範疇に入るものだった。

その結果、「Nステ」の視聴者は「NHK10」が報じた「慈恵医科大手術ミス、医師に業務停止処分」をはじめ「大手電機や自動車などに春闘回答」「鳥インフルエンザ、茨木市と亀岡市のカラスが陽性」「泉佐野市、三歳次女、やけどの跡一二六カ所」など計九本のニュースに接することができなかった。さらに、「NEWS23」が報じた「イラク復興支援、ドイツ人・オランダ人技師ら民間人四人、イラクで殺害」「航空自衛隊交代要員が出発、派遣中止求め一〇〇人が毎日提訴」「スペイン連続爆破テロ、首相が情報操作か」「北海道でダンプカー脱輪事故」「北朝鮮籍船舶、入港禁止法案提出へ」といったニュースも知る術《すべ》がなかったのである。

それでは、「Nステ」はこれらのニュースを犠牲にして、貴重な放送時間を一体、何に割いたのだろうか。前掲資料3-1に示した「Nステ」のニュース項目によると、トップニュース「週刊文春、出版禁止、東京地裁仮処分」に続く二番手「世界に広がるスペイン・ショック、イラク派兵は間違っていた?」を受ける形で報じた、自民党の憲法改正の動きに対する特集がそれである。

それは一・二部で構成され、放送時間は合わせて一七分三二秒に及んでいる。内容は「スペイン・ショックと逆行する日本」「いよいよ憲法改正か」「今に続く憲法との出合い、大江健三郎の原点」「自民党、来年秋の結党五〇周年までに憲法改正の草案をまとめることを決定」「改正の主たる対象は憲法九条と前文」「大江健三郎の原点、今ひとたび『憲法の話』」というもので、最後に大江健三郎の憲法観を軸にして「護憲」を強く主張する硬派の特集だった。

このような思い切った傾斜編集を行うためには、テレビ局によほど堅固な信念、さらには批判精神に裏打ちされた報道機関としての矜持《きょうじ》がなければ不可能である。テレビ朝日の背後に、社論として護憲を強く打ち出している朝日新聞が控えていることを考えれば、たしかに頷《うなず》ける話ではあるが、それに加えてメインキャスター、久米宏の存在を抜きにしては語れない。それは、この特集番組の中で述べている彼の次のようなコメントから一目瞭然である。

「日本国憲法は、非常に貴重なものだと思うのです。なぜかというと、それは人類史上初めて原子爆弾を二発落とされ、連合軍に対して無条件降伏した国がつくった憲法、これはアメリカ人がつくって日本に押し付けたという人がいるけれど、日本人のほとんどは日本国憲法を納得して受け入れたわけです。そうすると、誰がつくったということはそれほど問題ではなく、納得した以上、日本の憲法なわけです。特に第九条――前文もそうですけど、第九条は日本が世界に誇れるものの一つです。なぜかというと、（平和は）人類の究極の目標だからです。それを捨てるって、そんな馬鹿なことはと僕は思うわけで、心から憲法改正に反対なのです」

「今の憲法は天然記念物といったら言い方は変ですけど、世界史的にみて意義がある憲法だと信じているのです。それに手を加えるということは、絶対に許せないと思っているのです」

（二〇〇四年三月一七日放送「ニュースステーション」）

もちろん、リハーサルを重ねたうえでの発言だろうが、原稿をまったく見ないで、カメラに向かって淡々と、しかも確信的に語るその真摯な姿は、彼が紛れもなく本心を語っていることを実感させた。深い思想性すら感じさせたその言葉を耳にして、久米宏という男の護憲に対する熱い思いを感じ取ったのは、筆者だけではなかったに違いない。「私はニュースの伝達者にすぎず、ジャーナリストではありません」。これは久米宏がよく口にした言葉だが、この護憲発言を聞く限り、彼は確固たる信念に基づく平和観、そして深遠なジャーナリズム思想を内に秘めていたことは疑うべくもないのである。

難解なハードニュースを分かりやすく

多メディア・多チャンネル時代の到来によって、人々のライフスタイルや価値観が多様化し、テレビも従来のように〝今日の出来事〟を単に右から左へ流すだけでは、とうてい視聴者を満足させられなくなっている。彼らが関心を抱く硬軟織り交ぜた様々な社会事象を深く掘り下げ、新聞と同様、ジャーナリズムとしての見識や鋭い批評が求められている。

たしかに、新聞とテレビでは「ニュース」に対する価値観や姿勢が根本的に異なる。新聞が政治や経済などハードニュースを中心に紙面編集を行っているのに対し、テレビはソフトニュースを柱にした映像中心の番組構成になっている。これは双方のメディア特性の相違によるものでもあるが、同じテレビでも公共放送であるNHKと民放では、その報道スタンスが大きく異なっている。民放では、「Nステ」に象徴されるニュースの大衆化やソフト化が顕著になっているのに対し、NHKの報道姿勢はややもするとハードニュース中心で、それは新聞のニュースリストと酷似しているのである。

そのNHK的ニュースから脱却するために、「Nステ」は映像メディアの特性を生かすための様々な工夫を凝らしてきた。たとえば、それまで絵（映像）になりにくいとの理由で敬遠されてきた経済ニュースの場合、必要不可欠な数値をビジュアルな図表にしたり、専門家のコメントや過去の関係資料映像を効果的に挿入して、視聴者にとって〝分かりやすいニュース〟づくりに腐心してきた。つまり、難解なハードニュースをテレビ用にソフト化することに成功したわけで、その結果、これまで堅苦しいニュースに振り向きもしなかった視聴者層が、これら硬派のニュースにも関心を示すようになったのである。

4 ワイドショー的な〝楽しませるニュース〟の定着

外部プロダクションによるエンターテインメント化

「Nステ」は久米宏がストレートニュースを鋭く抉《えぐ》るとともに、独自企画であるソフトニュースや視聴者の視点に立った調査報道を大きな特徴としていた。そのような斬新路線に触発されて他局も相次いで追随するが、その中でもとりわけクローズアップされたのがスポーツニュースである。

プロ野球や大相撲に加えて、Jリーグ誕生以来、爆発的人気を呼んでいたサッカーや、ゴルフ、マラソン、そしてK-1に代表される各種格闘技や女子バレーといった具合に、スポーツは多彩化し、エンターテインメント的要素を強めている。その背景には、多くの日本人選手が米国のメジャーリーグやヨーロッパ・サッカーなどで活躍するといったスポーツのグローバル化現象があり、それに伴ってテレビのスポーツニュースも急速に存在感を増していった。

このように、スポーツニュースはニュース番組の中で大きな比重を占めることになったが、「Nステ」や「NEWS23」は久米宏・筑紫哲也という大物キャスターの「顔」を最大限に利用して、その時々の話題の主をスタジオに呼び、数々の〝独占インタビュー〟に成功する。そのようなインタビューそのものがニュースになり、徐々にニュース番組はワイドショー的色彩を強めていく。このような風潮はとりわけ民放において顕著で、それは番組内のスポーツニュースが「NHK10」で一日平均一〇分一一秒だったのに対し、「Nステ」では一五分五九秒と約五割長かったことに端的に表われている。

　このほか、これまでのニュース番組と「Nステ」が決定的に異なる点として、外部プロダクションの参加による番組制作が挙げられる。TBSを退社した後、久米宏が所属していた制作プロダクション「オフィス・トゥー・ワン」が同番組にスタッフを派遣し、総勢約七〇人の「Nステ」制作担当者のうち、これら外部スタッフが四割前後を占めたのである。

　外部スタッフの導入はテレビ局のお家芸というべきニュース番組においては異例のことだったが、彼らはこれまでのニュース番組にはなかった斬新なアイデアや視聴者の耳目を引く企画、さらにエンターテインメント性に満ちたワイドショー的ないしバラエティー的手法を次から次へと打ち出し、ニュース番組の態様をコペルニクス的に変容させることになった。

　このような発想の転換が一気に「ニュースの大衆化」を加速させることになったわけであるが、その端的な例として一九八六年四月一八日の「Nステ」で放送された「あなたの中曽根さん度チェック」が挙げられる。これは当時の中曽根首相を政治的に風刺するコメディータッチのパロディーで、中曽根首相に扮した役者を登場させ、その特性を「写真を撮る時は必ず真ん中にいる！」「人前でのスピーチが上手！」「風には敏感（風見鶏）！」「ハトよりも鷹が好き（タカ派）！」などと首相を冷笑的に分析してみせるものだった。

　そして、視聴者はこれらの特性のうち、自身にどれほど〝中曽根色〟があるのか、つまり視聴者がどれだけ中曽根首相と似ているかを得点で表わす「中曽根度ゲーム」で締め括《くく》った。ニュース番組にゲーム感覚を取り入れたもので、その得点結果についても、点数に応じて中曽根首相に似ている方から〝エスプレッソ中曽根さん〟〝ストロング中曽根さん〟〝ブレンド中曽根さん〟〝アメリカン中曽根さん〟〝ノンカフェイン中曽根さん〟といった命名をして、スタジオは爆笑の渦に巻き込まれた。従来の真面目なニュース番組からは想像もできない遊び心と、フランス風の戯画的手法を盛り込んだ新機軸だったのである。その成否は別にして、これも外部スタッフが存在したからこその発案だったといえるだろう。

それに加えて、ニュースの印象度や劇場性を盛り上げるため、ニュースに登場した人々の言葉をテロップにしたり、迫力のある映画並みのCGやBGMを多用するなど、随所にドラマ仕立ての工夫を凝らして大胆にショーアップ化を図った。一九九七年一二月八日の放送では、橋本首相の行政改革が頓挫したことを受けてテーブルの上に橋本首相の〝丸焦げ人形〟を用意し、久米宏がそれを示しながら「〝行政改革で火だるまになる〟と言っていた橋本総理はご覧の通り、すっかり煤《すす》けてしまいました！」と辛辣に批判してみせた。無惨な姿の焼け焦げ人形を視聴者に示すことによって、直截《ちょくせつ》的に橋本政権の失政を槍玉に上げたのである。

5　「キャスターニュース」の醍醐味とその賞味期限

久米宏の突然の「降板宣言」と構造疲労

しかし、どれほど人気のある番組でも、長く続けば続くほど徐々に視聴者から飽きられていくのは宿命である。それは「Nステ」も例外ではなく、当初は斬新だった企画も次第にマンネリ化が目立ちはじめ、いつしか深刻な構造疲労という暗雲が立ち込める。その翳《かげ》りを誰よりも敏感に感じ取っていたのは、「Nステ」の「監督」兼「主役」である久米宏自身だったに違いない。

そして一九九九年一〇月六日、彼は番組の途中で「もう、心身ともに疲れました。一四年間続いたテレビ朝日との契約も切れました。私の出演は本日までです。長い間、ありがとうございました」と唐突に降板宣言を行ったのである。

まったく予期していなかった事態発生にテレビ朝日側は大混乱をきたし、マスコミの取材に「降板ではなく、長期休暇です」と取り繕《つくろ》うのが精一杯だった。しかし、番組に対する情熱と執念の揺らぎを実感するようになった久米宏が、彼自身の勘で「このあたりが潮時ではないか」と本気で降板を決意したと考えても、決して不思議ではなかった。

ちなみに、その衝撃的な降板宣言をした一〇月六日の平均視聴率は一二・一％で、久米宏が姿を消し、代替キャスターが立った翌七日は一気に九・一％にまで急落する。(2) これはキャスターニュースの常で、「Nステ」が久米宏あってのニュース番組だったことを改めて思い知らせる結果となった。その後、視聴率の低落に歯止めがかからず、一週間後にはゴールデンタイムの平均視聴率がテレビ東京に追い抜かれ、民放キー局の最下位に落ち込んでしまったのである。

NHKには久米宏の真似はできない

それでは当時、テレビ朝日側は久米宏の降板宣言の理由をどのように考えていたのだろうか。担当の村尾尚子プロデューサーは「(番組スタート以来)一四年間で、状況が大きく変化し、番組自体の疲労も出てきた」と分析。その背景として(1)強いものを単純に批判しておればよい時代ではなくなり、多様な目配りが必要となった、(2)夜一〇時を一人で過ごす視聴者が半数を占めるようになり、必ずしも家族とともに安らぎを求める時間帯ではなくなった、(3)かつて「Nステ」はNHKに対する挑戦者だったが、今は巨大な影響力を持つようになった――という三点を挙げた。(3)

その後、久米宏とテレビ朝日の間で話し合いがもたれ、ようやく再契約に漕ぎ着けて翌年一月四日、口ヒゲを蓄えたこれまでとはまったく印象の異なる〝新生・久米宏〟が番組に再登場して、「Nステ」は再スタートを切ったのである。

一方、このような騒動で揺れていた「Nステ」を尻目に、NHKは新規巻き返しの準備を着々と進め、同年三月末「Nステ」の亜流ともいえる「NHKニュース10」をスタートさせる。NHKには珍しく気さくなキャラクターと軽妙な話術を武器に、スポーツニュース番組などで人気を博していた堀尾正明アナをメインキャスターに抜擢して、従来の真面目一辺倒から親しみやすい大衆路線へと大きく舵を切った。

「Nステ」の魅力は一般概念としての大衆路線にあるのではなく、「久米宏」という代替のきかない極めて個人的な魅力に依存している。つまり、久米宏という人間の感性や切れ味は「久米宏」だけのものであり、他人が真似をしようとしてもできるものではない。そのことが、NHKにはよく理解できておらず、頭で考えた大衆化路線に踏み切ったものの、かえって視聴者から「これまでのような安定感と重厚さに欠け、NHKらしくない」との反発を招くことになり、期待された視聴率は六％台と低迷する。そして二〇〇二年四月、NHKはこの〝疑似「Nステ」路線〟を断念して堀尾アナを降板させ、際立った個性はないものの、淡々とした原稿読みで定評のある森田美由紀アナを起用して、旧来型の「NHKニュース」に戻ったのである。

正式なキャスター降板発表と〝燃え尽き症候群〟

一方、再びブラウン管に戻った久米宏にかつてのような鋭い切れ味が戻ったかというと、そうでもなかった。権力に対して臆することなく、肉を切らせて骨を断つといった凄《すご》みも感じられず、どこか達観したような淡白さが目立つようになった。身も心も、そして覇気も知らず知らずのうちに磨耗し、時間とともに疲弊していくのは自然の流れで、これは作家がある日、突然、書けなくなるのと似たような現象といえなくもない。いわば、一種の〝燃え尽き症候群〟のようなもので、しばらく休暇を取ってどうにかなるというものでもなかった。

そして、再登板から三年後の二〇〇三年八月二六日、久米宏はついに正式降板の意思を明らかにする。「五〇歳ちょい過ぎあたりから、喋《しゃべ》りの中で最適の言葉が出て来なくなった」「自分では十二分にやったと思えるし、スタミナ切れもある」「ぼろぼろになる前に余力を持って辞めたい」と会見で苦渋の決断を吐露したが、キャスターニュースでメインキャスターが降板するということは、すなわちその番組自体が終焉したことに他ならない。かくして、八五年一〇月七日に産声を上げ、テレビ界に〝一大ニュース革命〟を引き起こした「Nステ」は〇四年三月二六日、テレビ界の奇才・久米宏とともに永遠に姿を消すことになったのである。

「テレビの天才」ならではの鮮やかなフィナーレ

それでは、その最終回の放送はどのようなものだったのだろうか。やはり、これも久米宏流というべきなのか、別段、気負ったところはなく、淡々とニュースをこなしていたのが印象的だった。そして、視聴者がもっとも注目したのは、最後の日に久米宏が一体、どのようなパフォーマンスをするのかということだった。なぜなら、それはある意味で〝ジャーナリスト・久米宏〟の真骨頂が凝縮されたものになると思われたからである。

「（これから）発言の場がなくなってしまうので、もう一度申し上げておきますが、僕は日本が自衛隊をイラクへ派遣するのは反対です！」

最終日にこう言い切った久米宏だが、視聴者やメディア関係者たちが固唾《かたず》を呑んで待ち望んだのは、番組終了間際のお別れの挨拶だった。

その瞬間は、実に久米宏らしい昂揚したパフォーマンスで始まった。スタジオの奥に用意された冷蔵庫からビールを取り出し、唖然とする他のスタッフを尻目に一人、自分のコップになみなみと注ぎ、自分に対して「ご苦労さん！」の乾杯。そして、コップを高く掲げながら、視聴者に向かって次のように語りかけたのである。

「大勢の方が見て下さったお蔭だと思うのですが、想像できないぐらいの厳しい批判、激しい抗議も受けました。もちろん、こちらに非があるものもたくさんあったのですが、理由が分からない、ゆえなき批判としか思えないような批判もたくさんありました。が、今にして思えば、そういう厳しい批判をして下さる方が大勢いらっしゃったからこそ、こんなに長くできたんだということが、最近、分かるようになりました。これは皮肉でも、嫌味でも、何でもありません。厳しい批判をして下さった方、本当にありがとうございました。感謝しています！」

このように捲《まく》し立てた後、スタッフたちに声をかけることもなく、笑顔を見せるわけでもなく、一人で一気にビールを飲み干した。テレビの天才ならではの鮮やかなフィナーレだったが、それは最後の最後まで、「Nステ」が久米宏の番組だったことを物語る瞬間でもあった。

この久米宏の「テレビ力」の源泉について、フジテレビ報道局次長だった小櫃真佐己《おびつまさみ》はかつて次のように分析したことがある。「(久米宏は) カメラの前で顔をしかめたり、天を仰いだり、神経質そうに手を動かしたり、ちょっとした表情やしぐさを見せる。これが、語っている内容より視聴者を引き付けた」(4)。まさに、この言葉に裏付けられるように、最後の日も彼の独壇場《どくだんじょう》だったのである。

実際、久米宏は何よりも生放送を重視したテレビマンで、日頃から「失敗があっても、それがナマ番組の迫力だから、カメラリハーサルはやらなくてよい」「テレビで、シナリオ通り一〇すべてを伝えようとしたら一つも伝わらない」と話していた。そのことが、「Nステ」最終回においても見事に実践されたのである。

6 「放送の世紀」のジャーナリズムとしてのテレビ報道論

テレビによる「一億総白痴化」と論点の単純化

民間放送は視聴者から受信料を徴収しない無料放送であるため、少しでも視聴率を上げてCM収入を増やそうとするあまり、視聴者の好奇心をいたずらに刺激するセンセーショナリズムに陥りやすい。それは、新聞メディアの特性が論理性・解説性・批評性であるのに対し、テレビのそれが臨場性・映像性・情緒性であることと無縁ではない。つまり、後者は映像という一過性的ツールゆえ、複雑な社会事象を論理的に解析することが難しいわけで、その結果、国民の知る権利に応える〝社会の公器〟としてのジャーナリズム性が稀薄になっているのである。

テレビ放送の開始から四年後の一九五七年、著名な社会評論家の大宅壮一が「テレビは人間の卑しい興味をクローズアップさせるだけ」とその低俗性に着目して、テレビ視聴による「一億総白痴化」という衝撃的な警告を打ち上げた。それは、このメディアが情緒的であるため、大衆をイメージで誘導する侮《あなど》り難い力を秘めていることを看破していたからに他ならない。

実際、この諫言《かんげん》が的外れでなかったことは、その後のニュース報道に端的に表われている。その一つが、かつての消費税導入や自衛隊のイラク派遣、郵政民営化といった多角的検証を必要とする事象について、テレビは新聞のように深い洞察をすることなく、単に〝是か非か〟〝賛成か反対か〟といった論議の皮相的単純化に終始したのである。

これは、複雑で専門的知識が必要とされる社会事象に対して、論点の凝縮的縮小と集約的拡大を繰り返すという安易な単純化作用で、それはジャーナリズムの観点からは、次元の低いものといわざるを得ない。そして、それが影響力を伴って日常化しているため、視聴者たちの思考が麻痺して浅いレベルにとどまり、高度情報化時代だというのに、人々は一向に「物事の本質」に迫ることができないのである。テレビ朝日で番組制作に携わった近藤紘は、このような報道姿勢に対抗するために「（視聴者は）放映されている情報が全てではないことを十分認識する必要がある」と警告する。[5] 一方、草野厚は録画映像を多用した昨今の報道番組に対し、その信頼性に強い疑問符を投げかけ「視聴者はもっと疑いの目を持つべき」と警鐘を鳴らしている。[6]

圧倒的な「Nステ人気」の他局への波及

放送開始以来、春の花見時になると「Nステ」は全国津々浦々の桜の名所から、今を盛りに咲き誇る桜花をライトアップして茶の間に届け続けた。時には、彩り鮮やかな桜の下でのピアノ演奏など心憎いまでの趣向を凝らして、視聴者を幽玄の世界に誘《いざな》った。たかが花見ではあるが、多くの視聴者はこの夜桜中継を楽しみにして、その見事な自然美に酔い痴《し》れ、春の到来を実感することができた。これこそが、新しい発想から生まれた〝ニュース〟だったのである。

このように、テレビニュースの世界に与えた「Nステ成功」の波及効果には甚大なものがあり、同番組が一〇周年を迎えた時、「筑紫哲也NEWS23」のプロデューサー、辻村國弘は次のように述懐している。「『ニュースステーション』の成功以降、良くも悪くも他局が後を追った」「TBSも『プライムタイム』『ニュースデスク』で対抗したが、勝負にならなかった」「現在の『筑紫哲也ＮＥＷＳ23』になったのが八九年秋。しかし、とても（Ｎステに）張り合おうという雰囲気ではなかった」(4)。圧倒的な〝Ｎステ人気〟の前に為す術《すべ》がなかったという告白である。その一方で、「現在は、どこの局のニュース番組もニュースの出し方や解説の仕方など、やることが同じになっている」「これは明らかに『ニュースステーション』の影響である」と「Ｎステ」が果たした役割を高く評価している(4)。このように、わが国のニュース報道は「Ｎステ」の存在を抜きにしては語れず、その手法は大なり小なり、今日の各局のニュース番組に踏襲されているのである。

〝知らせるテレビ〟と〝考えさせる新聞〟

「あなたにとって、どうしても欠かせないものは？」というＮＨＫの世論調査によると、「テレビ」と答えた人が新聞の三倍に達したという(7)。これは、新聞よりテレビの方が存在価値や社会的影響力が大きくなり、その結果、マス・メディア界のヒエラルキーにおいてもテレビが新聞に代わって支配的地位を確立しつつあることを示している。

その一方で、前述のようにジャーナリズムという点において、テレビが新聞の後塵を拝しているのは否定できない。それはテレビのメディア特性に加えて、長い間、報道機関としての自覚やそのための研鑽《けんさん》を怠ってきたからに他ならない。しかし、これだけテレビの存在感が増してきた今日、コミュニケーション・ツールとしてのテレビの社会的使命には無視できないものがある。その意味において、〝考えさせる新聞〟と〝知らせるテレビ〟という役割分担があってもよいのではないだろうか。

二〇世紀が「放送の世紀」で、その後半が「テレビの半世紀」だったことは論を俟《ま》たない。人々は常にテレビとともにあり、その強力な大衆メディアが国家や人々に与えた影響は計り知れない。その一方で、個人の価値観が急速に多様化している今日、この巨大メディアが人々の多彩なニーズに対応できなくなっているのも事実である。

そのような状況下において、テレビのニュース報道が変容を余儀なくされるのは当然で、インターネットの普及による情報環境の激変などもニュース報道のあり方を根底から問い直す契機になっている。テレビがマス・メディアの一員たる見識のあるジャーナリズムとして生き残るのか、それとも利潤追求のコマーシャリズム化に傾斜していくのか、重要な岐路に立たされているといっても過言ではない。

注

(1) 小田久榮門『テレビ戦争　勝組の掟』同朋舎、二〇〇一年。
(2) 「久米さん、お帰りなさい　テレ朝『ニュースステーション』内容刷新」、朝日新聞夕刊、一九九九年一二月一八日。
(3) 村尾尚子「節目迎えた看板ニュース番組　ニュースステーションとNEWS23」、朝日新聞夕刊、一九九九年一〇月八日。
(4) 小櫃真佐己・辻村國弘・櫻井よしこ「課題多い一〇周年　どうなる、テレビ朝日の『ニュースステーション』」、朝日新聞夕刊、一九九五年一〇月七日。
(5) 近藤紘『テレビがくれた贈りもの』日新報道、二〇〇三年。近藤はこの著書の「まえがき」で、テレビ番組は料理と同様、いろんな素材を混ぜて調理し絶妙な風味に仕上げるようなもので、その円熟化のためには想像力と技術の裏打ち、あるいは人間の感性と知性の輝きが必要で、そのような条件がそろってはじめてテレビ番組が文化になり得ると述べている。そして、そのようなテレビ番組には未だにお目にかかったことはないと厳しい評価をしている。さらに、テレビの情報は全体像のごく一部にすぎず、映像は感情に直接、強い印象を与えるため、一度それが脳裡に焼き付いてしまうと、理性的、合理的思考を超越して訂正が利かず、記憶に残ってしまうだけに、視聴者はテレビのそのような特性を認識して観る必要があると説く。また、ニュース番組においては短時間に出来るだけ多くのニュースを報道しようとするため、テレビは刺激的な映像を最優先にして編集されている、という演出の存在を念頭において視聴すべきと警告している。

(6)　草野厚『テレビ報道の正しい見方』ＰＨＰ研究所、二〇〇〇年。コメンテーターとしてテレビの報道番組に出演する機会の多い著者が、その体験を踏まえてメディア・リテラシーの観点からテレビ番組の実態を検証し、視聴者に注意喚起を促している。草野はテレビの特性として、時間の制約とインパクトある映像、視聴者が見返すことの困難さを挙げている。時間的制約に関して、著者はコメントする際に短く・テンポ良く・分かりやすくを基本にしていることを明らかにしたが、そのようなメッセージの伝達方法では視聴者がニュースの本質を理解するには不十分と考える。つまり、複雑な国際情勢や経済関係、利害関係が絡《から》まった問題であっても、テレビ報道は限られた時間内で消化しなければならず、結果的に枝葉を落として話を単純化せざるを得ないこともあるとしたうえで、ニュースや報道系のテレビ番組における情報やコメンテーターの発言は「あくまで全体を理解するための目次のようなもの、あるいはかなり詳しいレストランのメニューのようなもの」と述べている。

また、「ニュースステーション」に対する印象については、⑴北朝鮮不審船事件報道（一九九九年）では政府に批判的ながらバランスある報道、⑵日米防衛協力のガイドライン関連法案審議報道（同年）では豊富で多様な情報提供、⑶中村法相辞任報道（同年）では歌謡曲を使った過剰な演出だったと分析。これらを総合した講評として、「今日の出来事」（日本テレビ）については「民放のＮＨＫでいいのか?」」、「筑紫哲也ＮＥＷＳ23」（ＴＢＳ）は「権力批判に偏り過ぎ」、「ニュースＪＡＰＡＮ」（フジテレビ）は「国際関係重視だが、政策への説明不足」、そして「ニュースステーション」については「総合点は高いが、過剰な演出に要注意」としながらも、かなり高い評価をしている。具体的には、「想像よりは情報が多面的に収集されていた。争点に関しては、双方の意見を紹介する場合が多く、『ＮＥＷＳ23』のように正面切って政府を批判するような構成にはなっていない。また、議論の背景事情、つまり歴史的経緯や国際関係の問題などにも多くの時間を割いていた。その意味では、問題を最も包括的に理解できる番組であったと言える」と最高点を与えていた。また、「Ｎステ」には〝ハコモノ〟と呼ばれるニュースの背景にある歴史的経緯や俯瞰《ふかん》的状況、さらにナレーションや音楽などを一つのパッケージとして放送する編集ニュースが多用されていると指摘し、結果として単調なストレートニュースより情報が多様で分かりやすいと評価した。その反面、演出が過剰になっており、視聴者はこの演出を意識し、錯誤しないように注意すべきともクギを刺している。

（7） NHK放送文化研究所監修『放送の二〇世紀』日本放送出版協会、二〇〇二年。

参考文献

伊藤守編『テレビニュースの社会学』世界思想社、二〇〇六年。

稲増龍夫『パンドラのメディア――テレビは時代をどう変えたのか』筑摩書房、二〇〇三年。

ロバート・ウィーナー（染田屋茂訳）『CNNの戦場』文藝春秋、一九九二年。

NHK放送文化研究所監修『放送の二〇世紀』日本放送出版協会、二〇〇二年。

NHK放送文化研究所編『テレビ視聴の五〇年』日本放送出版協会、二〇〇三年。

大石裕・岩田温・藤田真文『現代ニュース論』有斐閣、二〇〇〇年。

岡村黎明『テレビの二一世紀』岩波書店、二〇〇三年。

小関健・音好宏編『グローバルメディア革命』リベルタ出版、一九九八年。

金子敦郎『国際報道最前線』リベルタ出版、一九九七年。

北村日出夫・中野収『日本のテレビ文化』有斐閣、一九八三年。

倉田保雄『ニュースの商人ロイター』新潮社、一九七九年。

佐藤卓己『現代メディア史』岩波書店、一九九八年。

佐藤正明『映像メディアの世紀』日経BP社、一九九九年。

ラリー・スピークス（椋田直子・石山鈴子訳）『スピーキング・アウト』扶桑社、一九八八年。

武市英雄・原寿雄編著『グローバル社会とメディア』ミネルヴァ書房、二〇〇三年。

津金澤聡廣・田宮武編著『テレビ放送への提言』ミネルヴァ書房、一九九九年。

萩原滋編『変容するメディアとニュース報道』丸善、二〇〇一年。

橋本純一編『現代メディアスポーツ論』世界思想社、二〇〇二年。

ダニエル・J・ブーアスティン（星野郁美・後藤和彦訳）『幻影の時代』東京創元社、一九六四年。

ドン・M・フラノイ、ロバート・K・スチュワート（山根啓史・薗部寿和・山根澄子訳）『CNN 世界を変えたニュースネットワーク』NTT出版、二〇〇一年。

松田浩『NHK――問われる公共放送』岩波書店、二〇〇五年。

山口正紀『ニュースの虚構メディアの事実』現代人文社、一九九九年。

郵政研究所編『二一世紀 放送の論点』日刊工業新聞社、一九九八年。

吉見俊哉『メディア時代の文化社会学』新曜社、一九九四年。

ジェームス・レストン（名倉禮子訳）『新聞と政治の対決』鹿島出版会、一九六七年。

第4章　ニュースキャスターは「大衆の代理人」たり得るか

1　「キャスターニュース」の誕生とその主役たち

「大統領より信頼できるキャスター」としてのクロンカイト

米国の三大テレビネットワークの代表的番組である「CBSイブニングニュース」のキャスター（アンカーマン）を長年にわたって務めたウォルター・クロンカイト（二〇〇九年七月死去）は、国民に対する絶大な影響力と信頼性という点で「二〇世紀でもっとも偉大なニュースキャスター」と呼ばれる。その歯に衣着せぬ権力批判は熾烈《しれつ》を極めたが、「大統領より信頼できる男」「アメリカの良心」といった賛辞を贈られたのは、常に国民の声を代弁するという姿勢を貫いたからである。

いわば、国父的なキャスターであったわけで、番組終了の際の「では、今日はこんなところです」というエンディングのセリフは、視聴者たちにとって一日の終わりを告げる声として定着していた。わが国ではTBS「ニュースコープ」のキャスターを務めた古谷綱正と「NEWS23」の筑紫哲也が、同様に番組を終わる際、同じセリフを口にしていたが、それは両氏がクロンカイトの偉大さに敬意を払っていたからに他ならない。

このクロンカイトは「イブニングニュース」のアンカーマンを一九年間にわたって務めたが、その報道スタンスは徹底した客観主義に基づく真実の追求で、個人的見解を極力抑制して事実関係を淡々と伝えたところに特色があった。その姿勢を最も忠実に踏襲したのが前述の古谷綱正で、毎日新聞記者としてジャーナリズム精神を熟知していた彼は、「キャスターは事実をありのまま伝達し、それぞれの事象に対する判断は視聴者に任せるべき」とする客観報道至上主義の信奉者でもあった。

そのような報道哲学を持っていたクロンカイトが、キャスター人生の中で唯一、口を極めて痛烈に非難したのがベトナム戦争である。当時の米国では、共産主義がソ連・中国から北ベトナム、さらに親米国家である南ベトナムへ連鎖反応的に南下して来るという「ドミノ理論」がまことしやかに喧伝されていた。そして、米国政府は断固それを阻止して自由主義を守るという大義名分を錦の御旗に、多くの若い兵士を泥沼のベトナム戦場に送り込んだのである。

しかし、この戦争の正当性に疑義を抱いていたクロンカイトは、南ベトナム民族解放戦線による「テト攻勢」直後の一九六八年二月、自身の番組で「アメリカは即刻、戦闘を停止して北ベトナムと平和交渉を開始すべき」と国民に訴えた。穏やかな口調で事実を淡々と語り伝える姿勢を常としてきたクロンカイトにとって、これはその流儀を明らかに逸脱したものだったが、この衝撃的な発言が端緒となって、ベトナム戦争に対する世論は一気に終結に向けて雪崩《なだれ》現象を起こすことになる。この発言がいかに決定的であったかは、当時のジョンソン大統領の次のような言葉から明白である。

「クロンカイトのあの発言は、ベトナム戦争が国民の支持を失ったことを露呈させることになり、私の政権にとって致命的な打撃となった」。

戦争報道で定評のあるニュース専門チャンネル「CNN」は、当時まだ誕生しておらず、テレビといえばクロンカイトのCBSとNBC・ABCの三大ネットワークが圧倒的な影響力を誇っていた。この三大ネットワークのニュース視聴率の合計が七〇～八〇％というメディア・モノポリーの時代だっただけに、彼の発言はマルチメディア時代の今日では想像もできない波及効果を生んだのである。米国大統領の任期は四年だが、三大ネットワークの花形キャスターたちは二〇～三〇年の長期にわたって番組を担当するのが常で、その間、彼らは世論誘導に威力を発揮するテレビを通じて国民に影響力を行使していたことになる。その意味において、キャスターは大統領以上の世論形成権限を持っていたともいえるのである。

一世を風靡《ふうび》した「ビッグ・アンカーマン時代」の終焉

米国を代表するキャスターとしては、その端正な容姿から〝テレビニュース界のジェームズ・ボンド〟と呼ばれたＡＢＣ「ワールド・ニュース・トゥナイト」のピーター・ジェニングズ（二〇〇五年八月死去）や、クロンカイトの後任で現職大統領に容赦のない口撃を浴びせて論議を巻き起こしたＣＢＳのダン・ラザー、さらにＮＢＣのトム・ブロコウが挙げられる。このトリオは一九八〇年代からテレビニュース界に君臨し、二〇数年にわたってネットワークの「キャスタービッグ３」の名をほしいままにしてきた。

一世を風靡した3大ニュースネットワークのトム・ブロコウ，ダン・ラザー，ピーター・ジェニングズ（左から）（米 ABC テレビ，NHK より）

その中でも、ひときわ異彩を放ったのがＣＢＳのダン・ラザーで、クロンカイトの後「ＣＢＳイブニングニュース」のアンカーを二四年間務めた。穏やかな口調で冷静な客観報道に徹するクロンカイトと違って、ラザーは権力に対して挑発的な姿勢を誇示する〝追及者〟あるいは〝告発者〟として定評があった。そのため、自民党から忌み嫌われた「ニュースステーション」の久米宏と同様、そのリベラルな報道姿勢ゆえに共和党から徹底して敵視される。二〇〇四年九月、ブッシュ大統領が州兵時代に特別待遇を受けていたとする証拠文書の発見スクープによって、ブッシュ批判のキャンペーンを大々的に展開したが、これが後に偽造文書と判明し、翌年三月、ラザーはその責任をとってキャスター辞任に追い込まれた。

また、NBCのブロコウは同年一二月に引退し、ABCのピーター・ジェニングズもイラク戦争直後の二〇〇五年四月、肺ガンに冒されて降板を余儀なくされた。結局、テレビニュース全盛時代を支えてきた「ビッグ3」の全員がブラウン管から姿を消したわけで、米国テレビ界における「ビッグ・アンカーマン時代」は終焉を迎えたのである。

ニュースを〝伝える〟から〝語る〟時代へ

日本では一九六二年一〇月に誕生したTBSの「ニュースコープ」が、わが国初のキャスターニュース番組といえるだろう。この番組の初代キャスターは政治評論家の戸川猪佐武（読売新聞出身）と田英夫（共同通信出身）、二代目は前述の古谷綱正（毎日新聞出身）と入江徳郎（朝日新聞出身）で、それぞれが一流ジャーナリストとしての経験を生かして高く評価された。

一方、NHKは七四年四月、国際記者として名を轟《とどろ》かせていた磯村尚徳をメインキャスターに「ニュースセンター9時」（NC9）を立ち上げる。元来、NHKはできるだけキャスターによるコメントを差し控え、事実関係だけを伝えることに徹してきたが、「NC9」では磯村尚徳のキャラクターを前面に押し出す路線に方向転換する。

ところが、当初の視聴率は従来の定時ニュースの三分の一という惨憺《さんたん》たる状況であった。アナウンサーが真面目な顔で原稿を読むスタイルに慣れていたNHKの視聴者たちは、ダンディーなキャスターがにこやかな表情で〝ニュースを語る〟という新しい姿勢に違和感を覚えたのかもしれない。しかし、日本女性の多くが〝フランス好き〟〝パリ好き〟ということもあって、屈指のフランス（パリ）通である磯村のエレガントでエスプリの利いた喋《しゃべ》り口調が、彼女たちのハートを摑《つか》むのにそんなに時間はかからなかった。

そして、まもなく「NC9」の視聴率が上昇して、一四年間も続く長寿番組となったのである。その成功について、この番組の初代編集長だった梅村耕一は「磯村尚徳のパーソナリティーに負うところが大きかった」と認めたうえで、それまでの新聞報道の亜流ともいうべき硬派中心のNHKニュースから、思い切ってソフトなニュース重視に転換したことも見逃せないと指摘している。(1)

時代を反映した「語り」のテンポとリズム

キャスターニュースの成否はニュースの中身に加えて、それを伝えるキャスター自身の人柄や人気、その報道姿勢に大きく左右される。「ニュースステーション」が久米宏の軽妙洒脱な語り口調と容赦ない権力批判で人気を博したのに対し、「NEWS23」は筑紫哲也のジャーナリストとしての鋭い洞察力と批評力が高い評価を受けた。

二人は戦後のニュースキャスターの中で傑出した存在だったが、とりわけ久米宏は政府や自民党、中央官庁といった権力に対して舌鋒鋭く切り込み、その批判と追及は熾烈を極めて一世を風靡《ふうび》する。それは〝劇薬〟のようなものだったが、その緊張感とは裏腹に「Nステ」をいっそう魅力的なものにしたという点で、数々の輝ける女性スタッフたちの存在も見落とせない。

当初、サブキャスターに抜擢された局アナの小宮悦子と久米との組み合わせは絶妙で、彼女あっての久米宏といっても過言ではなかった。また、「Ｎステ」出演の後、テレビ東京の経済ニュース番組「ワールド・ビジネス・サテライト」のメインキャスターを務めることになった小谷真生子、小宮悦子の後任に起用された渡辺真理、さらに若い男性視聴者の間で人気を呼んだ上山千穂といった女性陣によって「Ｎステ」は支えられていたのである。

ＮＨＫニュースの視聴者層が一般的に高年齢・男性・地方在住者であるのに対し、「Ｎステ」のそれは若年齢・女性・都会在住者とされる。当然、そのような中核的視聴者に合わせてキャスターはイメージづくりをする必要があるが、「Ｎステ」の場合、久米宏が〝洗練された都会的なキャラクター〟であるにもかかわらず、奇妙なことに同番組の視聴率は一貫して東京より大阪で高いという傾向にあった。〝泥臭くて人間臭い〟とされる大阪の方が終始、二〜三％高かったのである。[2]

これは一体、何に起因するのだろうか。これについてはキャスターのイメージより、政府など当局に真っ向から食ってかかる久米宏の権力批判の姿勢に、反骨心旺盛な大阪人が共感を覚えたとする分析がある。それに加えて、大阪人と久米宏の喋繰《しゃべく》りスピードが共に速いことから、その点においてコミュニケーション・リズムが共鳴したとする見方もある。メリハリの利いた語り口と歯切れのよさが、何事にもテキパキしている大阪人の耳にテンポよく響いたとする説である。もし、そうだとするなら、少々理屈っぽくて粘着質のような筑紫哲也の喋り口調は、京都人ならいざ知らず、大阪人にはじれったく響いたのかもしれない。

ニュース番組において、このようなキャスターやアナウンサーの語り（喋り）のスピードは年々アップする傾向にある。それは高度経済成長を機に人々の生活リズムが速くなったことが影響していると思われるが、ＮＨＫアナウンサーの原稿を読むスピードを例にとると、一音を一拍として一分間に話す音の数は、男性アナが一九六四年で四一六拍だった。ところが、九二年の「午後七時のニュース」では川端義明アナが五三六拍（女性の黒田あゆみアナは四四九拍）で、一八年間で二八％スピードアップしていた。ちょうど、毎年一％ずつ速くなっていたわけだが、それに対して久米宏の喋《しゃべ》繰りは一分間に七六七拍というハイスピードだった。これは同時期の川端アナより四三％も速かったことになるが、このことから忙しい現代社会において久米宏の喋り口調が若者やサラリーマンのそれと一種独特のハーモニーを醸し出したと考えることも可能なのである。

それを知ってか知らずしてか、「報道ステーション」の古舘伊知郎も同様にプロレス中継並みの早口である。一方、高齢者の間で人気を呼んでいるNHKラジオの深夜放送「ラジオ深夜便」では、一九六四年当時のニュース（四一六拍）とほぼ同じ四〇〇拍前後で、このゆったりとした喋り口調は高齢のリスナーたちの耳に心地よく響いているに違いない。(3)

2　〝ウォッチドッグ〟としてのテレビジャーナリズム

キャスターの個人的見解の披瀝《ひれき》は主観報道なのか

キャスターニュースの醍醐味は、キャスター自身のパーソナリティーを存分に生かして、大衆向けにニュースを巧みに味付け、料理してみせる点にある。当然、そこにはキャスターの個人的見解も盛り込まれるわけで、TBSの「NEWS23」ではキャスターの筑紫哲也に番組編集権や発言の自由裁量権が付与されていた。つまり、彼はTBSにとって外部の人間であるが、強力な権限を持つ「編集長キャスター」だったのである。

一方、ニュース報道は客観的で公正かつ公平であることが至上命題とされるのに、キャスターが主観的な個人見解を表明するのは、放送法の逸脱ではないかとする批判的意見もある。たしかに、同法の規定遵守は重要で、それを無視したキャスターの過剰な私見の披瀝《ひれき》は厳に慎むべきである。しかし、その一方でテレビが新聞と同様、民主社会にとって必要欠くべからざるメディアであるのは紛れもない事実で、ジャーナリストとしてのニュースキャスターに新聞記者並みの発言権があってもよいのではないだろうか。

政治権力からの執拗《しつよう》な「Nステ批判」に代表されるように、批判精神旺盛なキャスターほどその主観的な言辞が槍玉に挙げられるのは世の常である。その標的となった久米宏はどれほど〝主観的〟〝偏向〟と非難されても怯《ひる》むことなく、視聴者という援軍を背に徹底した権力批判を展開した。一九八九年四月一日、竹下政権が世論の反対を押し切って消費税（税率三％）を強行導入した際には、大蔵省の担当官僚を生放送で容赦なく面罵《めんば》した。それは多分に感情的な振る舞いだったかもしれないが、「国民の代弁者」としての姿勢が明確であっただけに、杓子定規《しゃくしじょうぎ》な主観報道批判を受ける謂《いわ》れはないのである。

一方、このような報道姿勢に異議を唱えるキャスターもいる。日本テレビ「きょうの出来事」のキャスターを務めていた櫻井よしこは、「最近の視聴者はキャスターのコメントよりもむしろ、自分で判断するための情報を求めるようになってきた」「今後は、ニュース番組と意見番組の線引きを、どこかでしなければいけない」と指摘。また、「ニュースコープ」の古谷綱正も自身の専門領域でないニュースに対して生半可《なまはんか》なコメントや主張をすると、キャスターに対する信頼感が損なわれてしまうと警鐘を鳴らしている。(4)

〝主張するキャスター〟がニュースを客観的に語る

しかし、このような異論があることを承知のうえで、久米宏は敢然と自分流のニュース報道を続けた。たとえば、自民党が憲法改正の動きを見せると、それを厳しく批判し、自分自身の意見として「平和憲法堅持」を主張したことがある。当然のことながら、自民党はそれに反発して「偏向報道」と批判したが、国民の誰もが稀求する平和やその法的根拠としての平和憲法を護ろうという発言が、なぜ、偏向と批判されるのだろうか。憲法あっての放送法という法体系を顧《かえり》みれば、いわずもがなの論理なのである。

久米宏はもともと歌番組の司会者で、芸能畑から報道番組へ転身するにあたって、不退転の決意と並々ならぬ覚悟があったことはあまり知られていない。「(歌番組などでは)彼の〝軽さ〟の部分が視聴者に受けていたが、『ニュースステーション』という番組の構想を聞いた時、彼は半年間、一切のテレビ番組から姿を消し、これに賭けようとした」、「これまでの軟派なイメージを転換するためでもあったが、人気者の立場を失うかもしれないリスクを犯しても、自分の後半生を『ニュースステーション』に賭けようとしてくれた」。久米の決断について、小田久榮門はこのように述べている。(5)

「Nステ」は放送終了前日の総集編で、同番組が重視してきたいくつかのテーマを紹介したが、その目玉の一つとして沖縄問題があった。「終わりなき基地問題、NS(Nステ)と沖縄の一〇年、苦悩は続く」という表題で、久米宏の平和憲法堅持発言と併せて、「Nステ」がいかに沖縄基地問題と平和問題に積極的に取り組んできたかをクローズアップするものだった。

そんな信念を内に秘めた久米宏について、小田久榮門は「久米さんは、常々ニュース番組に対してひとつの意見を持っていた」「久米さんには立派なジャーナリストとしての資質があった」と述べ、ジャーナリストとしての才能が彼に備わっていることを見抜いていた。(5)また、高橋淳子も「昭和の終焉の重苦しさ。天安門事件の悲しみ。湾岸戦争への戸惑い。政官腐敗への憤り。久米さんが視聴者の思いの丈を代弁したからこそ、ニュースステーションは高視聴率をキープすることができたのではないか」と、〝主張するキャスター〟としての久米宏を高く評価したのである。(6)

客観報道がどれほど重要であっても、それが大衆の意見代弁や権力の監視といったジャーナリズムとしての社会的使命を果たさないのなら、それは無意味というしかない。そのように考えると、テレビのキャスターは、自身の個人的見解を披瀝するだけではなく、またアナウンサーのように用意されたニュース原稿を読み上げるだけでもなく、〝ニュースを自身の言葉で客観的に語る〟ということになるのかもしれない。言葉を代えれば、主体的な客観報道と形容できるのである。

政治家を特別視しないで鋭く切り込む

テレビ朝日と朝日新聞、日本テレビと読売新聞の関係に象徴されるように、特定のテレビ局（キー局）と全国紙の系列関係は業務や事業の提携にとどまらず、株式持ち合いや人的交流も含めて極めて親密な状況にある。その観点から「Nステ」の場合も、背後に控えている朝日新聞のリベラルな編集方針が、その報道姿勢に影響を与えていることは否めない。それは「Nステ」の後継番組「報道ステーション」も同様で、朝日新聞の現役編集委員がコメンテーターとして常時、脇に控えてアドバイスしていることからも明らかである。

そのような状況下において、久米宏はスタート当初の中曽根政権を皮切りに、竹下・橋本・小渕・森政権など、その時々の政府・自民党といった権力中枢と対峙し、彼らを厳しく批判してきた。その強大な権力ゆえ、メディアの権力批判はそれまで巧みに自主抑制されていたが、久米宏はそんなことにお構いなしで、彼らを容赦なくやり込めた。その姿はまさに〝ジャーナリスト・久米宏〟の真骨頂でもあったが、二〇〇九年に誕生した鳩山民主党政権、そして菅政権に対しても、同様の批判精神が果たして発揮されたのかどうか、興味のあるところである。

このように、権力を恐れない久米宏の報道姿勢は、次に示した有力政治家に対する数々のインタビューに如実に表わされていた。

(1)　「Nステ」が放送を開始した当時は中曽根政権の全盛期。同政権の番頭役である金丸信・自民党幹事長へのインタビュー（一九八五年一〇月三〇日放送）。久米「わたくし、個人的にはあまり中曽根さんという方は好きではないんですが、幹事長はお好きですか?」、金丸「私は好きとか、嫌いとかではなくて……」、久米「やっぱり、嫌いなことは嫌い?」（このように盛んに煽《あお》り立てた後）、久米「ご本人（金丸幹事長）は〝嫌い〟とは言わないんですが、私の感触では相当好きではないという感触を得ました!」。

(2)　中曽根首相（当時）は「絶対、解散しない」と繰り返し言明しながら、突如、その言を翻《ひるがえ》して異例の衆参同日選挙に打って出る（一九八六年六月二日放送）。（画面に「死んだふり解散」という文字タイトル）。久米「政治家というのは、あそこまで嘘をついてよいのでしょうか!」、コメンテーターの小林一喜「そうなんですね」、久米「そのトップにある総理大臣が、あそこまで見え透いた嘘を……」。

(3)　中曽根政権下での衆参同日選挙の開票報道。中曽根首相の抜き打ち解散が功を奏して、自民党が衆院で三〇〇議席を獲得して圧勝（一九八六年七月七日放送）。久米「もうっ、馬鹿馬鹿しいほどの自民党の大圧勝に終わりました!」、久米（大勝利で中曽根総理三選の可能性が出てきたことについて、宮沢喜一総務会長に対し）「宮沢さんは、まだ総裁選に正式に立候補なさっていないわけですが、闘志はおありですよね?」、宮沢「それは、あの～、必要があればね」、久米「宮沢さんのお話を聞いていると、イライラしてくるんですよね!」（同様の質問を竹下登に）、竹下「手順が決まったらね～」、久米「竹下さん!　いつも手順が決まったら、手順が決まったら～、そんなこと言っているうちに、下から追い越されてしまいますよ!」。

(4)　中曽根総裁から竹下総裁へ政権が禅譲《ぜんじょう》される（一九八七年一〇月一九日放送）。久米「世代交代と言いながら、その実はおじいちゃんたちが、スーパーおじいちゃんに頼んだというだけの話！」（と切り捨てる）。

(5)　リクルート事件で竹下首相が引責退陣（一九八九年四月一三日放送）。久米「一億五〇〇〇万円も貰《もら》う特定の企業と癒着していた人間が総理大臣でいて、とてもフェアな政治ができるはずがないと小学生でも分かる理屈を、国民は感じているということをお忘れなきように！　八対五で巨人が勝っております。ますます腹を立てながら、コマーシャルの後もニュース」。

(6)　この頃から自民党総裁選の際、候補者たちが揃ってテレビ出演するようになる（一九八九年八月七日放送）。久米（総裁選三候補者のうち、海部俊樹候補に対して）「もし、海部さんが総理総裁になったら、これは竹下リモコン内閣だと言われているということは、ご存知ですよね？」（と誰もが質問しにくい核心をズバリ）。

(7)　自民党総裁選で橋本龍太郎が選出される（一九九五年九月二二日放送）。久米「何と、当の自民党員でさえ半分が見放した総裁選挙です！」。

(8)　小渕恵三外相（当時）が自民党総裁に選出される（一九九八年七月一七日放送）。久米「国民としては一抹の不安が……、（小渕氏が）どんな人だか分からない方が内閣総理大臣にという気持ちがあるんですけど」、小渕（苦渋の表情で）「どちらかというと、私は縁の下の力持ちという立場に徹してきましたが……」。

座右の銘「風俗を語るように政治を語れ」と政治の大衆化

このように、有力政治家に対する久米宏の舌鋒は鋭く、その言葉にはエスプリの利いた強力な毒素を含んでいた。しかも、これらの発言歴から明らかなように、厳しい権力批判は決して親会社である朝日新聞の論調に迎合したものではなく、彼自身の〝生の声〟だった。そして、久米宏を前にすると、これら有力政治家たちの威厳がいつしか色褪《いろあ》せ、時には道化者のようにさえ見えてしまうから不思議である。このような権力者を権力者とも思わない姿勢が、いつしか視聴者の間で共感を呼び、その結果として国民と政治の距離を縮めて「政治の大衆化」を促したともいえるのである。

当然、政治家にとって久米宏が脅威であることは疑うべくもなく、小田久榮門は「(『Nステ』は) 政治家にとって一番こわいのはテレビなのだという認識を新たにさせた」と評価する。(5) 久米宏自身も「マス・メディアが権力と組めば恐ろしいことになる」「だから、僕はこの番組を始める時に、マス・メディアの役割は権力をチェックすることだと肝に銘じていた」と、ジャーナリズムの社会的使命としての権力監視を念頭に置いていたことを告白している。

このような報道姿勢の背景には、久米宏が尊敬してやまなかった社会評論家、大宅壮一の次のような言葉があった。「政治を語る時は、政治家を特別視しないで風俗を語るように語れ」。つまり、ジャーナリストたるものは、権勢を誇る有力政治家であっても普通の国民の一人として接すべきというもので、久米はこれをキャスターとしての座右の銘にしていたのである。

久米宏は、この言葉に従って「(僕は) 政治に関しては素人なので、政治評論家が口にするような言葉は使わないで、ごく普通の言葉で話すようにしてきました」、そして「不思議なもので、僕が普通の言葉で聞くと、向こうもやはり普通の言葉で話して下さったように思います」と述懐している。視聴者はキャスターの言葉遣い一つで、相手におもねているのか、それとも対等の意識で接しているのかを敏感に察知する。その意味において、久米宏のこのような姿勢は大衆の視座を堅固にしたともいえるのである。

番組終了まで残り二日に迫った二〇〇四年三月二四日、「Nステ」は「一八年間の歴代総理一二人、全員集合」、「一八年のバトル、久米宏VS政治家」というタイトルで、同番組と政治権力との戦いの歴史を回顧する特集を行った。これこそ、テレビ朝日が久米宏による反権力の報道姿勢を「Nステ」の最大の売りものにしていた証左でもある。

ベトナム戦争報道で田英夫がキャスター降板

政治権力のテレビ報道に対する圧力の歴史は、「Nステ」に加えて、一九六二年に誕生したTBS「ニュースコープ」に対するものも抜きにしては語れない。わが国のキャスターニュースの草分けともいうべきこの番組は、戸川猪佐武や田英夫、古谷綱正、入江徳郎といった錚々《そうそう》たるジャーナリストたちがキャスターを務めたが、その中でも端正な顔立ちと知性的な語り口調が女性視聴者の間で人気を呼んだ田英夫は、その優しい面差しとは裏腹に容赦のない権力批判で定評があった。

政府・自民党を厳しく批判した返す刀で、野党第一党の社会党に歯に衣着せぬ苦言を呈するなど、そのジャーナリスト魂は八面六臂《はちめんろっぴ》の活躍をみせて、一躍スターダムにのし上がった。しかし、皮肉なことに、リベラリズムに立脚したその痛烈な権力批判ゆえ、最後にはキャスター降板に追い込まれてしまうのである。

ベトナム戦争中の一九六五年、毎日新聞の大森実・外信部長と朝日新聞の秦正流・外報部長が、米軍の北爆に晒《さら》されているハノイ入りに相次いで成功する。そして、米軍機による病院や学校への爆撃など無差別の北爆実態を大々的に報道して、国内ばかりか世界中に大きな衝撃を与えた。これに米国政府が激しく反発、日本政府に圧力をかけるなどして、結局、毎日新聞の大森実が事実上、社から逐《お》われるという前代未聞の事件に発展する。日米両政府の権力の前に、戦争の実相を伝える新聞ジャーナリズムがひれ伏した屈辱的瞬間である。

その二年後の六七年夏、ＴＢＳ「ニュースコープ」のキャスター、田英夫が日本のテレビ局として初めてハノイ取材を敢行する。そして、同年一〇月放映の特別番組「ハノイ――田英夫の証言」で、米軍機の爆撃によって破壊されたハノイの修道院など生々しい惨状を映像で明らかにした。その衝撃度は新聞報道をはるかに上回るリアルなものだったが、放映から一週間後、キャスターの田英夫に佐藤首相（当時）の秘書官から次のような電話がかかってくる。

「佐藤総理は、あなたが放送した番組を見て〝大変、不満！〟とおっしゃっていました」、「念のためにお耳に入れておきます」。毎日新聞の大森外信部長辞任事件の直後でもあり、この警告はメディアに対する政治権力からの〝威嚇〟として、ＴＢＳに激震が走ったことはいうまでもない。

しかし、この報告を受けた今道潤三・ＴＢＳ社長は敢然と反論に打って出る。「ＴＢＳはれっきとした報道機関。それゆえ、ニュースのあるところなら、どこにでも行って取材する。政府からこのような批判を受ける謂《いわ》れはない」。この社長発言は〝さすが、報道のＴＢＳ〟と高く評価されたが、日米両政府からの圧力は執拗で、結局、田英夫は翌年三月、大森外信部長と同様、その責任を問われる形でキャスター降板に追い込まれてしまう。わが国におけるキャスターニュースの歴史の中で、これは政治権力によってキャスターが更迭された最初のケースで、以来、今日にいたるまで政治権力とテレビジャーナリズムの葛藤が続くことになる。

自民党から「偏向報道」攻撃を受けた久米宏

その後の歴代ニュースキャスターの中で、政治的圧力をもっとも意図的かつ集中的に受けたのは、「Ｎステ」の久米宏をおいて他にないだろう。そのことは、久米宏の報道姿勢がジャーナリズム精神に裏打ちされた「反権力」だったことに加えて、テレビメディアとしての「Nステ」の社会的影響力が看過できないほど大きかった証左でもある。

一九八九年の参院選で自民党が惨敗した時、自民党は「『Nステ』の偏向報道が敗北の一因」と痛烈に批判。さらに一九九二年七月、山下徳夫厚相は「Nステ」の国連平和維持活動（PKO）協力法に対する報道に言及し、久米宏を名指しして「あのようなキャスターを出している番組のスポンサーの商品を、買わないぐらいのことをやる必要がある」と、番組スポンサー企業のボイコットを検討すべしと檄《げき》を飛ばした。

また二〇〇二年五月、自民党の山崎拓幹事長は国会で審議中の個人情報保護法案と人権擁護法案をめぐるテレビ朝日の報道を不適切として、広瀬道貞社長に文書で釈明を求めた。その抗議内容は同年四月二六日の「Nステ」が両法案に批判的な特集を二七分間にわたって放送し、両法案が言論を弾圧する悪法であるかのようなイメージを視聴者に抱かせたというものだった。

政治権力に対するテレビの批判報道の是非が論議される時、報道の客観性や公平性を義務付けた放送法によって、テレビの「報道の自由」はある程度、抑制されても仕方がないとされることが多い。テレビ放送は公共電波の使用許可を国から取得して初めて可能になるのだから、新聞のような「フリー・プレス」（報道の自由）は望むべくもないとする一種の「限界論」である。

実際、放送の許認可権を握る政府や与党は、このことを楯にテレビ局に有形無形の圧力を加えることが可能なわけだが、それが罷《まか》り通るとすれば、テレビに付与されたジャーナリズム機能の侵害以外の何ものでもない。結果的に、それは重大なメディア・コントロールで、そのような権力当局の悪弊を打破するためにも、テレビメディアはいかなる圧力にも屈しない堅固なジャーナリズム精神の醸成、さらには〝鍛錬されたジャーナリスト〟の養成が焦眉の急といえるのである。

3　稀代のジャーナリストだった久米宏と筑紫哲也の比較論

テレビ・新聞と出自は違ったが〝良きライバル〟

「筑紫哲也ＮＥＷＳ23」は筑紫編集長の看板を表に掲げ、メインキャスター兼編集長である彼がコメンテーター役も兼ねていたのに対し、「ニュースステーション」は久米宏の圧倒的な人気にもかかわらず、その構成は常に朝日新聞の編集委員が〝お目付け役〟として脇に控える集団体制だった。久米宏と比べて筑紫哲也の報道スタンスは客観的でバランスがとれていると評価されたが、それとは裏腹に、報道関係者の間では〝「ＮＥＷＳ23」はあまりにも筑紫哲也色が出過ぎている〟との批判もあった。

いずれにせよ、わが国のキャスターニュースにおいて、久米宏と筑紫哲也がその頂点を極めた存在で、同時に良き宿命のライバルだったことは間違いない。二〇〇四年三月二六日、「Ｎステ」最後の日の放送を見守っていた筑紫哲也は、その直後の「ＮＥＷＳ23」の冒頭、「Ｎステ」が終了したことを視聴者に紹介し、さらに自身のオピニオンコーナー「多事争論」で次のような〝お別れエール〟を送っている。

「四五分ほど前に、一つの番組が一八年半の生命を終えました。いうまでもなく、久米宏さんの『ニュースステーション』です。寂しいというのが、何よりも第一の感想でありますが、（この番組は）ニュースの形というものを変えました。中でも最大の貢献はニュースと茶の間、視聴者の距離を飛躍的に縮めたことだと思います。この番組がなかったら、私たちの番組も生まれていなかっただろうし、私もここに座っていなかったと思います。

よく二つの番組は光栄にも比較されてきたわけでありますけれども、ライバルというよりは、もちろん負けたくないという気持ちがあって、番組を作ってきたことはたしかでありますが、それよりも同じニュースというものを追求している仲間だという思いが強くありました。

その中で（ニュースステーションは）与党からの風当たりとか差し障りとか、いろんなことをいわれた番組でありますが、それはニュース報道をやっていればむしろ当然のことであって、それだけたくさんのことをいわれたというのは、久米さんにとっても番組にとっても勲章だと思います。ジャーナリズムをやっていたという証拠でもあると思います。久米さんはよく〝自分はニュースの司会者にすぎない〟とおっしゃっていましたけれど、やっていたことは報道の本筋にのっとったお仕事だったと思っております。本当に一八年半もの間、ご苦労さまでありました」

「ニュースステーション」終了直後の「NEWS23」で久米宏をねぎらう筑紫哲也

このように、筑紫哲也は久米宏を「好敵手」と思っていたことを打ち明けた後、彼が政府や自民党から目の仇《かたき》にされ、手厳しい批判を受けたことについて、それは久米宏自身が押しも押されもせぬジャーナリストであったがゆえの勲章と高く評価したのである。

対照的な久米と筑紫のパーソナリティー

それでは、ニュースキャスターとしての久米宏と筑紫哲也の相違は一体、どこにあったのだろうか。両者のニュースに対するアプローチやイメージ・表現手法、その結果としてのキャスター像を図式化すると左のようになる（図4-1）。

それに加えて、久米宏が問題の核心に真正面から鋭く切り込む〝北風〟とするなら、筑紫哲也は問題の周縁を丁寧《ていねい》になぞりながら、じわじわと核心に迫っていく〝太陽〟とも形容できる。とりわけ、その相違はインタビューの姿勢に端的に表われており、久米宏が大衆（視聴者）を意識し、その代弁者として権力に対する情け容赦のない追及を信条としたのに対し、筑紫哲也は相手が悪しき権力者であっても、その言い分に耳を傾け、本音や真相を導き出すことに努めるというソフトアプローチ手法をとった。これは、前者が駆け引きなしの直球勝負で三振を狙う、キレの良い〝速球派〟であるのに対し、後者は経験に裏打ちされた七色の変化球を駆使して、打たせて取る〝円熟技巧派〟と形容できるかもしれない。

久米宏	VS	筑紫哲也
感 性	—	理 性
主 観	—	客 観
軽 妙	—	重 厚
映 像	—	言 葉
イメージ	—	ロジック
攻 撃	—	慎 重
主 張	—	解 説
ワイドショー的	—	コメンタリー的
大衆性	—	指導性

図4-1　キャスター像の比較

このような違いは、久米宏が映像メディアであるテレビ出身であるのに対し、筑紫哲也は活字メディアである新聞出身というそれぞれの出自と無縁ではない。実際、このことについて筑紫哲也は、「TBS（毎日系）が育てた久米さんがテレビ朝日で仕事をし、テレビ朝日の親会社である朝日新聞社で育てられた私が、TBSで仕事をしているというのは皮肉な交差」と述べている[7]。

一般大衆は、権力や権威に対して勇猛果敢に攻め込む久米宏に拍手

表 4-1　「久米宏」好感度チェック

「政党別」好き嫌い度　(%)

	自民党	民主党	公明党	共産党	社民党
「久米宏が好き」	67	70	70	78	80
「久米宏が嫌い」	18	20	10	0	13

「年代別」好き嫌い度　(%)

	20代	30代	40代	50代	60代以上
「久米宏が好き」	82	78	76	68	58
「久米宏が嫌い」	13	20	13	21	18

喝采だったが、その批判の的だった政府や自民党は、彼に対して〝主観〟〝偏向〟という厳しい批判を浴びせ続けた。一方、筑紫哲也は長年、朝日新聞という大看板を背負って記者活動を続けてきただけあって、政治権力に対しても常に分別と自制を忘れず〝大人の対応〟を旨としてきた。それは、「玄人のニュース報道」と形容できるかもしれないが、ややもすると解説的あるいは専門的になりがちで、久米宏のように大衆から熱狂的な支持を受けることはなかったのである。

自民党支持層の六七％が「久米宏が好き」

このように、怯《ひる》むことなく権力と対峙してきた久米宏が、相手側から敵として忌み嫌われたことは想像に難くない。そのことに関して、「Nステ」は興味深い調査を行っている。同番組が終了する前日の三月二五日に放映された「どーすか？『久米宏』好感度チェック！　あなたは久米宏を好きですか、嫌いですか」と題したアンケート調査で、その結果は上の通りである（表4-1）。

この調査は、「Nステ」特有のパロディー感覚で行ったもので、どれだけ信憑性があるかは定かではない。しかし、結果に対するテレビ朝日のコメントは「（これほど好かれているとは）意外です！」というものだった。実際、あれほど政府・自民党を手厳しく批判し、激しい反発を受けていたにもかかわらず、自民党支持層の六七％が「久米宏が好き」と答え、「嫌い」の一八％をはるかに上回っていた。野党（当時）民主党の「好き」七〇％、「嫌い」二〇％と大差なかったわけで、これは政党としては自民党を支持するものの、政策面においては国民の一人として久米宏の主張に共鳴するということになるのかもしれない。

一方、年代別では同番組スタート時からの視聴者層を反映して、二〇歳代の「好き」が八二％と圧倒的で、以下「三〇歳代」七八％、「四〇歳代」七六％と若者や成年層に好感を抱かれていたことが再確認された。この「好感度」は五〇歳代で六八％、六〇歳代以上では五八％と急落し、二〇歳代と比べて二四ポイントも低くなっている。六〇歳代以上には堅固な自民党支持層が多いこと、さらに彼らの多くが〝ＮＨＫ好み〟で、久米宏のようなキャラクターに馴染まなかったということだったのかもしれない。

それでは、若者たちはなぜ、「Ｎステ」を好んで視聴したのだろうか。この点に関して、田宮武が大学生を対象にした興味深い調査を行っている。それによると、同番組を視聴する理由として、(1)「面白い、楽しく見られる、興味が持てる」といった娯楽性や興味性を挙げた者が四二・四％、(2)「パネルや模型があって分かりやすい」と平易性を指摘した者が三九・六％、(3)「久米の喋り口調が好き」というキャラクター性や個性が三三・三％、(4)「久米の批判的意見やコメントが良い」とするオピニオン性を挙げた者が三二・四％となっていた[8]。

これらのことから明らかなように、「ニュースステーション」の魅力は、久米宏の親しげな語り口調やスタジオのアットホームな雰囲気、音楽やスポーツといったソフトニュースの重視、権力に対する容赦のない追及、さらに視聴者のニーズに合った多彩な企画特集や調査報道——などにあったといえるのではないだろうか。これは、ＮＨＫに代表される「堅苦しいニュース番組」から、お茶の間感覚の「楽しい報道番組」へ脱皮することに成功したことを意味する。そして、このことがテレビニュース史上において、久米宏が「ニュース革命の旗手」と高く評価された所以《ゆえん》でもある。

注

(1) NHK放送文化研究所監修『放送の二〇世紀』日本放送出版協会、二〇〇二年。
(2) 「東西トーザイチェンネル事情、気質の違い映し出す」、日本経済新聞夕刊、一九八六年六月二〇日。
(3) 「沈黙嫌い、話止まらず、間が恐い現代人——本音の対話を避ける」、日本経済新聞夕刊、一九九七年一〇月一四日。
(4) 小櫃真佐己・辻村國弘・櫻井よしこ「課題多い一〇周年　どうなる、テレビ朝日の『ニュースステーション』」、朝日新聞夕刊、一九九五年一〇月七日。
(5) 小田久榮門『テレビ戦争勝組の掟』同朋舎、二〇〇一年。
(6) 高橋淳子「キャスター新人類の終わり、久米宏という『時代』」、「AERA」二〇〇三年九月八日号。
(7) 筑紫哲也『ニュースキャスター』集英社、二〇〇二年。長年、朝日新聞記者として社会を洞察する眼力を備えていた筑紫哲也であるが、その彼がニュース番組の鉄則として掲げていたのが、できるだけ多くのニュースを伝えることと、自身の意見を抑えて事実を淡々と報じることだった。これは論説が重要な要素である元新聞記者とは思えない姿勢ではあるが、国から放送免許を与えられて成立しているテレビメディアの特殊な存立基盤や国民に対する絶大な影響力を考慮したうえでの報道姿勢と推察される。また、彼が尊敬するウォルター・クロンカイトのキャスター哲学に共鳴した部分があるのかもしれない。その一方で、筑紫には自身の豊富なジャーナリスト経験から個人的見解をあからさまに表明しなくても、視聴者は理解してくれると考えていたフシもある。
実際、これまでアナウンサーが幅を利かせていたNHKも含めて、ニュース番組のキャスターにはジャーナリストとしての経験が求められるようになってきた。CNNのアンカーマン、バーナード・ショーは「良いアンカーマンになるために最も重要なことは、まず良いジャーナリストであることだ」と語っているが、筑紫哲也のみならず、米国三大ネットワークの「ビッグ3」と形容されたダン・ラザー、ピーター・ジェニングズ、トム・ブロコウとも長いジャーナリスト生活を経てアンカーマンに転じている。わが国において、取材経験のない一部タレントキャスターが私見を声高に述べるケースが散見されるが、テレビジャーナリズムの観点から異論が出ても不思議ではないと考えるのは筆者だけだろうか。

（8）　田宮武『テレビ報道論』明石書店、一九九七年。

参考文献

青木塾・天野勝文・山本泰夫編『ジャーナリズムの情理』産経新聞出版、二〇〇五年。

天野昭・荒木功・吉崎正弘『メディアと人間』昭和堂、二〇〇一年。

石澤靖治『総理大臣とメディア』文藝春秋、二〇〇二年。

伊藤宏・藤田真文編『テレビジョン・ポリフォニー』世界思想社、一九九九年。

NHK制作班『ザ・アンカー　ピーター・ジェニングス』平凡社、二〇〇六年。

大下英治『報道戦争――ニュース・キャスターたちの闘い』新風舎、二〇〇四年。

岡村黎明『テレビの明日』岩波書店、一九九三年。

奥平康弘『「表現の自由」を求めて』岩波書店、一九九九年。

ロジャー・サイモン（横山和子訳）『ジャーナリストはなぜ疑り深いか』中央公論社、一九八八年。

下山進『アメリカ・ジャーナリズム』丸善、一九九五年。

竹内郁郎・児島和人・橋元良明編著『メディア・コミュニケーション論』北樹出版、一九九八年。

筑紫哲也・佐野眞一・野中章弘・徳山喜雄編『職業としてのジャーナリスト』岩波書店、二〇〇五年。

田英夫『真実とはなにか――わが体験的ジャーナリズム論』社会思想社、一九七二年。

中川一徳『メディアの支配者』講談社、二〇〇五年。

デービッド・ハルバースタム（筑紫哲也・東郷茂彦訳）『メディアの権力』サイマル出版会、一九八三年。

ロン・パワーズ（北代淳二訳）『ニュース・ドクター』サイマル出版会、一九八二年。

マーリン・フィッツウォーター（佐々木伸・菱木一美訳）『ホワイトハウス報道官――レーガン・ブッシュ政権とメディア』共同通信社、一九九七年。

アーサー・ヘイリー（永井淳訳）『ニュースキャスター』新潮社、一九九〇年。

ピーター・ボイヤー（鈴木恭訳）『ニュース帝国の苦悩――CBSに何が起こったか』TBSブリタニカ、一九九〇年。

松井茂記『マス・メディアの表現の自由』日本評論社、二〇〇五年。

マーチン・メイヤー（大谷堅志郎・川崎泰資訳）『ニュースとは何か――不屈のジャーナリズム』TBSブリタニカ、一九八九年。

山内祐平『デジタル社会のリテラシー』岩波書店、二〇〇三年。

読売新聞社調査研究本部編『提言報道』中央公論新社、二〇〇二年。

第5章　ポピュリズムに翻弄されるメディアの選挙報道

1　「小泉劇場」による大衆迎合的ワイドショー

有権者にとって不可欠な選挙情勢報道

民主主義社会において、選挙は国民の意思を反映させるもっとも有効かつ重要な手段といっても過言ではない。その際、我々の代弁者たる議員や政党を選択するにあたって、候補者の人物像や信条・経歴・評判、さらに政治哲学を詳しく知る必要があるのは当然で、それは有権者の権利であると同時に投票者としての義務でもある。

国政選挙の際、投票前に新聞社が世論調査を行い、その結果を「選挙情勢報道」として有権者に伝達するのは、主権在民を意識したメディアの積極的行為として評価できる。当然、その情勢報道の中には、政党別獲得議席の予測や各候補の当落情報も含まれるわけで、有権者たちはこれらの報道によって、選挙がどのような方向に動いているかを知ることができるのである。

一方、選挙期間中のそのような情勢報道が、特定の政党や候補者に〝有利・不利〟に作用することもあり、「優勢」と報道された陣営に対して有権者の「そんなに勝たせてはいけない」という平衡感覚が働くこともある。選挙報道による「アナウンスメント効果」と呼ばれるものだが、そのような影響力を理由に、選挙情勢報道そのものを規制あるいは禁止しようとする政治勢力もある。しかし、こうした

〝報道封じ込め〟は国民の知る権利を侵害するもので、選挙という民主社会の中核的なシステムを機能不全に陥らせる危険性を孕《はら》んでいる。

二〇〇九年八月三〇日に投開票が行われた第四五回衆院選で、民主党は四八〇議席のうち単独過半数（二四一議席）を大幅に上回る三〇八議席を獲得して、念願の政権交代を実現させた。一方、一九五五年の結党以来、第一党として政権与党をほぼ堅持してきた自民党は、麻生政権の不人気と求心力の欠如が影響して、公示前勢力の三分の一という惨敗を喫した。欧米諸国の二大政党制を目指して小選挙区比例代表並立制が導入されてから一五年。わが国にもようやく二大政党制が実現したわけだが、これを機に官僚主導から政治主導へと転換されるのか、それとも再び官僚機構に取り込まれていくのか、その行方が今後の日本の将来を占うものとして注目される。

「小泉劇場」キャンペーンとわが国初のメディア選挙

郵政民営化と「小泉劇場」、さらに〝刺客候補〟の登場で世間を賑わせた二〇〇五年九月の衆院選は、わが国初の本格的な「メディア選挙」として選挙史にその名を刻んだ。そして、この選挙では小泉政権の郵政民営化政策が国民から圧倒的な支持を受け、自民党が解散時（二一二議席）を大幅に上回る二九六議席を獲得して歴史的大勝となった（表5-1）。

これに対し、民主党は解散時（一七七議席）を大幅に下回る一一三議席で、小選挙区では自民党の二一九議席に対してわずか五二議席と惨敗。なかでも、東京では二五選挙区のうち自民党が二三選挙区で議席を獲得し、民主党は菅直人・元代表の一議席だけという惨状だった（残り一議席は公明党候補）。元来、衆院の解散・総選挙は時の政権の信任を問うものだが、この選挙は争点が郵政民営化の是非の一点に特化されるという異例なもので、さらに自民党は民営化を〝善〟、反対を〝悪〟、後者を反改革・造反・守

表 5-1　2005年衆院選における政党別獲得議席数

	自民	民主	公明	共産	社民	国民新党	新党日本	諸派	無所属	(うち自民反対派)
解散時議席	212	177	34	9	5	4	3	1	32	(30)
獲得議席	296	113	31	9	7	4	1	1	18	(13)
(小選挙区)	219	52	8	0	1	2	0	0	18	(13)
(比例区)	77	61	23	9	6	2	1	1	0	(0)
増減議席数	+84	−64	−3	±0	+2	±0	−2	±0	−14	(−17)

旧派とするイメージ・キャンペーンを大々的に展開する戦術をとった。

また、反対派の元自民党候補に対して、彼らを追い落とすために多数の〝刺客候補〟を擁立して、血みどろの選挙戦を繰り広げた。このため、メディアは前代未聞の熾烈な権力闘争を前にして、日夜、政策そっちのけで〝劇場型選挙報道〟に狂騒することになった。とりわけ、テレビは芸能ワイドショー的感覚でこれら刺客候補を追いかけ回して、その一挙手一投足を垂れ流し、結果として「小泉劇場」の宣伝役を務めることになったのである。

このような「集団的過熱報道」によって、政治家としてはまったく無名の刺客候補二五人のうち二〇人が当選。一方、民営化に反対したベテラン議員たちは、自民党非公認となった三七人のうち二七人が無所属で出馬したものの、当選したのはわずか一三人にとどまった。つまり、「小泉劇場」に翻弄されて大騒ぎしたメディアは、結果的に刺客候補たちの「顔」と「名前」を知らしめるツールとして利用され、自民党の勝利に貢献したのである。

ＴＢＳの報道番組「ブロードキャスター」によると、選挙前、三週間にわたって「衆院選報道」がテレビ・ワイドショーのトップを占め、投票直前の週においてもその放映時間は二位の長さだった。このことは、政治や選挙という硬派のテーマが芸能界の話題と同様、バラエティー感覚で長時間、お茶の間に流され、視聴者の興味と関心を集めていたことを物語っている。

公平性を逸脱したテレビの選挙報道

ジャーナリズムが政治権力に翻弄されることなく独立性を維持して、報道の公平性や客観性を担保すべきことはいうまでもない。それと併せて、大衆に対するアジェンダ・セッティング（議題設定）機能や言論機関としてのオピニオンリーダー性も必要不可欠である。

ところが、テレビに象徴される一連の「小泉劇場報道」は、社会の公器としてのジャーナリズムの存在意義を顧《かえり》みることなく、商業主義的動機に基づいた視聴率至上主義に走ったものといえるだろう。その結果、選挙戦を単に面白おかしく報じることに終始したわけで、そこに本来のジャーナリズムとしての矜持《きょうじ》は微塵《みじん》も見られなかった。

そのことに対する批判が沸き起こるのも当然で、民主党は投票一カ月前に「自民党関連の選挙報道が異常に多過ぎる」、「自民党議員がテレビの討論番組やワイドショーに出演して民主党批判をしているが、こちらが出演していないため反論の機会がない」、「自民党の内紛を面白おかしく報じるあまり民主党のメディア露出が減って、選挙報道の公平性という点において我慢できる限界を超えている」という文書をメディア各社に配布して、偏った選挙報道に抗議した。しかし、メディア各社がこの抗議を意に介することはなく、その後も狂騒報道を延々と続けたのである。

民主党の惨敗が確定した九月一二日未明、岡田克也代表は敗北の弁とともに、次のように痛烈にメディア報道を批判した。「我々がいくら政策を出しても、メディアにうまく乗らず、（有権者に）伝わらなかった」、「〝刺客騒動〟とか、新党のことに報道が集中してしまった」、「選挙時におけるメディアのあり方は、第三者が分析すべきテーマだが、今回は民主主義にとって好ましいことではなかった」、「視聴者が飛びつくから報道するとも聞くが、それでは政治報道の公共性がない」、「今回の（選挙の）敗者は民主党だが、メディアもまた敗者である[1]」。

これはジャーナリズムの責任を放棄した〝狂騒報道〟に対する的を射た批判で、テレビメディアがこの指摘を真摯に受け止め、今後の選挙報道を冷静で客観的なものにする契機とすべきであることはいうまでもない。

テレビ派は自民党、新聞派は民主党に投票

しかし、このような批判にもかかわらず、視聴率競争にしのぎを削るテレビ局にあまり反省は見られなかった。それに対して、新聞社はこれら「メディア選挙」の問題点を積極的に検証しており、朝日新聞の調査によると、この選挙を「面白かった」と答えた人が全体の五二％、「そうでない」が三九％で、無党派層の多い二〇歳代では「面白かった」と答えた人が男女とも六割を超えた。投票にあたって「メディアの選挙報道の影響を受けた」と回答した人は五二％で、自民党候補に投票した人の中ではその割合が六三％に達し、「自民大勝」の背景にメディア報道が関与していたことを裏付けた。

このほか、「投票の際に一番参考にしたメディア」についてはテレビ五一％・新聞四〇％・インターネット四％で、インターネット時代の到来にもかかわらず、依然としてテレビと新聞の二大マス・メディアが政治的意思決定に圧倒的な影響力を誇っていることが判明した。

これを政党別で見ると、自民党に投票した人が影響を受けたメディアはテレビ五六％・新聞三九％だったのに対し、民主党への投票者はテレビ四四％・新聞四八％だった。これは、自民党に投票した有権者の多くがテレビ報道の影響を強く受けていたのに対し、民主党への投票者はその判断をテレビより新聞に求めたという事実を浮き彫りにした。さらに、男女別では女性がテレビ五八％・新聞三四％だったのに対し、男性はテレビ四四％・新聞四六％で、テレビ報道の影響は男性より女性において顕著に表われていた。

また、この選挙でクローズアップされたメディア報道の不公平については、「メディアが特定の政党や選挙区ばかりを取り上げた」という印象を抱いた人が、全体の五〇％に達していることも判明した(2)。つまり、この「メディア選挙」は、岡田代表（当時）が指摘したように、勝敗に直結する重要な政治報道であるにもかかわらず、メディアが公共性や公平性に配慮せず、いたずらに騒ぎ立てる報道を行ったため、それが選挙結果を恣意的に左右することになったのである。

2　不確定要素が大きい新聞社の投票前情勢報道

「ＲＤＤ」方式の選挙情勢報道とサンプル数

新聞社が独自の世論調査に基づいて投票日前に行う選挙情勢報道は、政党別獲得議席予測と候補者当落予想が二本柱になっている。それでは、この二〇〇五年衆院選における新聞各紙の予測報道は一体、どのようなものだったのだろうか（表5-2）。

これら新聞社による選挙情勢調査は、以前は有権者に対する面接聴取だったが、最近は大半が「ＲＤＤ」（Random Digit Dialing）方式と呼ばれる電話調査を採用している。これはコンピューターが無作為抽出した番号の有権者宅に電話をかけ、どの候補に投票するかを尋ねる方法で、電話調査は簡便であると同時に、正確性という点においても対面方式と大差ないことが統計学的に立証されている。

サンプル（調査対象者）数が多ければ多いほど精度が高くなるのは当然で、ちなみにこの衆院選におけるサンプル数のトップは読売の二二万七三六三人・有効回答一五万五二六三人（回答率六八・三％）、二位の朝日は一八万七八九七人・有効回答一一万八六一六人（回答率六三％）だった（二〇〇九年衆院選のサンプル数のトップは朝日の約一九万人で、読売は二位で約一一万人だった）。

表 5-2　2005年衆院選における新聞各紙の政党別獲得議席予測

	自民	民主	公明	共産	社民	国民新党	新党日本	諸派	無所属(うち自民反対派)
解散時議席	212	177	34	9	5	4	3	1	32（30）
確定議席	296	113	31	9	7	4	1	1	18（13）
朝日予測	255	163	28	8	8	1	1	1	15（－）
毎日予測	248～294 〈271〉	124～165 〈144.5〉	27～33 〈30〉	9～11 〈10〉	5～9 〈7〉	1～2 〈1.5〉	0 0	1 1	14～16（11～12） 〈15〉（11.5）
読売予測	（241前後）	（90前後）	－	－	－	－	－	－	（－）
産経予測	（269前後）	（112前後）	－	－	－	－	－	－	（－）

出所：「朝日」と「毎日」による予測議席数は両紙が発表した数字を引用。「毎日」の予測における山括弧の数値は中央値（筆者による）。「読売」と「産経」における自民，民主の予測議席は，両紙の記事の中で指摘された議席予測に基づき，筆者が丸括弧で付記。

二〇〇五年選挙では、読売のサンプル数が断然トップだっただけに、その予測精度が注目を集めた。しかし、表5-2で明らかなように読売の自民党獲得議席予測は二四一議席（前後）と、地滑り的勝利となった二九六議席より五五議席（前後）も少なく〝大はずれ〟となった。もっとも正確だった毎日の二七一議席（中央値）や、さらに産経の二六九議席（前後）、朝日の二五五議席と比べても、読売予測の不正確さが際立つ結果となった。つまり、調査サンプルの多さが皮肉なことに正確さと反比例したわけで、読売の世論調査能力そのものが根本から問われることになったのである。

一般的に、この種の予測は世論調査の生データに加えて、過去の予測実績の検証を踏まえた各社独自の生データに対する修正、さらに各選挙区の担当記者による現地情勢取材（候補者の後援会や政党の都道府県連・支援団体などの票読み、支援業界や労組のまとまり具合、傘下の地方議員たちの動きなど）が重要なファクターとされる。読売の場合、膨大な生データの修正処理が適正に行われなかったこと、あるいは最も重要とされる選挙区での関連取材が十分でなかったことなどが、誤予測の原因だったのではないだろうか。

このほか、議席予測が外れる要因として、得票差が小さく

表5-3　2009年衆院選における新聞各紙の政党別獲得議席予測

	民主	自民	公明	共産	社民	みんな	国民新党	新党日本	改革	諸派	無所属
公示前議席	115	300	31	9	7	4	4	0	1	1	6
確定議席	308	119	21	9	7	5	3	1	0	1	6
朝日予測	307~321~330	89~103~115	18~24~30	7~9~12	3~9~13	2~4~8	2~3~6	0~1~2	0	0	3~5~8
毎日予測	318～330〈324〉	68～108〈88〉	24～27〈25.5〉	9～10〈9.5〉	5～7〈6〉	3～4〈3.5〉	3～4〈3.5〉	0～1〈0.5〉	0	1	6～7〈6.5〉
読売予測	「300超す勢い」	「最大で140前後」	−	−	−	−	−	−	−	−	−
産経予測	「300確保」	「130程度」	−	−	−	−	−	−	−	−	−

出所：掲載日は「朝日」8月27日，「毎日」同22日，「読売」同21日，「産経」同25日。読売，産経の民主・自民の議席予測はそれぞれの記事から引用。

ても議席差が大きく開く小選挙区制特有の仕組みが挙げられる。つまり、小選挙区では得票が僅少差であっても、第一位を確保した候補者一人だけが議席を獲得し、二位以下は落選で〝死に票〟になるため、総得票数と議席数は必ずしも相似形にはならない。このため、小選挙区で僅少差による勝利が増えれば増えるほど、得票数と議席数のギャップが拡大し、結果的に「圧勝」「惨敗」という極端な誤予測が生まれるのである。

このことは、小選挙区の正確な票読みや当落判定が、全体の獲得議席予測の重要なポイントであることを意味しており、二〇〇五年衆院選では各紙ともそれが十分でなかったといえるのである。

毎日・朝日が「民主圧勝」を過大予測

次に、民主党が政権交代を果たした二〇〇九年衆院選における新聞各紙の選挙情勢報道を検証してみよう（表5-3）。

この衆院選における各紙の「民主党」獲得議席予測は、読売の「三〇〇議席超す勢い」と産経の「三〇〇議席確保」が幅を持たせた予測であるものの確定三〇八議席に最も近く、ほぼ的中したと評価できる。これに対し、朝日の「三二一議席」（中央値）、毎日の「三二四議席」（同）は確定議席よりそれぞれ一三議席、一六議席過大に見積もったことになる。ただ、朝日については「三〇七～三三〇議席」という予測レンジの中にとどまっており、かろうじて誤差の範囲内だった。これに対し、毎日の予想レンジは「三一八～三三〇議席」で、最低議席予測でも実際より一〇議席多く見積もっており、四紙の中では最も大きな誤予測となった。

また、朝日と毎日は読売・産経とは反対に「民主大勝」を実際より過大に予測したが、これは次の項で紹介するテレビ選挙特番の「政党別議席獲得予測」（当日）と同じ傾向を示していた。つまり、投票に行くかどうか未定の段階での予測（新聞）と、投票を終えた後の出口調査に基づく予測（テレビ）が同一傾向を示し、しかもいずれもが大きく外れていたのである。これについては次の項で原因を分析する。

一方、自民党の獲得議席予測については、民主党の獲得議席を過大に見積もった朝日と毎日が過小予測したのは当然で、朝日は実際より一六議席、毎日は三一議席も少なく見積もって（いずれも中央値比較）〝大外れ〟となった。逆に、読売と産経は確定議席よりそれぞれ二一議席（前後）、一一議席（前後）過大に見積る結果となった。

これらを総合すると、読売と産経は選挙前に支配的だった反自民ムードに反する形で〝自民の善戦〟、反対に毎日はこのブームに乗って〝民主の大勝・自民の惨敗〟を実際より過大に予測したことになる。一方、朝日はこのように両極端に分かれた予測の中間で、結果的に四紙の中では最も偏りの少ない報道だったと評価できるだろう。

3　政治ショーとしてのテレビの「選挙特番」

出口調査に基づく開票率ゼロ段階の予測報道

一方、テレビの開票特別番組は、各局とも看板キャスターや政治評論家、タレントたちを総動員して、投票終了直後、独自の出口調査に基づく「政党別獲得議席予測」を大々的に打ち上げるという一大政治ショーである。つまり、開票率ゼロ段階において最終選挙結果を予測発表するというもので、それは究極の〝政治ワイドショー〟といっても過言ではない。

選挙管理委員会の開票作業は、一般的に午後八時の投票終了から少なくとも五～八時間を要し、すべての当選が確定するのは午前三時～五時というのが常である。その長丁場の開票作業を待つことなく、投票終了直後に最終結果を予測報道するわけだが、その決め手になるのが投票を終えて出て来た有権者に対する投票先の聴き取り、つまり「出口調査」である。

この出口調査は、わが国では一九八九年の参院選でＮＨＫが導入したのが最初で、その直後の川崎市長選挙で、ＮＨＫは史上初の開票率ゼロ段階における「当確報道」を行った。このように、出口調査は元来、候補者の「当確」や「当落」を迅速に報じるための判定材料として導入され、テレビ局はその速報をめぐって熾烈な競争を展開することになる。

この出口調査の予測精度もサンプル数に左右されるため、その数は年々、増える傾向にある。ＮＨＫの場合、一九九五年参院選で一五万人だったのが、小選挙区比例代表並立制が導入された翌九六年の衆院選では一気に四〇万人に急増。そして、投票の締切時刻が午後六時から午後八時に延長された二〇〇〇年衆院選では四七万人、さらに二〇〇三年衆院選では五三万人に膨れ上がった。ちなみに、この〇三

表5-4　2005年衆院選におけるテレビ各局の政党別獲得議席予測

	自民	民主	公明	共産	社民	国民新党	新党日本	郵政反対無所属
確定議席	296	113	31	9	7	4	1	－
TBS	307	105	34	8	6	3	－	13
テレビ朝日	304	104	33	10	8	3	1	12
フジテレビ	306	101	36	8	9	3	1	－
日本テレビ	309	104	33	9	7	3	1	－
テレビ東京	307	106	32	8	6	（郵政反対派		計16）
NHK	285～325〈305〉	84～127〈105.5〉	28～36〈32〉	6～10〈8〉	3～12〈7.5〉	0～5〈2.5〉	0～4〈2〉	6～18〈12〉

注：NHK の山括弧は中央値（筆者による）。

年衆院選の出口調査では、全テレビ局中、テレビ朝日の五六万人がトップだった（二〇〇九年衆院選ではNHKが四二万人、テレビ朝日は五四万人だった）。

新聞より正確だったテレビの議席予測

それでは、この出口調査でテレビ各局はどのような予測報道を行っていたのだろうか。小泉劇場と郵政民営化で大揺れとなった二〇〇五年衆院選で、テレビ局が発表した政党別議席予測は上の通りである（表5-4）。

自民党が大勝したこの選挙では、テレビ局による自民党の獲得議席予測はすべて三〇〇議席台（NHKは中央値）で、その予測平均は三〇六議席。これは、実際の二九六議席より一〇議席多かった。一方、民主党議席の予測については、各局いずれも一〇〇議席台で予測平均は一〇四議席、実際より九議席少なく見積もったことになる。これは、テレビ各局が二〇〇九年選挙で大勝した民主党を実際より一二議席過大に見積もり、敗北した自民議席を一九議席少なく予測したのと比べると、精度の高い予測報道だった。〇五年衆院選における新聞各紙の投票前情勢報道は、自民党の獲得議席を二四一～二七一議席と実際より二五～五五議席も過小に予測していた。これに対し、テレビ局の自民・民主党の議席予

表 5-5　2009年衆院選におけるテレビ各局の政党別獲得議席予測

	民主	自民	公明	共産	社民	みんな	国民	日本	改革	諸派	無所属
公示前議席	115	300	31	9	7	4	4	0	1	1	6
確定議席	308	119	21	9	7	5	3	1	0	1	6
TBS	321	97	20	12	11	7	3	2	（その他⇒7）		
テレビ朝日	315	106	23	12	7		3	（その他　⇒　14）			
フジテレビ	321	97	22	12	10		4	（その他　⇒　14）			
日本テレビ	324	96	23	10	8		4	（その他　⇒　15）			
テレビ東京	326	98	18	10	9		3	（その他　⇒　16）			
NHK	298～329	84～131	12～36	7～18	4～15	3～10	3～6	1～2	－	－	－
	〈313.5〉	〈107.5〉	〈24〉	〈12.5〉	〈9.5〉	〈6.5〉	〈4.5〉	〈1.5〉	－	－	－

注：NHK の山括弧は中央値（筆者による）。

測ははるかに正確だったわけで、しかも各局間の予測の幅が五議席と小さく、近年では珍しく足並みを揃えてかなりの精度を示したといえる。

〝誤予測〟となった二〇〇九年選挙の出口調査

この二〇〇五年衆院選と比べると、予測が大きく外れることになった〇九年衆院選のテレビ各局の政党別獲得議席予測（出口調査）はいかなるものだったのだろうか（表5-5）。

各局の民主党の獲得議席予測はいずれも三〇〇議席台（NHKは中央値）で、その平均は確定の三〇八議席を一二議席多く見積もる三二〇議席だった。このうち、最も正確だったのがNHKの三一三・五議席（中央値）で、テレビ朝日の三一五議席がそれに続いた。反対に、最も大きく外れたのがテレビ東京の三二六議席、以下、日本テレビの三二四議席、TBS・フジテレビの三二一議席の順で、これらは実際の議席より一八～一三議席多かった。

一方、自民党の議席予測については、民主党の場合と同様、確定の一一九議席に最も近かったのがNHKの一〇七・五議席（中央値）で、これにテレビ朝日の一〇六議席が続いた。それ以外はすべて九〇議席台で、最も大きく外れたのが日本テレビの九六議席で、以下、ＴＢＳ・フジテレビの九七議席、テレビ東京の九八議席の順だった。

つまり、民主・自民の両議席予測においてＮＨＫが最も正確だったわけだが、同局は民主党で二九八〜三二九議席、自民党では八四〜一三一議席とそれぞれ三一議席、四九議席の幅を持たせていた。実数を発表した民放各局とは単純に比較できず、そのことを考慮に入れると、テレビ局の中で最も正確な予測報道を行ったのはテレビ朝日といえるかもしれない。

出口調査の不完全さと特定層の投票動向

テレビ各局はそろって民主党議席の過大予測と自民党議席の過小予測を行ったが、新聞社の投票前情勢報道で朝日と毎日が同様の予測をしていたことは既述の通りである。それでは、その誤予測の背景に一体、何があったのだろうか。その原因としてまず第一に考えられるのは、出口調査を終了した午後四時〜五時から、投票が終了する午後八時までの間の〝空白の投票動向〟が正確に把握できていなかったことが挙げられる。

出口調査は投票開始直後の早朝から始め、全国の投票所から送信されてくる膨大な聴き取り結果のデータを解析して各候補者の当落を判定し、その集積によって「政党別獲得議席」を弾き出す仕組みになっている。ところが、その最終結果は投票終了直後の「選挙特番」（午後八時）で発表するため、各局ともデータ解析や当落判定の時間を考えて、午後四時〜五時という早い段階で出口調査を打ち切らざるを得ないのである。

このため、調査打ち切り以降の三〜四時間の投票動向分析と、それに対する〝票読み〟が全体予測を左右することになる。一般的には、前回選挙の投票動向をベースにして推測するが、問題はこれまで発生したことのない特異な投票動向が起きた場合、それらの変異が最終的な出口調査結果に反映されず、結果的に予測ミスにつながることが多いとされる。

特定の組織や団体に所属する人々、さらに比較的高齢の有権者たちが午前中に投票する傾向があるのに対し、日曜日や休日に外出することの多い若者やサラリーマンなど特定支持政党を持たない無党派層は、帰宅後の夕方以降に投票する傾向がある。二〇〇〇年衆院選の場合、投票日が二〇〇九年衆院選と同様、真夏に行われ、夕方でもまだ明るかったため、行楽などの外出から帰って来た無党派層が締切直前に大挙して投票所へ足を運び、民主党の駆け込み大逆転を引き起こすことになった。

ところが、晩秋の一一月に行われた二〇〇三年衆院選では、同じ時刻でもすっかり暗くなっており、このような無党派層の駆け込み現象が起きることはなかった。しかし、テレビ局は出口調査が終了した後、無党派層が前回と同様、大量に投票すると推定してデータを加算したため、民主党票を過大に見積もる誤報道となったと考えられる。

予測できなかった〝隠れ自民党支持者〟の出現

それでは、このような出口調査終了後の投票動向は、二〇〇九年衆院選の予測報道に一体、どのような影響を与えたのだろうか。テレビ局による午後四～五時までの出口調査では、各局とも「民主大勝」で一致していたが、実際の議席がそれらの予測より一〇数議席少なかったことから、これまでの無党派層に代わって自民党支持者の駆け込み投票が起きたことが予想される。しかし、これまで自民党票でこのような現象が起きたことはなく、〝誤予測〟の原因追究を行っていた選挙担当者の頭を悩ませることとなった。

ところが、検証過程で地方系列局からの報告によって、有力自民党候補の支持者たちが締切間際に、大量に駆け込み投票を行っていた事実が判明した。それによると、午後遅くになって民主党候補との接戦が明らかになった東北や北陸など数候補の後援会が、急遽、支持者たちに号令をかけマイクロバスを仕立てて集団投票を促していたという。これらの光景は地元の放送記者たちが目にしていたが、それを逐一、東京キー局の選挙報道本部に報告しなかったため、予期しない自民党票の大量駆け込みという特異動向が出口調査結果に反映されなかったのである。

実際、このような動きをした自民党候補者たちは、テレビの開票速報番組の出口調査で頭一つ民主党候補に競《せ》り負けていたが、最終的には逆転当選（小選挙区）していた。また、これらの候補者のうち何人かが、テレビ速報で一時「落選」（小選挙区）と誤って報道されていたことも、このような事情と無縁ではなかったと思われる。

それに加えて、予測ミスを招いたもう一つの重要な原因として指摘されるのが、〝隠れ自民党支持者〟の出現である。一般的に、共産党や公明党の支持層が出口調査の聴き取り調査で、投票先を明らかにしたがらないことは既述の通りだが、この選挙では自民党支持者の間でも同様の現象が生じていたのではないかとする推測が浮上した。つまり、漢字も満足に読めない麻生首相と官僚任せの自民党政治に対する不満が吹き荒れていたこともあって、実際は自民党候補に投票したものの、世間体を気にして「民主党に投票」と出口調査で虚偽の回答をした有権者が大量に出た可能性があるとの分析である。

これまで、自民党支持者の間でこのような傾向が見られなかったことから、各局とも出口調査の最終集計段階で、その存在すら知らなかった〝隠れ自民票〟をデータに組み入れるはずもなく、その結果、自民票が実際より少なく見積もられたとする見方である。これについては、選挙前の新聞社の情勢報道においても、自民票が実際よりかなり少なく出ていることを考え合わせると、やはり、この〝隠れ自民票〟が新聞とテレビの予測を狂わせる結果になった可能性は極めて高いといえるかもしれない。

さらに毎年、急増している期日前投票に対する出口調査も、投票当日の調査と併せて重要度を増している。また、統計学的観点から聴取対象者の男女別や年齢別、職業別の詳細な分析、さらに回答拒否者の投票動向や調査員が声をかけやすい人にだけ声をかけ、答えやすい人だけが答えているといった状況の有無など、出口調査そのもののあり方を根本から検証し直す必要があるかもしれない。

4　開票率ゼロ段階での「当確」報道と誤報

二〇〇九年衆院選の「当確報道」でテレビ朝日が圧勝

出口調査は選挙特番の目玉とされる政党別獲得議席予測に加えて、「ゼロ打ち」と呼ばれる開票率ゼロ段階での当選確実報道の判定材料としても欠かせない。二〇〇九年衆院選において、この「ゼロ打ち競争」を終始リードしたのはテレビ朝日だった。

同局は特番スタート直後の午後八時段階で九〇議席、その一分後に三五一議席の「当確」を打ち、その段階で早くも「民主単独過半数」と「政権交代」の実現を大々的に報じた。それに対し、NHKは午後八時に三二議席、同四分に二二二議席の当確報道を行ったが、テレビ朝日と比べると一〇〇議席以上の差を付けられた。テレビ朝日の当確報道はその後も順調に推移し、午後九時段階では他局を六〇議席以上もリード。同局に日本テレビが続き、その後をNHKが追いかけたが、午後一〇時過ぎにNHKが日本テレビを抜いた。

そのNHKが「民主・社民・国民三党で過半数」と報じたのは午後一〇時九分、さらに午後一〇時二〇分に「民主単独過半数」と報道したが、それはテレビ朝日より二時間以上も遅かったことになる。テレビ朝日は翌日の午前零時過ぎ、当確の未確定数が二〇議席となったが、それに続くTBSは残り五八議席、さらにNHKは六二議席だった。

そして午前一時三一分、全テレビ局のトップを切って、テレビ朝日が四八〇議席すべての当確を打ち終わった。二位のＴＢＳは午前二時三〇分、さらにＮＨＫは比例代表の当確判定に手間取り、最終確定が午前四時二四分にまでずれ込んでしまった。このように、テレビ朝日は「開票速報」において圧倒的な強さを見せつけたが、それらの判断の決め手になった出口調査のサンプルは、既述のように約五四万人（全国九〇〇〇カ所）で、ＮＨＫの約四二万人（同四二〇〇カ所）を大幅に上回っていた。

一方で、このような「当確速報競争」が激化するあまり、勇み足の誤報も相次いだ。ＴＢＳは午後八時三一分、群馬四区で当選した福田康夫前首相（自民）を字幕テロップで「選挙区で敗北」と報じたが、その一〇分後、「間違いでした」と訂正。また、午後八時五七分には愛媛二区の岡平知子候補（社民）について「当確」を打ったが、これも三時間後に取り消して訂正・謝罪するという醜態を演じた。

日本テレビは午後九時三〇分、青森三区で落選した田名部匡代候補（民主、比例で復活当選）の小選挙区での「当確」を報じたが、約三時間後に訂正して謝罪。同候補については、テレビ朝日も同様のミスを犯し、青森三区で当選した大島理森・自民党国会対策委員長についても「落選」のテロップを流す失態を起こした。

これらの「当落確報道ミス」は一九九〇年選挙の二二件を最高に九三年選挙で一九件、九六年選挙で二件、そして二〇〇〇年選挙で五件と、出口調査の精度が高まるにつれて漸減傾向にあったが、二〇〇九年選挙においてはキー局だけで五件も発生したのである。開票報道は迅速性に加えて正確さが欠かせないのは当然だが、その点においてＮＨＫは長年、培ってきた報道の客観性や公平性、さらに少々遅れても極力「誤報」を避ける慎重な姿勢で定評があり、〇九年選挙の報道においても終始〝安定感〟を発揮した。

この議席予測報道を目玉にしたテレビ局の「選挙特番」は、その華々しさとは裏腹にあと数年の命といわれている。それは近い将来、インターネットを利用した電子投票の導入によって手作業の開票が姿を消し、投票終了まもなく確定開票結果が判明することになるため、出口調査による当落予測が存在価値を失うかもしれないからである。

「24時間テレビ」の日本テレビが視聴率トップ

選挙特番がテレビ局の命運を賭けたビッグイベントであるがゆえに、商業主義に立脚している民放テレビにとって、それがたとえ公共性の強い選挙報道であっても視聴率競争とは無縁ではいられない。それでは、総力戦となったこれら「選挙特番」のテレビ局別視聴率はどうだったのだろうか。

過去に遡《さかのぼ》ると、二〇〇三年衆院選の視聴率はＮＨＫがトップで一七・六％、以下、フジテレビ一二・四％、日本テレビ一〇・五％、テレビ朝日九・六％、ＴＢＳ七・九％、テレビ東京二・九％の順だった（関東地区における最高時間帯、ビデオリサーチ調べ）。民放で視聴率トップだったフジテレビは開票速報と並行して「Ｗ杯バレーボール」を同時中継しており、どのチャンネルを回しても選挙特番ばかりという中で、選挙に関心のない若者や無党派層たちがこのバレーボール中継を見ており、中継終了後も引き続いて同局の特番を視聴したという特殊事情があった。

二〇〇五年衆院選の視聴率もＮＨＫがトップで二〇・三％、民放では「ＮＥＷＳ23」の筑紫哲也と「ニュースステーション」のキャスターだった久米宏の二枚看板で臨んだＴＢＳ「乱！総選挙２００５」第一部が民放トップの一五・六％（関東地区）を弾き出した。

これに対し、関西地区ではＴＢＳ系の毎日放送が一八・一％で、ＮＨＫの一四・一％を抜いてトップに立った(3)。関東地区では一位のＮＨＫがＴＢＳに約五ポイントの差をつけていたのに、関西では逆にＴＢＳ系の毎日放送がＮＨＫに四ポイントの差をつけて一位になったのである。関西ローカルタイム枠において、毎日放送の人気アナや芸能関係者が特番を盛り上げたためだが、選挙報道のように全国ニュースの分野においても、準キー局でも工夫をすれば視聴率を左右できることを証明したケースとして注目を集めた。

一方、二〇〇九年衆院選では日本テレビの「NNN総選挙特番ZERO×選挙2009」第一部が二六・四％という驚異的な数字を叩き出して最高視聴率を取った（関東地区、ビデオリサーチ調べ）。同局は、午後八時をはさんで約六分間「選挙特番」を流したが、その前後は「24時間テレビ32　愛は地球を救う」を長時間にわたって放映しており、同番組終了後の午後九時になってようやく本格的な選挙特番をスタートさせた。「24時間テレビ」の視聴率が三一・一％と高かったことから明らかなように、〇五年衆院選のフジテレビと同様、同番組を見ていた視聴者の多くが、そのまま後続の日本テレビの特番に流れたためと推測される。

二位はNHKの二四・七％で、以下、テレビ朝日一二・〇％、TBS九・五％、フジテレビ八・五％、テレビ東京二・四％の順だった（関東地区、ビデオリサーチ調べ）。この選挙では、前回〇五年のような関西地区における東西逆転現象は起こらず、選挙特番の視聴率順位は関東地区と変わりはなかった。

5　投票前の選挙情勢報道による「アナウンスメント効果」とその功罪

アンダードッグ効果か、バンドワゴン効果か

二〇〇三年衆院選で、新聞各紙は歩調を合わせて「自民、過半数うかがう」「自民優勢」（朝日）といった情勢報道を行ったが、蓋を開けてみると、自民党は解散時より一〇議席減らす〝敗北〟に終わった。その結果、勝敗が逆転してしまったこの選挙前情勢報道に対し、自民党の幹部たちから猛烈な反発が噴

出する。

「一連の自民優勢報道によって、自民党支持層のタガが緩んでしまった」「報道が選挙敗北の元凶」「自民敗北の責任がメディアにあることは明白で、その報道責任を問うべき」といった批判がそれで、対メディア強硬派の森喜朗元首相にいたっては「この選挙戦で一番痛かったのは、選挙期間のちょうど真ん中に出た〝自民優勢〟の予測報道だった」として、選挙情勢報道の規制や禁止の必要性を声高に主張したのである(4)。

このような自民党からの批判の矛先はテレビ局にも向けられ、とりわけテレビ朝日の「ニューステーション」については「その報道姿勢はあまりにも民主党寄り」「選挙報道の公平規定に反する」、そして「自民党を排除する政治的陰謀といわれても仕方がない」といった見解まで出されて、バッシングの大合唱となった。

メディアの事前情勢報道が、本当に有権者の投票動向に明確な影響を与えているのかどうかについては、科学的立証が成されていないが、一般的にこれは報道による「アナウンスメント効果」と呼ばれている。その原理は、優勢報道に対しては「そんなに勝たせてはいけない」という平衡感覚が働き、その結果、弱者に対する〝判官びいき〟として劣勢候補への投票が促進されるという。これは「アンダードッグ（負け犬）効果」とも称されるが、その反対に優勢と報じられた候補に乗る「バンドワゴン（勝ち馬）効果」の存在も指摘されている。

この後者の効果が顕著に現われた例として、「小泉劇場」の二〇〇五年衆院選が挙げられる。この選挙の場合、新聞各紙は例外なく「自民圧勝」の予測報道を大々的に行ったが、一部メディアが「報道によるアナウンスメント効果によって、最後は民主党が盛り返す可能性が強い」と報じたものの、そのような〝揺り戻し現象〟は起きなかった。

投票前の選挙情勢報道によって、公職選挙法に規定された選挙の公平性や公正性が毀損《きそん》されるのなら、メディアがその点を反省し、報道の際に配慮すべきなのは当然である。しかし、情勢報道規制を主張した森元首相がかつて「無党派層は投票所に来ないで、家で寝ていてほしい」と発言したことがあることからも明らかなように、その背景に政治的思惑が潜んでいるとすれば、何をか言わんやである。実際、選挙情勢報道を抑制したり禁止するデメリットと、厳格なまでに公平な選挙を実現するというメリットを秤《はかり》にかけると、報道の自由によって担保される「国民の知る権利」が優先されてしかるべきであることは論を俟《ま》たない。

その一方で、選挙前にあまりにも大量の予測情報が報道されると、有権者が投票そのものに関心を失って棄権する人が増えるという新たなアナウンスメント効果も危惧される。民主主義のさらなる成熟のために、有権者に投票を促す報道がメディアに課せられた社会的使命であるとすれば、過度に当落・勝敗予想に偏ったり、話題の候補者ばかりを興味本位に取り上げる今日の選挙報道に、再考の余地があるのは当然といえるかもしれない。

注

（1）「メディア、牙にも蜜にも　総選挙」、朝日新聞朝刊、二〇〇五年一〇月二六日。
（2）「総選挙『おもしろかった』五二％『参考に』テレビ五一％」、朝日新聞朝刊、二〇〇五年一〇月二五日。
（3）「衆院選　関西地区の速報番組視聴率、前回よりアップ」、読売新聞夕刊、二〇〇五年九月一二日。
（4）「世論調査報道に各党複雑」、産経新聞朝刊、二〇〇三年一一月一一日。

参考文献

青木彰『新聞力』東京新聞出版局、二〇〇三年。

伊藤守編『テレビニュースの社会学』世界思想社、二〇〇六年。

伊藤守・西垣通・正村俊之編『パラダイムとしての社会情報学』早稲田大学出版部、二〇〇三年。

稲葉三千男『マスコミの総合理論』創風社、一九八七年。

上杉隆『小泉の勝利 メディアの敗北』草思社、二〇〇六年。

大石裕・岩田温・藤田真文『現代ニュース論』有斐閣、二〇〇〇年。

片山修『NHKの知力』小学館、一九九九年。

草野厚『テレビは政治を動かすか』NTT出版、二〇〇六年。

公文俊平編『情報社会』NTT出版、二〇〇三年。

小林康夫・松浦寿輝編『メディア——表象のポリティクス』東京大学出版会、二〇〇〇年。

白石義郎『メディアと情報が変える現代社会』九州大学出版会、二〇〇二年。

竹内郁郎・児島和人・橋元良明編著『メディア・コミュニケーション論』北樹出版、一九九八年。

田島泰彦・右崎正博・服部孝章編『現代メディアと法』三省堂、一九九八年。

鶴木真編著『客観報道』成文堂、一九九九年。

東京大学公開講座『情報化と社会』東京大学出版会、一九八四年。

中森強編著『コミュニケーション論』東京書籍、一九九八年。

日本新聞協会研究所『新・法と新聞』日本新聞協会、一九九〇年。

萩原滋編『変容するメディアとニュース報道』丸善、二〇〇一年。

星浩『テレビ政治』朝日新聞社、二〇〇六年。

松井茂記『マス・メディアの表現の自由』日本評論社、二〇〇五年。

宮台真司・神保哲生『漂流するメディア政治』春秋社、二〇〇二年。

門奈直樹『民衆ジャーナリズムの歴史』講談社、二〇〇一年。

郵政研究所編『二一世紀 放送の論点』日刊工業新聞社、一九九八年。

ジェームス・レストン（名倉禮子訳）『新聞と政治の対決』鹿島出版会、一九六七年。

第Ⅲ部　社会の公器としてのメディアを取り巻く諸問題

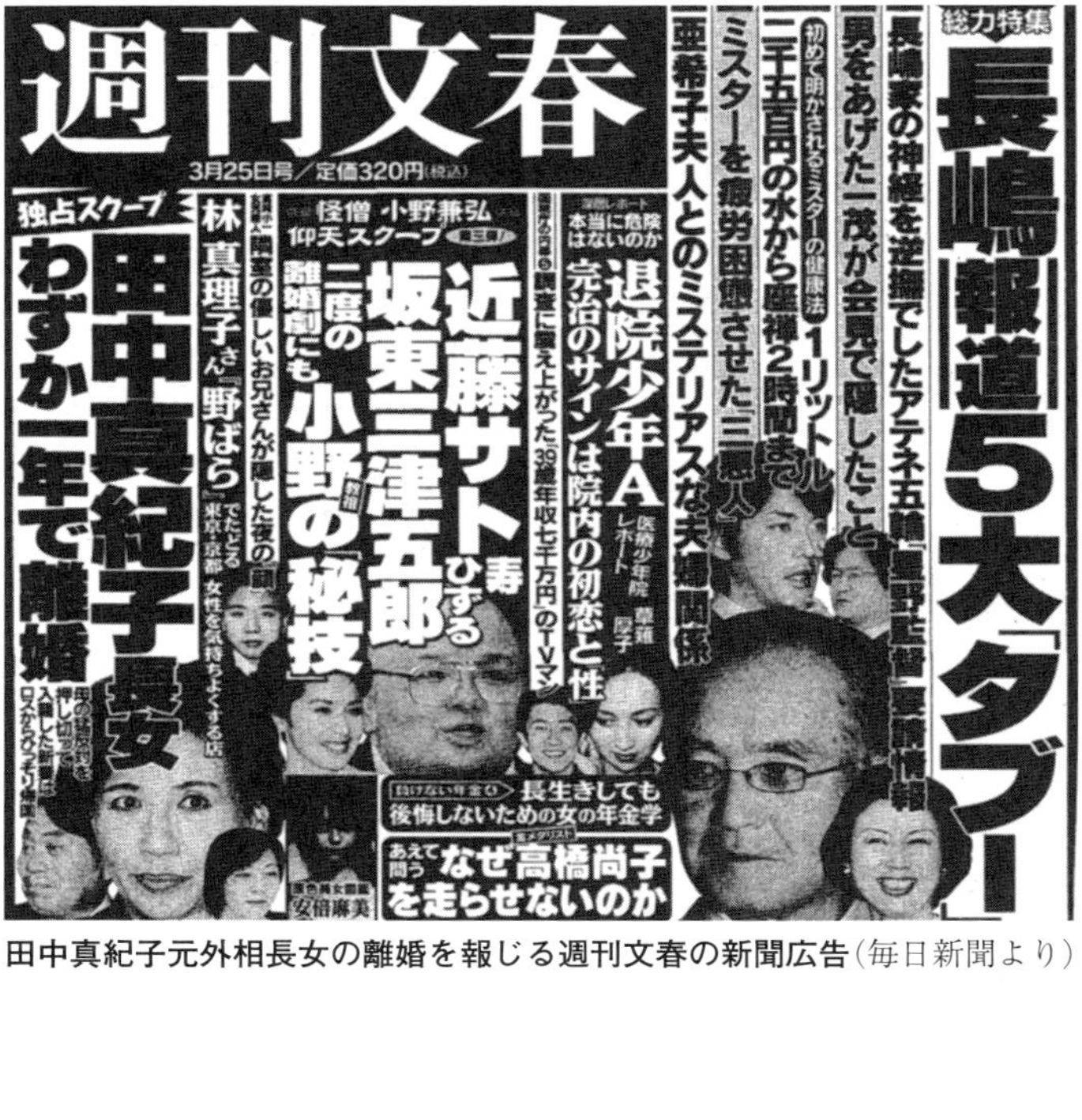

田中真紀子元外相長女の離婚を報じる週刊文春の新聞広告（毎日新聞より）

第6章　政治権力の介入による放送の独立性の危機

1　朝日新聞による「NHK番組改変」報道

「自民党議員の圧力でNHKが番組改変」と報道

ジャーナリズムに課せられた社会的使命が、国民の知る権利に応えることや権力の監視であることはいうまでもない。後者の権力の代表例として政治権力や軍事権力などが挙げられるが、これらの権力がメディアに対する介入や操作を通して国民をコントロールしてきたことは、第二次大戦中の悪名高き「情報統制」を引き合いに出すまでもなく歴史が証明している。

一九五〇年に制定された放送法は、放送番組の内容は何人《なんぴと》からも干渉されたり規律されることはないと定めており（三条）、同条に関する最高裁判例も表現の自由と放送の自律性、そしてそれに基づく番組編集の自由を明確に認めている。ところが、この「放送の自由」が政治権力によって侵害されるという疑念が新聞報道によって明らかになった。

二〇〇五年一月一二日付の朝日新聞が一面で報じたもので、それによると自民党の二人の有力議員がNHKの特集番組の内容に異議を唱え、放送直前にNHKの最高幹部を呼び出して圧力をかけ、結果的に番組制作現場が特集番組の改変を余儀なくされたというものである。

「中川昭・安倍氏『内容偏り』指摘　NHK『慰安婦』番組改変」、「二〇〇一年一月、旧日本軍慰安

婦制度の責任者を裁く民衆法廷を扱ったＮＨＫの特集番組で、中川昭一・現経産相、安倍晋三・現自民党幹事長代理が放送前日にＮＨＫ幹部を呼んで『偏った内容だ』などと指摘していたことが分かった」、「ＮＨＫはその後、番組内容を変えて放送していた」、「今回の事態は、番組編集についての外部からの干渉を排した放送法上、問題となる可能性がある」。

朝日の記事はこのような内容で、問題になった番組は二〇〇一年一月三〇日夜、ＮＨＫ教育テレビで放送された「戦争をどう裁くか」（四回シリーズ）の二回目「問われる戦時性暴力」で、旧日本軍慰安婦制度の責任者を裁く民衆法廷を特集したものだった。

放送の自律性、番組編集の自由と政治家の圧力

その報道によると、放映前日の二九日午後、中川昭一・経済産業相（当時）と安倍晋三・自民党幹事長代理（同）が、この番組についてＮＨＫの松尾武・放送総局長と野島直樹・国会対策担当局長を議員会館に呼び出し、「偏向番組だ」「公平で客観的な番組にするように」などと要請。松尾総局長たちはＮＨＫに戻った後、番組制作担当者に対して異例の局長試写を命じ、天皇に責任があるとした民衆法廷の結論部分などのカットを指示したという。

さらに、翌三〇日の放送直前にも、中国人元慰安婦の証言などの追加カットを命じ、結局、この番組は通常の四四分から四〇分の短縮版に変更されてしまったとされる。ここに登場する民衆法廷は、民間団体「戦争と女性への暴力」日本ネットワークが開催した「女性国際戦犯法廷」のことで、実際に放映された番組では、同法廷が昭和天皇と日本国の責任を認める判決を下した部分は削除されていた[1]。

そして、この改変疑惑が、報道の自由にとっていかに重大な問題であるかを、朝日は次のように指摘した。

「放送内容は原則として外部から干渉されないと定めた放送法三条の趣旨について、最高裁は昨年一一月、別の裁判の判決の中で『表現の自由と放送の自律性の保障を具体化し、番組編集の自由を規定している』と述べている」、「今回の問題は、国会に予算の承認権を握られているＮＨＫが、公正・中立をうたう公共放送でありながら、政治と近い関係であることを改めて示した」、「結果的に、憲法が禁じる検閲に近い事態が起きていたことになり、憲法で保障された表現、報道の自由を無視したものといえる」、「メディアに対する事前検閲とみられても仕方なく、あってはならないことだ」、「ＮＨＫは『自主的に編集した』と説明しているが、こうしたことは日常的にあるのではないか(2)」。

この解説記事に加えて、朝日は翌日の社説でも「ＮＨＫ　政治家への抵抗力を持て」との見出しを掲げ、「国会はＮＨＫの予算や決算を承認する。しかも（二人の議員は）政権を担う政治家だ」、「自らの影響力を知っているからこそ、放送前に注文をつけたのだろう」、「このような行為は憲法が禁止する検閲に通じかねない」、「このような行動が許されるなら、ＮＨＫの番組すべてが政治家の意向をくんだ内容に変えられる心配がある」と手厳しく批判。また、英国政府と何度も衝突しながら独立性を維持してきた英国ＢＢＣ放送を評価したうえで、「番組や記事が視聴者や読者、つまり国民のためになるか、中立公正であるか、それを判断するのはあくまで報道機関自身でなければならない」と政治家の圧力排除とメディアの自律性を訴えたのである(3)。

外部からの干渉を排した放送法違反・事前検閲との批判

一方、ＮＨＫでは一二日、この番組の担当デスクだった番組制作局教育センターのチーフ・プロデューサーが記者会見をして、「放送前に番組の作り替えを命じられた」、「改変は政治的な圧力を背景にしたものといわざるを得ない」と、番組改変にいたる経緯を内部告発の形で明らかにした。このチーフ・

プロデューサーは同番組の責任者で、二〇〇四年一二月、改変に抗議するためＮＨＫのコンプライアンス（法令遵守）通報制度に基づいて通告したが、当局からは何の返答もなく無視され続けたという。

政治家の圧力による番組内容の変更が事実であるとすれば、外部からの干渉を排した放送法に抵触することは明白で、事前検閲との批判が起こったとしても不思議ではない。その一方で、当該のＮＨＫ幹部と中川議員は「面会したのは放送の三日後で、放送前には面会していなかった」と反論。また、安倍議員も「ＮＨＫ幹部を呼び付けた事実はない」、さらに松尾元放送総局長も「（取材に応じたのは事実だが）話した内容を誇張し、ねじ曲げられて報道された」などと、歩調を合わせて一斉に反発し、朝日に謝罪と訂正記事の掲載を求める事態となった。

それでは、この朝日の告発報道について、他の新聞社はどのような対応をしたのだろうか。毎日は「政治に弱い（ＮＨＫの）体質が問題」、「そもそも事前に、しかも密室で番組内容を政治家に『ご説明』することと自体が報道機関として異常」、「どんな言い回しであろうと、こうした状況下での政治家の発言は、『介入』『圧力』に等しいと受け止めるのが世間の常識」などと、ＮＨＫの自民党に対する弱腰姿勢を手厳しく批判した[4]。これに対し、読売は「公正な放送のために、ＮＨＫの上層部が番組の内容をチェックするのは、当然のことではないか」、「偏向しないバランスのとれた報道が必要」、「それが、ＮＨＫの責務」と、問題の核心である〝政治的圧力〟の有無に言及しないで、ＮＨＫ幹部が番組の偏向を修正することの妥当性を強調した[5]。穿《うが》った見方をすれば、同紙は二議員と同様、ＮＨＫがこのようなリベラルな番組を放送すること自体が問題で、その内容変更や修正は当然と考えていたため、あえて政治的圧力の問題に言及しなかったのかもしれない。

事実立証の決定打を欠いた朝日の検証報道

この報道の後、当事者であるＮＨＫ幹部、中川・安倍両議員と朝日新聞は「真実」をめぐって全面対決の様相を呈するが、朝日はその局面を打開するために同年七月二五日、取材の全過程を検証する特集記事を掲載した。

ＮＨＫや総務省、自民党関係者たち約一五〇人から聴き取り調査を行い、松尾武・元放送総局長に対するインタビューの内容、さらに中川・安倍両議員への取材状況などを詳細に検証したもので、その結果「政治家の意向がＮＨＫ幹部を通じて制作現場に伝わり、放送直前に番組が大幅に改変されたという流れが改めて浮かび上がった」と結論付けた(6)。その一方で、編集担当常務は「この問題は、限られた関係者による密室での出来事が多く、現段階で、すべてが明らかになったとは言えません」と苦しい釈明も行っている(7)。

この係争の根本的な問題点は、朝日の記事が松尾元放送総局長へのインタビューによって構築されているにもかかわらず、当の本人が「話した内容を歪曲された」と否定していることにある。このため、彼がインタビューで語った内容は真実と認めない限り、どれほど労力を費やして検証を行ったところで、真相は依然として藪の中で、検証記事は「新事実なし」ということになってしまう。

ただ、この検証特集で松尾元総局長との長時間にわたる遣り取りが、まるでインタビューの録音テープを再生したかのように、一問一答の形で詳細に再現されていたことは注目に値する。このことは、松尾元総局長が朝日記者に対し、実際にそのように語り、その内容が二議員からの有形無形の圧力を示唆していたこと、さらに元総局長がそのように受け取っていたことを裏付けるものとして、有力な状況証拠になるに違いない。

「真実相当の理由」を主張する朝日に他メディアからバッシング

しかし、この検証報道に対する新聞各紙の論調は、当初、朝日に同調していた毎日を含めて「朝日批判」で足並みを揃えることになった。ＮＨＫ擁護の姿勢を鮮明にしていた読売は、「説得力に乏しい朝日の『検証』」、「記事を読む限り、朝日報道の真実性を補完するような新事実は、ほとんど示されなかった」、「朝日は、安倍氏らに報道を全面否定された直後から、『事の本質はＮＨＫと政治との距離』と、論点をそらすような主張を繰り返してきた」と辛辣な批判を展開。また、毎日も「半年以上経過して掲載された記事は拍子抜けするほど新事実に乏しく、国民が知りたかった点に真正面から応えているとはいえない」、「『始めに結論ありき』の取材となって、詰めが甘くなったきらいがある」と取材の不備を指摘して、読売と同様、朝日批判に転じたのである。(8)

ＮＨＫと自民党による朝日バッシングが熾烈を極め、これを機に他紙も一斉にそれに同調したため、朝日は社外の学識者や経済人たちで構成する「ＮＨＫ報道」委員会を発足させ、同委に客観的な調査と検証を依頼する。そして同年九月三〇日、この外部委員会は「一連の取材は十分だったとはいえず、記事には不確実な情報も含まれていた」としながらも、「訂正するまでにはいたらない」という調査結果を発表した。

これを受けて、朝日は「(報道記事には) 真実と信じた相当の理由がある」、「政治家の言動が番組の内容に少なからぬ影響を与えたと判断したことは、読者の理解を得られるだろう」と結論付けた。また、訂正記事の掲載の是非については、「社会的有力者 (放送総局長) が公人として応答した当初の発言より、報道後になされた否定発言の方が信用できるという合理的根拠は見出せない」とする委員会見解を根拠に、「訂正の必要はない」と判断。一方、論議を呼んだ取材時における無断録音の有無については、原則として無断録音はしないという朝日の基本姿勢を今後も堅持するとしながらも、この取材でそれが行われたかどうかは明らかにしなかった。

読売は「裏付けのない報道は訂正するのが筋」と批判

この朝日見解に対し、ＮＨＫは「報道機関として不誠実な対応といわざるを得ず、記事を訂正しないことに納得できない」と反発。さらに、新聞各紙の朝日批判の論調は一段と厳しさを増し、毎日社説は「事実解明なしで新聞社ですか」という刺激的な見出しを掲げ、「朝日新聞は、どこか勘違いをしているのではないか」、「国民が知りたいのは有識者の評価などではない」、「かねて疑問が寄せられてきた『取材記者はＮＨＫと政治の関係より、本当は安倍氏らの歴史認識を批判したかったのではないか』といった取材意図も含めた事実だ」と問題の核心に鋭く切り込んだ。

さらに、無断録音疑惑についても、「多くの人は、あれだけ詳細なやり取りをメモもとらずに再現できるとすれば、隠しテープをとっていたに違いないと思っているはず」、「どうして、この期に及んでも、すべてを明らかにしないのか」と煮え切らない朝日の姿勢を痛烈に批判した。

一方、読売は「裏付けのない報道は訂正が筋」「『これで決着』と言うのであれば、報道機関として無責任」などと、毎日を上回る厳しさで訂正と謝罪を求めた。つまり、報道した内容が事実であることを証明できないのであれば、それ相応の責任を取るべきとする見解である。毎日・読売両紙とも、取材相手の了解を得ないで録音した隠しテープの存在の可能性を指摘しており、それが事実であれば「取材倫理上、看過できない」との考えを表明している。このような批判は朝日の天敵といわれる産経も同様で、同紙「主張」（社説）で「なぜ、自らの責任で潔く誤報を訂正し、安倍氏らに謝罪することができないのか」、「第三者機関としての十分な外部評価が可能だったかどうかも疑わしい」と外部委員会の調査そのものの客観性にも疑問を呈した。

折も折、NHK番組改変報道をめぐる問題が世間を騒がせている時、その取材過程を示す詳細なメモが「月刊現代」に掲載されるという前代未聞の漏洩事件が発生する。それが、朝日関係者から漏れたことは疑うべくもないが、その漏洩をめぐって、意図的なリークによってNHKを牽制しようとしたのではないか、といった思惑が乱れ飛ぶ結果となった。いずれにせよ、係争案件に対する情報管理の甘さを露呈したもので、朝日にとって後味の悪いものになった観は否めない。

朝日記者の先入観と取材の詰めの甘さ

ジャーナリズムの社会的使命として「権力の監視」が掲げられているにもかかわらず、その権力から直接的な形で圧力を受け、唯々諾々と報道内容を変更したとあれば、それはジャーナリズム精神そのものを自ら放棄したことに他ならない。

それだけに、この番組改変問題は報道されたような政治的圧力があったか否かに関心が集中したが、結果的に朝日はこの極めて重大な事実を立証することができなかった。つまり、当事者たちだけが知り得る「真実」について、彼らが口を揃えて否定したため、朝日がどれほど〝状況証拠〟を積み重ねても、決定打にはならなかった。

この取材は、当該番組の責任者であるチーフ・プロデューサーの内部告発が発端だが、そのプロデューサーですら、異例の局長試写や国会担当局長の同席、さらに放送直前になっての番組内容の変更といった不自然極まりない異常事態を証言しているものの、決定的証拠というべき、自民党議員が実際に圧力をかけた現場には立ち会っていない。つまり、法的レベルの厳密性という観点からは、前後の状況から圧力による改変が推測されるということにすぎなかったのである。

実際、このような〝改変ストーリー〟は自民党に弱い体質のNHKにありがちな話で、朝日がそのような先入観に左右されて、取材の詰めが甘いまま報道に踏み切った観は否めない。それは、自民党二議員とNHK幹部の面会について、その経緯を十分確認もせず、安易に「(議員が)呼び出して」という表現を使ったことに端的に表われている。呼び出せば当然、圧力行使に直結するわけで、そこに思い込みがあったと批判されても致し方がない。

そのことが、松尾元総局長の「話した内容が歪曲された」という反論になるわけで、もし、両者の面会と番組改変の事実を強引に結び付けず、「そこで一体、何があったのか?」といった疑惑記事として報道していたら、一体、どうなっていただろうか。知り得た範囲内で事実だけを淡々と伝え、それが何を意味するかを読者に問いかける「問題提起」にとどめておれば、NHKや自民党議員が釈明の責を問われるだけで、このような事実関係を争う騒ぎにならなかったと思われる。

その一方で、朝日が事実関係を明確に立証できなかったとしても、この記事がまったくの事実無根で「誤報」と考えるジャーナリストはいないのではないだろうか。検証報道で明らかにされた詳細な取材過程や関係者たちの当初の発言、そして何よりも圧力があったことを匂わせていた松尾元総局長の発言には、〝真実味〟が感じられるからである。それらを総合的に斟酌《しんしゃく》すると、直接的な圧力といえないまでも、そのような状況下において番組の問題点が俎上にのぼり、結果的に修正せざるを得ない方向に傾いていったと考えても不思議ではないのである。

〝疑わしきは報道すべき〟メディアの社会的使命

強制的な調査権や捜査権を持たないメディアが、純法律的な意味での「事実立証」を行うには困難が伴い、それゆえ調査報道にはそこまで厳密な立証責任は求められていない。このケースでは、報道の妥当性をはかる基準として、真実と信じる相当の理由があったかどうかという「真実相当性」が問われたわけだが、通常は記事の内容が真実であると完全に立証されなくても、信じるに足る理由があったと立証できれば報道に違法性はないと認定される。

そのような観点からすれば、今回の朝日報道は違法性を阻却するに足る最小限の要件を備えていたと考えられる。また、ジャーナリズムの世界では完全な裏付けがなくても報道しなければならない事柄があり、「国民の知る権利」に応えるという点において〝疑わしきは報道すべき〟とする根本的原理もある。

一方、朝日と対峙したＮＨＫは受信料収入で成り立っている公共放送である。その予算は国の承認が必要で、会長人事なども政権与党の意向によって左右される。そのような経緯もあって、自民党との癒着が指摘されてきたが、放送内容は放送法によって公正・中立・公平さが義務付けられており、けっして政府や与党寄りであってはならない。

それゆえ、ＮＨＫの最高幹部が頻繁に議員会館に出向いて、自民党の有力議員に番組内容を説明するといった行為は「放送倫理上、問題あり」とされるのは当然で、ジャーナリズムにあるまじき政治との癒着と批判されても仕方がない。自民党から民主党へ政権が交代したといっても、そのような悪しき慣習を繰り返していれば、ＮＨＫは大規模な受信料不払いと同様、国民から支持が得られなくなることを肝に銘じるべきだろう。

朝日から流出した取材資料による「月刊現代」の記事があまりにも詳細を極めていたことから、メディア界では松尾元総局長にインタビューした際、朝日の記者が背広の内ポケットなどに潜ませたレコーダーによって、無断録音した可能性が極めて高いと見られている。相手の了解を得ない無断録音が、ジャーナリスト倫理に反する行為であることはいうまでもない。

しかし、苦渋の選択ではあるが、公益のための報道や調査・犯罪報道、さらには今回のように報道後に発言内容が否定されることが予想されるケースでは、事実関係を裏付ける証拠として例外的に録音を認めることを検討してもよいのではないだろうか。取材プロセスの是非よりも、社会の重大事を白日の下に晒《さら》すという目的の方が重要だからである。

実際、朝日の記事は、政治権力によって民主社会の根幹である「放送（編集）の自由」が侵害されたのかどうか、という極めて重大な問題を提起した。しかも、それが絶大な影響力を誇る公共放送のNHKだったわけで、そのことを考えると朝日が第三者委員会の検証などでお茶を濁していては、「戦うジャーナリズム」の名が廃《すた》れるというものである。

2　政治報道における不偏不党性と公平性——椿局長発言問題

「政治とテレビ」と題したテレビ朝日局長の講演内容

昨今の政治状況は報道によって政権支持率が乱高下するなど、テレビの影響力を抜きにしては語れない。テレビに接近して、そのメディア（媒体）としての力を最大限に利用する政治は「テレポリティクス」と呼ばれるが、その中で政治勢力がもっとも神経を尖らせるのが「選挙報道」である。

一九九三年九月二一日に起きたテレビ朝日の「椿貞良・報道局長発言」はその象徴的な事例で、同年一〇月一三日付産経新聞の報道によってその全貌が明らかにされた。

産経報道によると、日本民間放送連盟（民放連）の放送番組調査会にゲストスピーカーとして招かれたテレビ朝日の椿報道局長（当時）は、「政治とテレビ」と題した講演で「今回の非自民連立政権は『久米（宏）・田原（総一朗）連立政権』という記事があったが、感慨深いことだった」と切り出した後、「ニュースステーション」（テレビ朝日）に対して自民党から風当たりが強かったことに言及し、「（批判の急先鋒だった）自民党の守旧派は許せないと思った」などと自身の個人的な心情を赤裸々に吐露した。

また、その衆院選報道について、「非自民政権の誕生に向けて報道するよう指示した」、「（その結果）我々は五五年体制を崩壊させる役割を果たすことができた」、「公正な報道に必ずしもこだわる必要はなく、我々は公正であることをタブーとして積極的に挑戦した」、「（このような報道姿勢は）一般になかなか受け入れられないだろうが、我々はあるべき主張のためにはっきりとした姿勢をとった」などと語ったとされる。

このほか、大量得票して当選した非自民の候補者四人について、「選挙中、（彼らを）積極的に報道してバックアップした。この人たちの当選は我々のテレビのお陰だと考えている」と特定候補者に対する支援報道を明らかにした。これでは選挙報道の公平性を自ら破っていたことになるが、それがテレビ局ぐるみで行われたかどうかについては「（テレビ朝日の）編成局にはいっさい話さず、私の考え、報道局の姿勢でやった」と述べ、恣意的なコミットがテレビ局全体の方針ではなく、彼自身の個人的判断だったことを明らかにした(9)。

この発言に登場する九三年衆院選では、日本新党ブームによって自民党が惨敗を喫し、保守合同による自由民主党結党以来、わが国の政界を主導してきた自社二大政党の五五年体制が崩壊するという歴史的ターニングポイントとなった。そして選挙後、非自民の細川連立政権が誕生することになるが、野党になった自民党はテレビ朝日の「ニュースステーション」と「サンデープロジェクト」を名指しして、「テレビ朝日による意図的な〝反自民偏向報道〟が政権交代の引き金になった」とその選挙報道を激しく非難していた。

そのような選挙報道批判が渦巻く中、産経新聞によって椿局長発言が明らかになったわけで、この告白が「事実」であるとすれば、テレビ朝日は「反自民」の選挙報道を恣意的に行っており、細川政権の誕生もこれらの報道を抜きにしては語れないということになる。当然、自民党から轟々《ごうごう》たる非難が沸き起こったことはいうまでもない。

「自民党政権は絶対に阻止」という衝撃的な選挙報道指示

椿局長は産経報道の直後、郵政省で記者会見をして「報道されたような指示は出していない」と事実を否定したうえで、「(調査会では)不用意な発言をしたかもしれず、誤解を与えたことは遺憾」と謝罪した。産経の記事が調査会出席者たちの証言を元に書かれているため、その報道内容が正確でないとの指摘もあったが、民放連「放送番組調査会月報」(一〇月発行)の要旨は、本筋において産経報道を裏付けるものだった。

そして、同月報には、産経報道になかった椿局長発言として「今回の選挙で、五五年体制は崩壊するのではないかと実感したし、国民もそれを望んでいると受け止めた」、「テレビの政治報道は新しい時代にあって、当然、変えて行かなくてはならないと思う」、「今度の選挙にあたっては、五五年体制を変革することが時代の流れであり、時代に吹いている風を見極めることがフェアネス(公正)であると考えた」といった内容が詳細に再録されていた。

さらに、民放連が録音していたテープに基づく調査会議事録が後日、一般に公開された。それには、椿局長発言の一言一句が臨場感を伴って再現されており、産経報道を裏付けると同時に、偏向報道への疑惑を一層深める結果となった。その内容は次の通りである。

「私としましては、細川内閣が〝久米・田原連立政権である〟ということは非常にうれしいことであり、喝采を叫びたいと(笑)、そういうふうにまず感じております」、(久米・田原連立政権と呼ばれていることについて)「私どもは大きな勲章だと思い、非常に誇りに思っているわけであります」、「私どもがすべてのニュースとか選挙放送を通じて、やっぱし、その五五年体制というものを今度は絶対突き崩さないとだめなんだという、まなじりを決して今度の選挙報道に当たったことは、確かなことなんです」、「六月の終わりの時点から、私どもの報道は（中略）自民党政権の存続を絶対に阻止して、なんでもよいから反自民の連立政権を成立させる手助けになるような報道をしようではないかというような、そういうような考え方を報道部の政経のデスクとか編集担当者とも話をしまして、そういう形で私どもの報道はまとめていたわけなんです」、「民間テレビも、それはあらゆることに公平であって、あらゆることにいい顔して報道していくような時代では、僕はなくなってきたんではないかと、そんな感じをいま強く持つわけなんです(10)」。

このような発言が実際に行われていたとすれば、公平性が求められる選挙報道において、テレビ朝日の姿勢が厳しく問われるのは当然である。一般的に、報道には国民の基本的人権である「知る権利」に応えるという公共性と、それに伴う公正で公平な報道姿勢が義務付けられている。椿発言が指摘するように、非自民政権の誕生を意図した恣意的な報道が組織的に行われていたとすれば、それは国民の負託に応えるジャーナリズム精神そのものが毀損されたことを意味する。

事実なら放送法違反に問われかねない〝偏向報道〟

元来、ジャーナリズム精神に立脚した報道は、憲法二一条の「表現の自由」によって保障されている。その具体的内容は言論の自由や報道の自由、取材の自由であるが、フリープレスが担保されている新聞ジャーナリズムと違って、テレビ報道の場合、放送法という〝足枷《あしかせ》〟があるのも事実である。それゆえ、もし椿発言で示されたような意図的で不公平な報道が行われていたとすれば、それは同法に抵触するということになる。

また、公職選挙法も一五一条の三で「虚偽の事項を放送し又は事実をゆがめて放送する等表現の自由を濫用して選挙の公正を害してはならない」と定めている。しかし、これまで同法に抵触するとして問題になったのは、投票直前の選挙情勢報道におけるアナウンスメント効果など、数えるほどしかないのが実情である。

これに対し、放送法は国有財産としての電波利用という観点から、放送の公共性や公平性を強く求める内容になっている。同法一条で「放送の不偏不党、真実及び自律を保障することによって、放送による表現の自由を確保すること」、さらに三条で「何人《なんぴと》からも干渉され、又は規律されることがない」と放送番組編集の自由を謳《うた》っているが、その一方で「公安及び善良な風俗を害しない」「政治的に公平」「報道は事実をまげない」「意見が対立している問題については、できるだけ多くの角度から論点を明らかにする」（三条の二①）といった厳しい諸条件を課している。

このように、同法は放送内容に厳しく目を光らせているわけで、自民党はそこに着目して「椿局長発言は放送法違反」と非難した。つまり、テレビ朝日の選挙報道は、同法一条に謳われた「不偏不党」と、三条の二①の「政治的公平」の規定に抵触するとしたのである。

しかし、後者の「政治的公平性」はあくまでも憲法で保障された「表現の自由」を前提とするもので、その公平性の判断基準に加えて、同規定の遵守の是非を一体、誰が判断するのかについても明確にされていない。つまり、このような規定が定められているものの、それを実効あるものにするための客観的挙証は困難というのが実情なのである。これは、同法違反を理由に電波を止める「停波」や「免許取り消し」といった処分が、過去に一度も発生していないことから明白で、その意味においてこれらの諸規定は倫理的義務のような存在といえるかもしれない。

それでは、同じメディアである新聞各紙は、この椿局長問題をどのように報道したのだろうか。テレビ朝日の親会社である朝日新聞は、社説で「テレビメディアの過信、おごりといわれても仕方がない」、「報道機関としてのテレビにきびしい制約があることを忘れてはならない」としたうえで、放送法に言及して「放送局は『電波の公共性』を理由に免許事業とされ、『不偏不党』『政治的公平』を法律によって義務づけられている」、「これは、新聞メディアがそれぞれの倫理綱領などで、自主的、自発的に『不偏不党』をうたっているのとは、まったく次元が違う拘束である」と、免許事業としてのテレビ報道に一定の自制が必要と強調した。

一方、読売新聞は「何という思い上がりだろう」、「客観的な報道を装い、その裏に特定の意図や目的を隠すのは、報道の公正、中立を損ない、外部からの介入を招く自殺行為」、「（放送法は）公共の福祉の尊重、不偏不党、政治的な公正、真実の報道を義務付けている。公共財である電波を使う者として当然の責務」と辛辣な批判を展開し、報道の最高責任者の発言であるだけに放送法違反は明白と断じた(11)。一方、椿発言をスクープした産経新聞は「テレビが時代の風潮に迎合した番組を流し、政治の動向さえムードに乗せてしまう危険性があるとすれば、新聞というメディアはむしろ、毅然として時流に批判を加える勇気と見識が要求される」と、テレビ報道に対するアンチテーゼとしての新聞ジャーナリズムの存在意義を強調した(12)。

国会喚問で「不必要・不用意・不適正な発言、脱線的な暴言」と陳謝

テレビ朝日は産経報道直後の一〇月一九日、椿局長発言を「個人的見解とはいえ、放送法の不偏不党や政治的公平に反すると疑われ、放送人としての自負と良識を欠いたもので遺憾」とする伊藤邦男社長のお詫《わ》び談話を発表した。しかし、社内の報道現場に偏向に類した報道指示はいっさいなく、また放送された番組に偏向や不公正を疑わせるものも存在しなかったと、椿局長発言を全面否定した。しかし、衆院政治改革調査特別委員会はこの釈明に納得せず、翌日、椿報道局長の証人喚問を決定する。発言に端を発した「報道人」の国会喚問は極めて異例な事態で、毎日は「（喚問決定は）『言論の自由』確保の観点から見た場合、多くの問題点を抱えており、異議ありと言わざるを得ない」、「一テレビ局の幹部の発言を、ことさらにとらえて政治の場に引き出すのはいかがなものだろうか」と痛烈に批判した[13]。

これに対し、読売は「証人喚問を『権力の介入』と誇張し、これをスケープゴートにして自らの権利と自由の乱用にフタをしようというのは、言論人としてひきょう」、また産経も「今度のように報道した事柄や報道姿勢に国民から疑念や疑問が生じた場合は、国会の場で積極的に答えるのも一つの方法」と喚問を是とする論陣を張った[14]。

そのようななか、一〇月二五日に国会喚問された椿局長は平身低頭して、次のようなお詫びの言葉を口にする。「私が行った不必要・不用意・不適正な発言が、皆様に大変ご迷惑をおかけしたことを心からお詫びします」、「自負というか、驕《おご》りというものが先にあって、ああいうような常識を欠いた、不適切で脱線的な暴言をしたと思います」、「結果的に、まるで自分の手柄であるかのごとく発言した、明らかなフライングの発言でした」。

自身の発言を「暴言」「放言」と形容し、その不適切さを全面的に認めて、ひたすら陳謝に終始したわけだが、実際にそのような指示をしたか否かについては、「そのような指示をしておれば放送法違反ですが、報道局員にそのように報道をせよと指示、示唆した事実はまったくありません」と全面否定。つまり、民放連での発言は事実に基づいたものではなく、それゆえ放送法が規定する政治的公平性には抵触しないと主張したのである。

この喚問の翌日、毎日は「この際、報道に対して圧力を加えておこうとする政治的思惑が潜んでいるとするならば、それは『表現の自由』への重大な干渉といわざるを得ない」と、国会喚問を権力の政治的濫用として強く牽制した[15]。朝日も「建設的な論争ではなく、すれ違いの『政治ショー』におわったのは不見識といわざるをえない」などと、国会喚問が放送法を楯にしたジャーナリズムに対する威嚇《いかく》とする見解を表明した。さらに、朝日は読売や産経と名指しこそしなかったものの、米「ニューズウイーク」誌の「奇怪なるかな日本のマスコミ」という記事を引用して、この件に関して自民党の肩を持つ両紙を間接的に批判した[16]。

選挙報道番組の検証後に「椿局長発言は虚偽」の結論

この椿局長発言に対して、郵政省（当時）放送行政局長は「放送法に違反する事実が認められれば、一定期間、テレビ朝日の電波を止める可能性もある」とこれまでにない厳しい姿勢を示していたが、国会喚問後、引き続き調査が必要としたうえで、暫定的にテレビ朝日に再免許状を交付した。

これを受けて、テレビ朝日は選挙期間中に放映した報道番組計四一本（延べ三二〇〇分）を全面検証する作業に着手する。そして翌年八月、「候補者の出演回数や党派別バランスに偏りは見られず、放送法に抵触する政治的不公平や不公正な報道は行われていなかった」とする最終報告書を発表した。つまり、椿局長が民放連で告白したような意図的な反自民報道は存在せず、彼の発言は虚偽あるいは誇張に満ちたありもしない自慢話に過ぎなかったと結論付けたのである。

この最終報告書に対し、読売は「取材から制作全般に指揮権限を持つ報道局長が、現場からまったく浮き上がった存在とは考えにくい」、「具体的な指示はなくても、当時の局内に、椿発言のような特殊な政治的意図や雰囲気が形成されていたと受け止める方が、むしろ自然だろう」とする異論を唱えた[17]。テレビ朝日の調査結果が〝トカゲのしっぽ切り〟で事態を収拾しようとする観が無きにしも非ずであっただけに、この指摘は的を射たものといえるかもしれない。

そして、この最終調査報告書を受けて、郵政省は「放送法に違反する事実は認められなかった」との判断を下し、テレビ朝日に「厳重注意」したうえで正式免許状を交付した。これに呼応する形で同局は二日後、椿局長発言問題についての謝罪釈明番組というべき「検証番組」（一時間二〇分）をＣＭ抜きで放映し、最終決着となったのである。

国会喚問によるテレビ報道の萎縮を訴えた筑紫哲也

この椿局長発言問題では、政治権力による一種の〝見せしめ〟としての国会喚問が、メディア界において非難の的になったが、筑紫哲也や木村太郎、田原総一朗らわが国を代表するテレビキャスター八人も「国会喚問によって報道現場が萎縮し、テレビ報道が自主規制に追い込まれてしまう」と怒りの抗議声明を発表した。

また、椿発言に登場する「ニュースステーション」のキャスター、久米宏は「国会喚問は明らかにマスコミに対する圧力だった」、「テレビ朝日は自民党を相手に戦っている時は元気が良かったが、椿局長発言以降、自己規制的になったように思える」と、局長の国会喚問が大なり小なり「報道の自由」に影響を与えたと証言している。実際、これを機に政治権力がテレビ報道に目を光らせ、睨《にら》みを利かせるようになったのである。

その発言で露呈された椿局長の職業倫理はあまりにもお粗末で、常軌を逸した行為がジャーナリズム精神を毀損したことは論を俟たない。しかし、この〝敵失〟に政治権力が巧みにつけ込んだことも明白で、椿局長発言問題は政権与党に歯向かえば「偏向報道」という烙印を押され、罰せられるという悪しき前例をつくったという点において、その罪は限りなく大きいのである。

注

（1）「中川昭・安倍氏『内容偏り』指摘　ＮＨＫ『慰安婦』番組改変」、朝日新聞朝刊、二〇〇五年一月一二日。

（2）「幹部『圧力と感じた』ＮＨＫ側に二議員意見で番組改変〈解説〉」、朝日新聞朝刊、二〇〇五年一月一二日。

（3）「ＮＨＫ　政治家への抵抗力を持て」、朝日新聞社説、二〇〇五年一月一三日。この社説は政治権力からの圧力にやすやすと屈するＮＨＫの態度に加えて、「自民党は報道番組検証委員会や報道モニター制度などを設けて、選挙報道やニュース番組などをことあるごとにチェックしてきた。事実誤認や不適切だと考える表現には抗議、訂正を要求してきた」とジャーナリズム抑圧姿勢を明確にしている自民党の姿勢も批判。さらに、今回の番組改変について「番組の内容がどうであれ、放送前に行動を起こせば事情はまったく違ってしまう。二人（安倍、中川）は自民党の次代のリーダーと見られている。自分たちの言動の意味をきびしく問い直してもらいたい」と圧力をかけたとされる二人を名指しで糾弾している。

（4）「ＮＨＫ特番問題　政治に弱い体質が問題だ」、毎日新聞社説、二〇〇五年一月一五日。朝日と同様、お上に弱いＮＨＫの体質を「政府広報機関」と揶揄《やゆ》しながら次のように批判している。「ＮＨＫの予算や決算は国会承認を必要とする。承認時期ともなれば、政治部記者も含め関係者が国会議員に『スムーズな審議を』などと頭を下げることもあるという。政治に弱い体質はかねて指摘されてきたことだ。ＮＨＫは政府広報機関でなく報道機関だというなら、もっと詳細に事実解明を進め、自ら公表すべきだ。『圧力を受けて変更された事実はない』と見解を発表するだけでは説得力がない。加えて、ともすれば、日ごろの報道でも視聴者より『政治家のため』が優先していないか、組織をあげて検証すべきだろう」。

（5）「ＮＨＫ番組問題　不可解な『制作現場の自由』論」、読売新聞社説、二〇〇五年一月一五日。読売は放送に対する政治権力の介入という問題よりも、ＮＨＫが女性国際戦犯法廷を放送したこと自体が問題とする論調で、「『女性国際戦犯法廷』では、昭和天皇が『強姦』の罪などで起訴され、有罪が言い渡された。このような性格の『法廷』の趣旨に沿った番組が、『制作現場の自由』としてもしそのまま放送されたとすれば、ＮＨＫの上層部はあまりにも無責任、ということになる」とＮＨＫ幹部が変更を求めたことに理解を示した。さらに、この戦犯法廷で取り上げられた戦時中の従軍慰安婦問題について「そもそも従軍慰安婦問題は、戦時勤労動員の女子挺身隊を『慰安婦狩り』だったとして、歴史を偽造するような一部マスコミや市民グループが偽情報を振りまいたことから、国際社会の誤解を招いた経緯がある」と、この問題に対する朝日新聞の姿勢を暗に批判した。

また、読売は一月二三日付社説においても「担当の部長が編集試写を見て、『取材対象との距離が近すぎる』と改変を指示したという。昭和天皇を『強姦などの罪で有罪』とするような『法廷』の内容をそのまま番組にしたのでは、上司が改変を指示するのは、当たり前だろう」と主張。このような論調は、同日付の産経新聞「主張」にも見られ、同紙は「NHK慰安婦番組　内容自体も検証すべきだ」とのタイトルで「(この番組が)『主催者側に偏っている』『教育番組としてふさわしくない』という批判があった。まず何より、番組が公正で中立的な内容だったか否かの再検証が必要だ」と、この種の番組の放映そのものが妥当性を欠くのではないかと指摘した。

(6)「検証・番組改変の経緯　NHK番組改変問題報告」、朝日新聞朝刊、二〇〇五年七月二五日。

(7)吉田慎一「読者の皆様へ　取材過程踏み込み説明、第三者の目で公正期す」、朝日新聞朝刊、二〇〇五年七月二五日。

(8)「朝日VS NHK　メディアには謙虚さが必要だ」、毎日新聞社説、二〇〇五年七月二六日。政治家がNHK幹部を呼びつけたのかどうかという核心点について、毎日社説は「検証ではそれは明確にならなかった」と断じ、その理由として記者が政治家が呼びつけたという内部告発を前提に取材している点を指摘。また、読売、産経が主張していたこの番組の放送が妥当なものであったかどうかについて、「今回の問題が激しい朝日批判につながったのは、批判者の多くが『朝日新聞の取材記者は、特番で扱った女性国際戦犯法廷を支持しており、番組に介入したとされる安倍幹事長代理らの歴史認識自体も批判したかった』と見ているからだ」と分析したうえで、朝日の検証記事はこの疑問に何ら答えていないとしている。

(9)「総選挙で非自民政権誕生を意図し報道　民放連会合でテレビ朝日局長が発言」、産経新聞朝刊、一九九三年一〇月一三日。

(10)「椿・前テレビ朝日報道局長の民放連放送番組調査会での発言（全文）議事録」、朝日新聞朝刊、一九九三年一〇月二三日。

(11)「公正を侵したテレビの政治報道」、読売新聞社説、一九九三年一〇月一五日。この社説は政治に対するテレビの影響力が増していることについて、「確かにこんどの政権交代で、テレビの果たした役割は、だれもが認めるところだ。有力政治家が競って出演し、その見解や人となりが、余すところなくお茶の間にさらけ出された。テレビによって、政治への関心は、かつてなく高まった」と指摘し、「だからこそテレビは、浮かれることなく責任の重さをかみ締め、映像メディアの功罪を、冷静に分析する必要がある」と警告している。その後の小泉政権時の郵政解散・総選挙において、テレビを中心とした「メディア選挙」が選挙や政治をワイドショー化したと批判されたが、この社説はそれを予期していたのかもしれない。

(12)「細川政権誕生と報道の役割」、産経新聞「主張」、一九九三年一〇月一五日。この論説において、産経は読売社説と同様、政治に対するテレビの影響力の増大を指摘した。細川政権誕生がテレビによって実現したとの椿発言を引用して、そのようなテレビの影響を受けた政治を「テレポリティクス」(テレビ政治)と呼び、「もしテレビ画面から受ける印象で国民の投票行動が左右されているとしたら『テレポリティクス』の現象をわたしたちは肯定的に捕らえることはできない」と主張している。

(13)「証人喚問『言論の自由』萎縮させないか」、毎日新聞社説、一九九三年一〇月二二日。この社説は「(証人喚問が)『言論・報道の自由』という民主主義の根幹理念がほとんど議論されずに決定された」としたうえで、喚問で細川政権を窮地に追い詰めたい自民党と、政治改革法案の年内成立を至上課題とする連立与党の思惑が一致した政党間の妥協の産物であることも暴露している。

(14)「国会証人喚問の意義を問う『政治とテレビ』の核心を」、産経新聞「主張」、一九九三年一〇月二五日。その一方で、この「主張」は「許されない安易な喚問」とのタイトルを掲げて、「国会は事の本質を認識した上で喚問に臨んでもらいたい。間違っても特定政党のうっぷん晴らしの場になってはならない。今回の喚問が『報道の自由』や『言論の自由』への圧迫になるのではないか、という危ぐの声が聞かれる。しかし、民意の反映である国会の総意は国民の総意と見ることもできる。喚問が権力の介入のごとく受け止めるのは、いささか過剰反応ではないか。もちろん、これをきっかけに報道機関に対する喚問が安易に行われるようなことは許されない」と自民党など政党にクギを刺している。

(15)「政治的思惑ちらつく『椿喚問』」、毎日新聞社説、一九九三年一〇月二六日。毎日新聞は椿発言が国会喚問で取り上げられることに対する三つの疑問を示している。それは(1)「発言は民放連の放送番組調査会での非公式な意見開陳である」、(2)「放送法はテレビ局に公正さを求めたものであって、記者や制作者の個人的信条を問うているものではない」、(3)「報道の公正さを真っ先に論議する場として、はたして国会が適当であるのかどうか」である。さらに、放送法が要求している放送の不偏不党と編集の政治的公平に言及し、それは放送局の自覚と自律を促したものであって、「精神的規定」とするのが一般的学説と指摘している。その意味において、国会が証人喚問という形で取り上げるのは妥当でないとの認識を示した。

(16)「禍根残した前報道局長の喚問」、朝日新聞社説、一九九三年一〇月二六日。この論説はジャーナリストとしての椿前局長の（喚問における）不甲斐《ふがい》なさを槍玉に挙げた。「証人喚問が後味の悪いものに終わった理由の第一は、ひたすら『不用意、不適切な発言だった』と謝るばかりで、問題の発言については『荒唐無稽だった』と片づけ、責任を持って明確な説明をしようとしない証人の姿勢にあったろう」、「『報道内容は公正、公平だった』というのであれば、自らの信条や認識については、もっと毅然とした態度をみせるべきだった」というのがそれで、新聞ジャーナリズムから見れば、歯がゆい態度と映ったのである。

(17)「テレビ報道の『公正』とは何か」、読売新聞社説、一九九四年八月三一日。この社説はテレビ朝日の社内調査に関連して報道の公平性に言及、「何が公平で、何が不公平なのか。その境界や基準は、きわめて微妙だ。各党派の候補者の出演回数や時間など、表面的な部分だけで公平さを計ることはできない。調査では、偏向発言を生んだ背景や土壌に、もっとメスを入れるべきだった」と指摘している。

参考文献

浅倉拓也『アメリカの報道評議会とマスコミ倫理』現代人文社、一九九九年。

朝日新聞社会部『権力報道』朝日新聞社、一九九三年。

磯部成志・島崎哲彦・八田正信編『現代マス・コミュニケーションの再考』学文社、一九九七年。

大石泰彦『メディアの法と倫理』嵯峨野書院、二〇〇四年。

金子勝・アンドリュー・デウィット『メディア危機』日本放送出版協会、二〇〇五年。

川崎泰資・柴田鉄治『ジャーナリズムの原点』岩波書店、一九九六年。

川崎泰資・柴田鉄治『日本の組織ジャーナリズム　NHKと朝日新聞』岩波書店、二〇〇四年。

草野厚『テレビは政治を動かすか』NTT出版、二〇〇六年。

駒村圭吾『ジャーナリズムの法理』嵯峨野書院、二〇〇一年。

杉山隆男『メディアの興亡』文藝春秋社、一九八六年。

ウィッカム・スティード（浅井泰範訳）『理想の新聞』みすず書房、一九九八年。

筑紫哲也・佐野眞一・野中章弘・徳山喜雄編『ジャーナリズムの可能性』岩波書店、二〇〇五年。

筑紫哲也・佐野眞一・野中章弘・徳山喜雄編『メディアの権力性』岩波書店、二〇〇五年。

津金澤聡廣・田宮武編著『テレビ放送への提言』ミネルヴァ書房、一九九九年。

鶴木真編著『客観報道』成文堂、一九九九年。

富山英彦『メディア・リテラシーの社会史』青弓社、二〇〇五年。

日本新聞協会研究所『新・法と新聞』日本新聞協会、一九九〇年。

日本新聞協会第八次新聞法制研究会編『新聞の編集権』日本新聞協会、一九八六年。

デービッド・ハルバースタム（筑紫哲也・東郷茂彦訳）『メディアの権力』サイマル出版会、一九八三年。

クロード-ジャン・ベルトラン編著（前澤猛訳）『世界のメディア・アカウンタビリティ制度』明石書店、二〇〇三年。

星浩『テレビ政治』朝日新聞社、二〇〇六年。

メディア総合研究所『放送中止事件五〇年』花伝社、二〇〇五年。

山口正紀『ニュースの虚構メディアの事実』現代人文社、一九九九年。

読売新聞社調査研究本部編『提言報道』中央公論新社、二〇〇二年。

読売新聞論説委員会編『読売VS朝日――社説対決五〇年』中央公論新社、二〇〇一年。

ジェームス・レストン（名倉禮子訳）『新聞と政治の対決』鹿島出版会、一九六七年。

第7章　職業倫理を崩壊させた「視聴率至上主義」

1　テレビ・プロデューサーによる視聴率買収事件

視聴率成果主義導入の日本テレビが一〇年連続で「視聴率四冠王」

テレビの視聴率は、番組がどの程度の頻度で見られているかを示すバロメーター、つまり番組の露出度を表わす計測値であると同時に、CM料金を決定する最も客観的な評価基準である。民放テレビ局の収入の大半がこのCM料金で成り立っていることを考えると、視聴率はテレビ局の経営を左右する絶対君主のような存在といえる。

それゆえ、テレビ局の経営トップが日々、その動向に神経を尖らせ、一喜一憂するのも当然で、たとえ低俗番組であっても視聴率が高ければ継続させ、反対にいかに良質な番組であっても視聴率が下がれば、即、打ち切りということになる。このような現状を鑑みれば、テレビ業界に蔓延《はびこ》っている視聴率至上主義は、商業主義に毒された〝悪貨が良貨を駆逐する〟現象といえなくもない。

その視聴率至上主義路線で名を轟《とどろ》かせていたのが日本テレビで、同局は他局に先駆けて「視聴率成果主義」を導入したことでも知られる。実際、日本テレビは二〇〇三年までの一〇年間、すべての時間帯における視聴率トップ（四冠王）を連続で達成し、向かうところ敵無しの黄金時代を築いていた。〇三年の年間平均視聴率を例にとると、ゴールデンタイム（午後七時〜同一〇時）一四・四％、プライムタイム（午後七時〜同一一時）一四・二％、全日（午前六時〜翌日午前〇時）九・九％、ノンプライムタイム（「全日」から「プライムタイム」を除いた時間帯）八・七％で、そのいずれもが民放キー局の中で断トツだったのである。

このように、高視聴率の人気番組を次から次へと世に出していた日本テレビであるが、その視聴率至上主義の〝負〟の部分が一気に表面化したのが、同年一〇月に発覚した同局プロデューサーによる悪質極まりない「視聴率買収事件」である。これはバラエティー特番担当のプロデューサーが、視聴率調査会社「ビデオリサーチ」が委託している視聴モニターに接触して、自分の番組を見てもらうよう依頼して、謝礼を払うという前代未聞の不祥事だった。

「視聴率一五％」が暗黙の合格ライン

このプロデューサーは入社当初、スポーツ局に配属されていたが、もともとバラエティー番組志望で、一九九一年に待望の編成局に異動。主として、年末年始などのバラエティー特番を担当し、九七年一〇月から念願の日曜ゴールデンタイムのレギュラー番組を任せられていた。

花形のゴールデンタイム番組は「視聴率一五％」が暗黙の合格ラインとされるが、彼が担当していたレギュラー番組は九％台と低迷、このため九八年三月に打ち切りとなった。また、担当していた別のレギュラー番組も低視聴率を理由に打ち切られ、それ以降は再び年末年始などのスペシャル番組担当に降格されていた。このように、プロデューサーとして土俵際に追い詰められた彼が、起死回生の策として思い付いたのが、テレビ視聴モニターにお金を渡して、自分の番組を見てもらうという〝禁じ手〟である。

わが国のテレビ視聴率調査は一九六一年、米国の調査会社「ニールセン」によってスタートしたが、翌年、電通や民放各社の出資によって「ビデオリサーチ」が設立され、二社による調査体制が確立する。当時、視聴率の発表は一週間に一度だけだったが、七七年に自動計測可能なオンラインメーターが導入され、それを機に毎日公表されるようになった。そして二〇〇〇年三月、ニールセンが日本から撤退したため、それ以降は「ビデオリサーチ」一社による調査体制が今日まで続いている。

その計測方法は、モニター契約を結んでいる家庭のテレビ受像機に取り付けられた測定器が視聴データを記録し、それが自動的に同社のメインコンピューターに送信されて、番組ごとの視聴率が弾き出されるという仕組みになっている。モニター家庭は全国二七地区・六二五〇世帯にのぼるが、そのうち最も多いのが関東地区と関西地区の各六〇〇世帯で、六世帯の視聴が視聴率一％に相当する。つまり、わずか六世帯の視聴の有無によって視聴率が一％も上下するわけで、ビデオリサーチはモニターへの不正な働きかけを防ぐために、その所在を極秘にしていた。

興信所を使ってモニターを割り出し視聴を依頼

当然、テレビ関係者はこのような視聴率調査のシステムをよく知っており、問題の日本テレビ・プロデューサーは、モニターに対する買収工作が放送倫理上、許されない不正行為であることを承知のうえで踏み切ったのである。

日本テレビによると、その手口は次の通りである。まず、モニター世帯（関東地区）の所在を突き止めるよう興信所に依頼し、二〇〇〇年三月から〇三年七月までの三年四カ月間にわたって、興信所はモニターの自宅に設置した計測機器の点検に出かけるビデオリサーチ社の車を尾行。その結果、一〇世帯（日本テレビ調べ）～一三世帯（ビデオリサーチ社調べ）の所在を突き止めることに成功する。プロデューサーはその都度、一件に付き一〇万円を成功報酬として興信所に支払っていた。そして、プロデューサーやスタッフたちがこれら突き止めたモニター宅を訪れ、彼が担当している番組を視聴するよう依頼、その見返りとして一世帯当たり五〇〇〇～一万円の現金や商品券を協力金として手渡していたという。

また、興信所に対する謝金やモニター買収のための工作資金は、プロデューサーが担当している番組の下請けプロダクションに制作費を水増し請求させ、その上乗せ分をキックバックさせるという手口で捻出していた。日本テレビによると、その総額は一〇〇七万円にのぼり、うち八七五万円が実際の視聴率買収工作費用として流用されていたという。このような不正工作によって、視聴率がどれほどかさ上げされたのか注目されたが、同テレビ局は「対象となった番組の視聴率はそれぞれコンマ以下の上昇にとどまり、実害は軽微だった」と火消しに躍起。突き止めたモニター数についても、ビデオリサーチ社と調査結果が異なるなど不鮮明なところもあり、実際、どれほどの影響があったのかは〝闇の中〟だったのである。


「視聴率の神様」と呼ばれた萩原敏雄社長が副社長に降格

それでは、このプロデューサーが視聴を依頼したのは一体、どのような番組だったのだろうか。日本テレビの発表によると、「芸能人凶悪犯罪被害！」、「私は死にかけた！　奇跡の生還！　有名人特別版」、「ウンナン　VS　モー娘　激突視聴率獲得サバイバル　生でハッスル挑戦ＴＶ」、「世界絶叫映像もろ見え超びっくり人間大集結　世界一決定緊急ＳＰ４」、「芸能人凶悪犯罪被害！」、「スーパースペシャル'03驚異の９つ子初公開・奇跡の大出産＆ビックリ家族大集合」、「ヒューマン実話ドラマ　私は死にかけた！　奇跡の生還！　芸能人特別版」の計六番組（「芸能人凶悪犯罪被害！」は二度）で、このうち五番組は視聴率競争の激しいプライムタイムに放映されていた。

これらの番組の視聴率は「世界絶叫映像もろ見え超びっくり人間大集結　世界一決定緊急ＳＰ４」の

一七・一％を最高に、「私は死にかけた！　奇跡の生還！　有名人特別版」一五・七％、「芸能人凶悪犯罪被害！」一五・五％と比較的高いものもあったが、大半は一〇％前後で〝合格点〟に達していなかった。そして、プロデューサーはこれら自分が担当している番組以外に一三番組、さらに他局の二番組も視聴依頼の中に含めていたが、それは自分の担当番組に対する不正工作をカモフラージュするための偽装だったという。

テレビ界において、視聴率はCM料金を決定する唯一の基準値であるため、その測定に公正さが不可欠であることはいうまでもない。それゆえ、この視聴率買収事件はCM料金を支払っているスポンサー企業に大きな不信感を与え、このプロデューサーは事件発覚から一カ月後に懲戒解雇される。併せて、テレビ業界で「視聴率の神様」と呼ばれていた同テレビ局の萩原敏雄社長が副社長に降格された。しかし、この事件の背景に「視聴率至上主義」を現場に強要してきた局の構造的体質があったことは疑うべくもなく、そのことを考慮すると、最高責任者の萩原社長が「降格処分」ではあまりにも甘い対応と、メディア界で批判の声が噴出したのも当然といえるかもしれない。

〝審判を買収して得点を上げる〟背景に視聴率獲得優先主義

元来、テレビ局は公共の電波を利用した社会的色彩の強いメディアであるはずなのに、昨今は芸能・クイズ・バラエティーといった視聴率狙いのエンターテインメント性への傾斜が目立っている。それは、テレビ業界全体が「国民の知る権利」に応えるジャーナリズムとしての責務を自覚しないで、利益優先のコマーシャリズムに傾倒していることに他ならない。この前代未聞の視聴率買収事件は、そのような風潮と無縁ではないのである。

当然、この事件に対するメディア界からの批判は厳しく、朝日新聞は「審判を買収して得点を上げてもらうようなもので、とんでもない不正行為」、「スポーツなら失格になるだけでなく、ファンがあきれて、そっぽを向くだろう」、さらに「日本テレビの定例の社長会見では毎回、他局と比べた視聴率表が配られる」、「視聴率という成績表を良くすることへの社長の執念のようなものが感じられる」、「トップがそうだと制作現場はプレッシャーを受けて当然」、「九年連続で視聴率一位を走る中で、プロ野球で常に勝つことを強いられる巨人の選手のような気持ちになったとしても不思議ではない」と、日本テレビの企業風土に事件の病巣があると指摘した。(1) また、毎日新聞も「常軌を逸した行為を許した社内管理のずさんさは、視聴率獲得を最優先とした組織風土と深くからみあっている」と歩調を合わせて、日本テレビの視聴率至上主義を痛烈に批判したのである。(2)

テレビ局の最大の収入源であるCM料金が視聴率によって決定されていることを考えると、このような悪質な視聴率買収工作は、視聴率を念頭に制作費を負担している番組スポンサー（企業）にとって〝詐欺行為〟以外の何物でもない。つまり、視聴率という「CMの貨幣」の存在価値が毀損されたわけで、この事件以後、テレビ局とスポンサー企業を仲介する広告代理店業界では、他局でも同様の不正が行われているのではないかという疑心暗鬼が渦巻いた。テレビ局と広告代理店業界、そしてスポンサー企業の間の信頼関係が大きく損なわれたのである。

それと同時に、この事件は視聴率を計測する調査会社が「ビデオリサーチ」一社しかないという問題点も浮き彫りにした。もし、複数の調査機関が存在していれば、当然、モニターも多くなるわけで、その結果、このような買収工作が困難になることに加え、視聴率もより正確になるからである。さらに、ビデオリサーチはテレビ局や広告代理店など、いわば〝身内〟が出資して設立した会社であるが、このような不正を防ぎ、視聴率の公正さをゆるぎないものにするためにも、業界とは無関係の「第三者調査機関」による視聴率計測体制の確立が望まれる。

「真相報道バンキシャ！」誤報の陰にも視聴率と謝礼

この視聴率買収事件を起こした日本テレビは、二〇〇八年一一月二三日放送の報道番組「真相報道バンキシャ！」において手痛い失態を演じている。

元土木建設会社役員の証言をもとに、岐阜県の裏金づくり疑惑をセンセーショナルに報じたが、その後、この証言がまったく架空の作り話であることが判明したのである。結局、疑惑そのものがでっち上げだったわけで、岐阜県が「誤報」に激しく抗議。さらに、偽証したこの会社役員が逮捕され、翌〇九年三月、当時の久保伸太郎社長が責任をとって辞任する事態となった。

また、報道倫理の観点から「放送倫理・番組向上機構」（BPO）が、事実解明のための調査に乗り出した。その結果、(1)日本テレビは十分な裏付け取材を行っていなかった、(2)報道に映像優先の安易な姿勢があった、(3)「誤報」が発覚した後の対応に不誠実さが認められる、(4)訂正放送を行ったものの、そこには謝罪や反省の言葉がなかった——という問題点が判明し、同局に対して検証番組を放送するよう求める初の「勧告」に踏み切ったのである。「真相報道バンキシャ！」の不祥事で問題とされたのは、同番組が二〇％近い高視聴率を誇る看板報道番組であるがゆえに、その視聴率を維持するため〝ニュースを面白おかしく見せる〟強いインパクトを求めるあまり、報道機関としては当然の厳密な取材を怠った点にある。

さらに驚くべきことに、同番組は「謝礼支払い」を条件にしたインターネットの取材協力者・出演募集サイトで、この誤報の元凶となった情報提供者を見つけ、証言者として採用していたことも明らかになった。金品の謝礼を示して取材対象者を探すという手法は、当人が謝礼目当てで話を大げさにしたり、架空の出来事をでっち上げることがあるため、真実性を重んじる報道機関の取材方法としては「妥当でない」とされている。

つまり、ジャーナリズムとしての取材・報道姿勢や倫理面で明らかに問題があったわけで、その意味において、この誤報騒動も根底において視聴率買収事件と相通じるものがあると批判されても仕方がないのである。

2　虚偽で塗り固めた生活情報番組「発掘！　あるある大事典Ⅱ」

嘘の「納豆にダイエット効果」の放映で空前の納豆ブーム

視聴率万能主義が罷《まか》り通る限り、低視聴率であるけれども質の高い「優れた番組」が、テレビ業界で重宝される余地は極めて少ない。日本テレビの視聴率買収事件によって、視聴率偏重の危うさを思い知らされたはずなのに、今度は関西テレビ（フジテレビ系）でジャーナリズムの風上にも置けない衝撃的な番組捏造事件が発覚する。生活情報番組「発掘！　あるある大事典Ⅱ」（フジテレビ系列で全国放送）がそれで、この問題ではテレビ局の倫理観の欠如に加え、経営トップの当事者能力の無さが白日の下に晒《さら》されることになった。

二〇〇七年一月二〇日、関西テレビは緊急記者会見を開き、「発掘！　あるある大事典Ⅱ」の「食べてヤセる!!!　食材Xの新事実」（同月七日放映）で計六カ所の捏造があったと発表する。それによると、この番組は「納豆にダイエット効果がある」として、ホルモンの一種「DHEA」によるダイエット効果に着目。その研究に取り組んでいる米国の大学教授を番組に登場させ、納豆に含まれているイソフラボンがダイエットに有効とする同教授の証言を紹介した。

そして、二〇～五〇歳代の男女八人に二週間にわたって朝晩二回、納豆を摂取させて、実際にダイエット効果があるのかどうかを実験。その結果、三・四キロを最高に全員の体重が減少して、ダイエット効果が立証されたと結論付けた。つまり、ＤＨＥＡを増やす「食材Ｘ」がイソフラボンを大量に含有する「納豆」だったことを実証したわけで、この番組が放映されると、肥満に悩む全国の女性たちがスーパーマーケットに殺到して、またたく間に日本列島から納豆が売り切れるという空前の〝納豆ブーム〟が起きたのである。

大学教授のコメントや血液検査結果をでっち上げる

しかし、緊急記者会見によって、これらがことごとく〝でっち上げ〟だったことが明らかになる。

捏造事件を引き起こした関西テレビの「発掘！　あるある大事典Ⅱ」

「番組で証言した米国の大学教授は、実は紹介したようなダイエット研究をまったく行っていなかった」、「この大学教授の発言として流した日本語テロップは、語っていたこととはまったく異なる内容にすり替えていた」、「ＤＨＥＡの量を調べるため、被験者八人から採血したのは事実だが、肥満に関わるコレステロール値や中性脂肪、血糖値の測定は実際には行っておらず、番組で発表したそれらの数値はすべて捏造した架空のものだった」、「実験によって痩せたとする実験前・実験後の比較写真三枚は、登場した被験者とはまったく無関係のものだった」。

このように、「納豆特集」において不適切な箇所が七カ所あり、うち六カ所が悪質な捏造だったことを明らかにした。つまり、番組の内容を支える科学的根拠や実験データの大半が作為的な虚偽だったわけで、これでは公益性が求められる「情報番組」として〝失格〟を意味するだけではなく、ジャーナリズムの観点からは〝犯罪的〟と批判されても致し方がない。

この番組の前身「発掘！　あるある大事典」は一九九六年一〇月から二〇〇四年三月まで放送され、「大事典Ⅱ」はその後継番組として同年四月にスタートした。主として、ダイエットや健康、美容などをテーマに生活改善を提案する生活情報番組で、ＮＨＫの「ためしてガッテン」と並んで女性視聴者の間で人気を呼び、視聴率も常時一〇～一五％前後を誇っていた。

しかし、この悪質極まりない捏造の発覚によって、番組スタート時から一貫して単独スポンサーだった家庭化学メーカー「花王」は、企業イメージを著しく損ねられたとして即刻、番組提供の停止に踏み切ったのである。

「捏造やデータ改竄などは一六件」と外部調査委員会が発表

健康問題など人々の日常生活に関わる社会性の強い情報番組だっただけに、真実を伝えるべき報道機関としてはあるまじき行為として、メディア界からも一斉に批判の声が上がる。

「視聴者を欺く罪深さ」「週刊朝日の取材を受けてあわてて記者会見を開き、千草宗一郎社長がしぶしぶ『捏造《ねつぞう》』を認めたのは報道陣に追及されたから」（朝日新聞）、「（関西テレビは）報道機関を名乗る資格がない」「会見では社長が『報道機関でもある放送局として』とも語っていた。しかし、こんな状態で報道機関と言えるのだろうか」（毎日新聞）などがそれで[3]、放送倫理の欠如に加えて、事の重大さが認識できていない経営トップの無責任な対応にも非難が集中した。

また、番組の中身が嘘で塗り固められた前例のない悪質なものだっただけに、監督官庁の総務省は事態を深刻に受け止め、関西テレビに対して行政指導としては最も重い、大臣名による「警告処分」を科したのである。

一方、捏造番組の説明責任を問われた関西テレビは、急遽、社外有識者による調査委員会（熊崎勝彦委員長・元東京地検特捜部長）を立ち上げ、検事出身の敏腕弁護士一八人が七週間にわたって同番組を総点検。その結果、捏造やデータ改竄《かいざん》などの疑惑放送が計一六件あり、その中でも⑴「有酸素運動の新理論」、⑵「2005ダイエット総決算SP」、⑶「衝撃！　味噌汁でヤセる⁉」、⑷「食べてヤセる!!! 食材Xの新事実（納豆ダイエット）」の四件を「極めて悪質」と認定した。

⑴については、外国人研究者のコメントに事実とは異なる日本語のコメントをボイスオーバー（吹き替え）させたほか、実際は〇・六キロしか痩せていないのに二・〇キロ痩せたように偽装していた。さらに⑵でも、紹介された研究者のコメントが架空だった。⑶⑷については⑴と同様、研究者のコメントをボイスオーバーによって実際とは異なる内容にすり替えており、⑷では納豆の効果が血液検査などによって裏付けられたとしていたが、その検査結果はまったくの架空のものだったと発表した。

つまり、情報番組の命である真実性や正確性・科学性が意図的な虚偽によって毀損されていたわけで、このことは番組そのものが最初から〝黒い砂上の楼閣〟だったことを意味する。当然、そこには報道機関としての自覚や矜持《きょうじ》があったとは、とうてい思えない。

さらに、調査委はこれ以外にも「寒天で本当にヤセるのか⁉」、「毒抜きで体質改善」、「チョコレートで本当にヤセるのか⁉」、「あなたのダイエットフルーツはどっち？　みかん or リンゴ」の四件においてもデータ改竄があったとし、「夢判断でわかる！　本当のあなた」、「カロリーの新常識」、「冷え人間は太るし老ける⁉」、「ワサビで10才若返る！」、「低炭水化物ダイエット」、「体脂肪を減らす救世主」、「ダイエットで緊急企画！　食べても太らない方法」、「たったこれだけ！　足裏刺激でヤセる」の八件についても、数字の操作や推論を入れたデータ使用があったことを明らかにした。

実質的な番組制作を下請け会社に〝丸投げ〟

また、この番組の制作が下請けのプロダクション「日本テレワーク」や孫請けの「アジト」など数社に丸投げされていたことも、調査委の調べで判明する。実際の制作作業すべてをこれら下請け会社が行っており、関西テレビは制作会議にプロデューサー一人を派遣するだけで、制作過程やその中身について知る立場になかった。このような〝名義貸し〟ともいえる番組制作では、内容の真偽のチェックができるはずもなく、結果として制作管理の責任すら果たすことができなかったのである。

これらテレビ業界を支えている下請け会社は一九六〇年代、民放キー局の経営合理化のために相次いで設立された。七〇年代に入ると、「テレビマンユニオン」など独立系も誕生し、それらを含めた中小制作会社の数は現在、東京だけでも約七〇〇社に達する。実際、全テレビ局のゴールデンタイム番組のうち、これら外部制作会社の手によるものが全体の約七割を占めており、テレビ局は外部委託なしでは番組制作が不可能というのが実状なのである。

その結果、番組内容について最終責任を負うべきテレビ局が、これら下請け会社の制作過程で捏造やヤラセが行われたかどうかをチェックするのは事実上、不可能で、この二重構造が改善されない限り、同様のトラブル発生は必至なのである。全日本テレビ番組製作社連盟が「大事典Ⅱ」の捏造発覚後、加盟八八社を対象に行った緊急調査でも、この種の捏造事件はけっして特殊なケースではないとしたうえで、その背景として視聴率競争の弊害や下請け構造による制作費不足を挙げる声が多数を占めた(4)。

「発掘！あるある大事典Ⅱ」は事実上、下請けの「日本テレワーク」の幹部が制作現場を仕切っており、関西テレビの若いプロデューサーが合同の制作会議に出席しても、ほとんど口出しできない状況だったという。番組制作に関しては、下請け会社が主導権を握っていたわけだが、それは制作会社の多くがキー局の系列にあることと無縁ではない。ちなみに、「日本テレワーク」は関西テレビの系列親会社であるフジテレビが筆頭株主で、フジテレビの社長が取締役として名を連ねていた。

経営トップの管理能力の欠如とお粗末な危機対応

視聴者の信頼を著しく損なったこの捏造によって、関西テレビは二〇〇七年四月、全国二〇一の放送局で構成する「日本民間放送連盟」から全会一致で除名される。この処分は、これまで民放連が日本音楽著作権協会などと包括契約していた著作権処理についても、関西テレビが除外されることを意味し、テレビ局の運営やCM縮減による財政的打撃は計り知れなく大きいものとなった。（二〇〇八年四月、民放連は同テレビ局に対して条件付きの再入会を認め、同一〇月、活動停止措置を解いて全面復帰を認めた）。

「発掘！あるある大事典Ⅱ」の捏造問題は二〇〇七年四月、千草社長が引責辞任し、検証番組「私たちは何を間違えたのか　検証・発掘！あるある大事典」をフジテレビ系二七局を通じて全国放送することによって、事実上の幕引きとなった。この検証番組は一連の捏造問題の発端となった「納豆ダイエット」編の制作過程について、同局の報道・制作・編成局のスタッフ約二五人が調査・制作したもので、捏造が生まれた背景や原因を探る内容だった。テレビ局内部からの批判の声も収録していたが、問題の核心部分である下請け・孫請け会社への制作丸投げ実態や管理責任体制、下請けに対する差別的な契約実態などについては言及しておらず、実態解明とはほど遠いものだった。

一方、この不祥事で一貫して批判され続けたのは、経営トップの危機感のなさと対応のお粗末さ、さらに責任逃れといわれても仕方のない優柔不断な姿勢だった。それに対して、メディア界から非難が集中したのも当然で、遅きに失した「社長辞任」の発表を受けて、毎日新聞は次のように厳しく指弾した。「テレビへの信頼を失わせ、政治や行政の介入拡大につながりかねない放送法の改正にまで発展したのは、関西テレビの経営陣に当事者としての意識が乏しく、対応もお粗末だったから」、「番組づくりを制作会社に丸投げし、チェック能力のあるスタッフが育たなかったのと同様に、経営者となるべき資質を備えた人材も枯渇しているのだろうか」、「経営責任の取り方まで迷走しているように映る」(5)。

また、この番組は準キー局の関西テレビによって制作されたが、キー局であるフジテレビの放送枠を通して全国に放映されていることから、捏造の責任が関西テレビだけにとどまらず、フジテレビに波及するのも当然である。そうでなければ、全国ネットワークとしての番組管理責任の所在が不明になってしまうからである。そのフジテレビは一九八〇年代、「視聴率トップ」として君臨しており、その後一〇年間、日本テレビに独走を許したものの、同局の視聴率買収事件の後、再びトップの座に返り咲いている。それだけ視聴率にこだわっているテレビ局であるわけで、この捏造事件の背景にこのような視聴率至上主義があったとしても不思議ではないのである。

諸悪の根源としての視聴率至上主義と「視聴質」の導入

そのフジテレビに対して、ＴＢＳが挑戦状を突き付けたことがある。「フジは子供向けのアニメやバラエティーで視聴率を稼いでいるだけで、報道に重きを置く我々の方が社会的評価の高い番組を作っているのではないか」、「視聴率で負けたとしても、視聴質の点では我々の方が勝《まさ》っている」。ここで主張された「視聴質主義」は、どれだけ多くの人がその番組を見たかという視聴率より、番組の中身の社会的価値を優先して評価すべきというもので、これはそれまでの視聴率万能の番組評価に対する異議申し立てでもあった。

この問題提起には、日本民間放送連盟だけではなく、日本広告主協会も大いに関心を示している。広告業界は番組の視聴率がどれほど高くても、その数字が必ずしもＣＭ商品の売り上げに直結しないというジレンマに陥っているからで、「質」の高い番組のスポンサーになれば商品のイメージアップにつながるのではないかという観点から、この視聴質に注目しているのである。

視聴質は視聴率だけでは測れない、番組の社会的意義や文化創造の価値尺度としてクローズアップされているが、それでは番組のクオリティーの評価は、一体、誰がどのような基準で行うのか、またその数値化は可能なのかという点など解決すべき問題点は多い。依然としてこの問題は未解決のままで、最近ではインターネットでテレビ番組の評価を呼びかけ、投票してもらうという試みが行われているが、残念ながら客観的評価としてCM料金決定に反映されるレベルには達していない。

このように、視聴質の具体的な指標化方法が見つかっていない現状では、従来の視聴率を主軸にしながらも、近い将来の視聴質の導入、さらには地上デジタル放送における双方向機能の利用など、多角的な組み合わせによる番組評価の導入は一考に値するかもしれない。

注

（1）「日テレ事件　視聴率に踊らされて」、朝日新聞社説、二〇〇三年一〇月二六日。

（2）「日テレ視聴率操作　放送人の〝自負〟を忘れるな」、毎日新聞社説、二〇〇三年一一月二〇日。この社説はテレビ局が番組の質の重要性を主張することを〝きれいごと〟と考えていることについて、「番組内容においても視聴率は最大の評価基準となってきた。そこに番組の文化的な質を問い直したり、情報メディアとしての公共的役割を考え直すような『きれいごと』の入る余地は少ないというのは〝本音〟であろう」と認めたうえで、「だが、そうした〝本音〟をトップが率先して示し、人事評価と視聴率が直結してしまっては、〝本音の暴走〟に歯止めをかけるべき『きれいごと』は冷笑の的でしかなくなる」、「そのニヒリズムが国民共有の財産である放送文化をむしばんでいるとすれば、ことは深刻である」と警鐘を鳴らしている。

（3）「報道機関を名乗る資格がない」、毎日新聞社説、二〇〇七年一月二三日。

（4）「『あるある』捏造の教訓　危うい『面白さ優先』」、読売新聞朝刊、二〇〇七年三月二九日。

（5）「けじめがついたとは言えない」、毎日新聞社説、二〇〇七年四月五日。

参考文献

稲増龍夫『パンドラのメディア——テレビは時代をどう変えたのか』筑摩書房、二〇〇三年。

井上輝夫・梅垣理郎編『メディアが変わる　知が変わる』有斐閣、一九九八年。

NHK放送文化研究所編『テレビ視聴の五〇年』日本放送出版協会、二〇〇三年。

岡村黎明『テレビの二一世紀』岩波書店、二〇〇三年。

小田桐誠『検証・テレビ報道の現場』社会思想社、一九九四年。

小田桐誠『テレビのからくり』文藝春秋、二〇〇四年。

小池正春『実録　視聴率戦争！』宝島社、二〇〇一年。

児島和人・橋元良明編著『変わるメディアと社会生活』ミネルヴァ書房、一九九六年。

今野勉『テレビの嘘を見破る』新潮社、二〇〇四年。

白石義郎『メディアと情報が変える現代社会』九州大学出版会、二〇〇二年。

高橋文利『メディア資本主義』講談社、一九九九年。

立元幸治『誰がテレビをつまらなくしたのか』PHP研究所、二〇〇五年。

田中義久・小川文弥編『テレビと日本人——テレビ五〇年と生活・文化・意識』法政大学出版局、二〇〇五年。

筑紫哲也・佐野眞一・野中章弘・徳山喜雄編『報道不信の構造』岩波書店、二〇〇五年。

引田惣彌『全記録　テレビ視聴率五〇年戦争』講談社、二〇〇四年。

前澤猛『日本ジャーナリズムの検証』三省堂、一九九三年。

松田士朗『テレビを審査する』現代人文社、二〇〇三年。

森達也『ドキュメンタリーは嘘をつく』草思社、二〇〇五年。

山内祐平『デジタル社会のリテラシー』岩波書店、二〇〇三年。

吉田直哉『映像とは何だろうか』岩波書店、二〇〇三年。

吉見俊哉編『メディア・スタディーズ』せりか書房、二〇〇一年。
渡辺武達『メディア・トリックの社会学』世界思想社、一九九五年。
渡辺武達『テレビ――やらせと情報操作』三省堂、二〇〇一年。

第8章　発表ジャーナリズムとメディア・スクラム

1　「松本サリン事件」における集団誤報道

警察発表に基づく〝犯人視報道〟が冤罪報道に発展

メディアによる「犯人視報道」が史上類例のない冤罪《えんざい》報道に発展して、ジャーナリズムの社会的信用を著しく毀損した代表例として「松本サリン事件」が挙げられる。この事件は一九九四年六月二七日深夜、長野県松本市内で原因不明のサリン中毒が発生し、住民七人がその犠牲になったというもので、長野県警は翌日、「現場近くに住む第一通報者の会社員宅を殺人容疑で家宅捜索し、多数の化学薬品類を押収した」と発表。この警察発表を受けて、新聞やテレビは一斉にこの第一通報者を〝犯人視〟する報道を展開したのである。

翌日の各紙朝刊は、この会社員、河野義行さんについて実名こそ出さなかったものの、有力容疑者と決め付ける報道を行った。朝日新聞を例にとると、「会社員宅から薬品押収　農薬調合に失敗か」、「数種類の薬品から農薬を作ろうとしているうちに、調合を間違え、毒性のガスが大量に発生」、さらに「（発生元が分かって）本当にほっとした。これで、ぐっすり眠れます」、「住宅地の中で何か実験でもしていたのかと思うと、腹が立つ」といった近所の人々の談話も掲載していた。(1)

これらメディア報道の大半が警察発表を踏襲したもので、読売新聞は「会社員宅が有毒ガスの発生源と断定」「あの家が原因だったのか――付近の住民たちは一様に驚きの声」「住宅街の庭で薬物実験？」[2]、また毎日新聞にいたっては「(この第一通報者が)『薬剤調合、間違えた』と救急隊に話す」「『オレはもうダメだ』症状訴え救急隊員に」といった〝自供〟を想起させる見出しを掲げ、「(捜査本部は)不審な点があるため身辺捜査を進めていた」「有毒ガスの発生源は会社員宅の敷地内と断定」などと、他紙にはない〝特ダネ〟を大々的に報じた[3]。このほか、河野さんについて「境界線をめぐって隣人とトラブルがあった」(読売)といった犯行動機まで匂わせる報道もあり、匿名ながら河野さんを明確に「犯人視」した集団的過熱報道が罷《まか》り通ったのである。

犯人と疑われた河野義行さんが「事実無根」と抗議

このような報道姿勢は社説も例外ではなく、朝日は「毒物と隣り合う暮らしの怖さ」、「これまでの調べでは、会社員は薬品の扱いに多少の知識があり、数種類の薬品から農薬を作ろうとして調合を間違え、有毒ガスが大量に発生したらしい」、「農薬は庭の除草に使おうとしていた」、「発生後、公民館などに避難していた住民は、ひとまずほっとしたことだろう」などと、まるで社会面記事かと見紛うばかりの情緒的な記述に終始した[4]。

このようにして、救急車で病院に搬送され入院中だった被害者の河野さんは、メディアによって犯人視されてしまったわけで、この警察発表以降、「『薬品希釈中にガスが発生』会社員が供述」(毎日)といった自供報道を含め、裏付けの乏しい関連報道が氾濫することになる。

そのような報道攻撃に対して、河野さんは事件への関与を全面否定し、弁護士を通じて「事実無根」とマス・メディアに抗議。しかし、メディア側はこのような個人の反論より警察発表を重視する報道姿勢を変えず、報道を自粛するどころか、河野さんの連行や逮捕に備えて彼が入院中の病院に記者を二四時間態勢で張り付かせる措置をとった。これでは、河野さんがどれほど「無実」を主張しても、近隣の人々がそれを信じるはずはなく、このような報道被害は真犯人が逮捕されるまで延々と続いたのである。

そして翌年三月二〇日、東京の営団地下鉄で一二人の犠牲者を出した「地下鉄サリン事件」が発生する。それがオウム真理教による犯行で、さらにその後の捜査で「松本サリン事件」も同教団による犯行だったことが判明した。結局、松本サリン事件発生から九カ月が経過して初めて真相が明らかになったわけで、この時点において第一通報者だった河野さんが正真正銘の被害者であったことが裏付けられたのである。

新聞・テレビの「謝罪報道」と人権侵害

警察発表に全面依存した取材姿勢であるため、前代未聞の集団誤報になったわけだが、「松本サリン事件」に限らず、日本のメディアには公権力である警察や検察の発表を盲信する傾向がある。それが悪名高い「発表ジャーナリズム」となって、主体的であるべき報道の自由が侵害されているといっても過言ではない。

当局とメディアが親密な関係にあり、そのような状況下で醸成されてきたわが国の発表ジャーナリズムは、松本サリン事件の集団誤報について一部メディアが示した次のような〝甘え〟に端的に表わされている。「我々メディアは警察発表を忠実に報じただけで、批判される謂《いわ》れはない」、「誤報の一義的な責任は警察にあるのではないか」。このような責任転嫁論は、日本のジャーナリズムが当局発表に大きく依存していることの証左でもあるが、元来、ジャーナリズムは警察発表を鵜呑みにするのではなく、自主取材によって真実を探求すべきものである。警察はあくまでも有力な情報源の一つであって、「報道責任」がメディア自身にあるのは自明の理なのである。

これら一連の「冤罪報道」の重大性に気付いた新聞社・テレビ局は、地下鉄サリン事件発生直後の九五年四月以降、相次いで河野さんに対する謝罪報道を行うことになる。

事件発生当時、「会社員宅から薬品押収　農薬調合に失敗か」と報じた朝日は、九五年四月二一日付朝刊で「河野さんが自宅で農薬の調合に失敗し、有毒ガスを発生させた、との印象を読者に与えた」と謝罪。また、「私たちは、事件の第一通報者である河野義行さんとご家族にご迷惑をかけたことを率直におわびしなければならない」、「家宅捜索や警察情報で、河野さんが容疑者ではないか、との先入観をもってしまい、事実であるかのように報道してしまった」、「先入観にとらわれず、事実の裏付けに努めることの大切さを、改めて痛感させられる」と、苦しい弁明を滲《にじ》ませた異例の謝罪社説も掲載した。

また、読売も「通報の会社員宅捜索、除草剤調合ミスか」（九四年六月二九日付朝刊）、「薬剤使用ほのめかす　事件直後に会社員」（同七月一五日付夕刊）の記事二件について、「事実の裏づけがなく、確認もしていなかった」と全面的に非を認めた(5)。毎日は、特ダネだった「調合『間違えた』救急隊に話す」「『オレはもうダメだ』座り込む会社員」（六月二九日付朝刊）、「怪奇な事件の恐ろしい背景」（同月三〇日付）、「会社員が供述『自分で希釈中ガス』」（同日付夕刊）の三件について、「これらは事実に反する明らかな誤報だった」と謝罪した。

新聞と同様、テレビ局も日本テレビが「ニュースプラス１」と「きょうの出来事」、ＮＨＫは「おはよう日本」、ＴＢＳが「ニュースの森」と「筑紫哲也ＮＥＷＳ23」、フジテレビが「スーパータイム」、そしてテレビ朝日が「ステーションＥＹＥ」と「ニュースステーション」で、それぞれ報道検証を兼ねた「訂正・謝罪報道」を行った。これは警察発表に過度に依存し、自主取材を怠った「発表ジャーナリズム」のツケ以外の何ものでもなかったのである。

2　坂本弁護士一家を死に追いやったＴＢＳの責任

取材情報は「報道目的」以外に使用しないという鉄則を破る

国民の知る権利に応えるための「報道の自由」は、その行為が公益目的であると同時に、情報提供者に累が及ばないための「取材源秘匿」が大前提になっている。取材で知り得た情報は報道目的以外に使用せず、情報源は永遠に明かさないというのが鉄則で、それはジャーナリズムの基本的倫理観でもある。そのような報道規範が守られて初めて、メディアと取材対象の間で信頼関係が構築されるのである。

「大統領の犯罪」として知られる米国のウォーターゲート事件においても、極秘扱いの内部情報をワシントン・ポスト紙の記者に提供した内部告発者「ディープ・スロート」との信頼関係なくして、「大統領の陰謀」は明るみに出なかったに違いない。そして、真相の解明とニクソン大統領を辞任に追い込むことも不可能だったのである。

そのジャーナリズムの命ともいうべき取材源に加えて、取材内容まで密かに取材相手の敵対者側に漏らし、それがきっかけとなってインタビューを受けた弁護士一家が殺害されるという前代未聞の事件が起きた。一九八九年一一月に発生したオウム真理教による「坂本堤弁護士一家拉致殺害事件」で、この事件に深く関与したのが「報道」で高い評価を受けてきたＴＢＳ（東京放送）である。ジャーナリズムとして、とうてい許されないその非倫理的行為に対し、ニュースキャスターの筑紫哲也が激怒して、「ＴＢＳは死んだに等しい」と切って捨てたのは記憶に新しい。

オウム幹部に見せたインタビュービデオが〝殺人動機〟に

この事件は同年一〇月二六日、ＴＢＳのワイドショー番組「3時にあいましょう」の金曜担当プロデューサーと制作会社のディレクターたちが、「オウム真理教」富士山総本部で信徒たちの水中修行「水中クンバカ」を取材したことに端を発する。

その際、オウム側は、坂本弁護士がオウム真理教による高額のお布施の強要や血のイニシエーション、信徒の親子断絶などの実態を調査し、ＴＢＳのインタビューでそれらを「反社会的行為」と厳しく批判していたことを知る。同弁護士の反教団的活動に危機感を募らせたオウム真理教の早川紀代秀死刑囚ら教団幹部三人は、同日夜、ＴＢＳ（東京）に押しかけ、翌日の放映予定になっていた「弁護士インタビュー」のビデオを見せるよう強要。ＴＢＳ側はその要求に屈して放送予定のビデオを見せるが、早川らはそこで展開される坂本弁護士の教団批判に激怒し、その放映を中止をするよう脅迫。ＴＢＳはこの要求も呑んで、急遽、翌日の放映中止にいたったのである。

つまり、ＴＢＳは取材先の承諾を得ないで「情報源」をその敵対者に明かし、個人情報であるインタビュー内容を「報道目的」以外に使用したうえ、暴力的ともいえる外部圧力に唯々諾々《いいだくだく》と従って、その報道すら断念していたわけで、これは社会正義のために存在する「報道機関」の名に値しないことはいうまでもない。「メディア倫理」の崩壊もさることながら、このような軟弱姿勢では国民から負託されたジャーナリズムの「権力監視」といった社会的責務を果たせないのは当然で、はからずもテレビジャーナリズムの底の浅さを露呈することになった。

この報告を受けたオウム真理教教祖の麻原彰晃（本名・松本智津夫）死刑囚は、即刻、早川死刑囚たちに坂本弁護士の殺害を命じ、一一月四日、同弁護士と妻・子供の一家三人を拉致・殺害するという残虐極まりない暴挙に打って出たのである。

同弁護士一家の失踪が大々的に報じられ、オウム真理教の関与が取り沙汰されたが、TBSは以後六年間にわたって、この〝恥辱の経緯〟に口を噤《つぐ》み、ひたすら隠蔽し続ける。そして、九五年三月二〇日の「地下鉄サリン事件」で早川死刑囚が逮捕され、その取り調べの過程でTBSとの関わりが明るみに出て初めて、坂本弁護士事件の「真相」が白日の下に晒《さら》されることになったのである。

日本テレビが「TBSが関与」と報道

同年一〇月一九日、日本テレビは「TBSが、坂本弁護士へのインタビュービデオをオウム真理教幹部に見せたため、これが一家殺害のきっかけになった疑いがある」と報道。ところが、TBSは「テープを見せたことはなく、日本テレビの報道は事実無根」と全面否定したうえ、その報道によって名誉を著しく毀損されたとして、日本テレビに名誉回復を求める通告書を郵送する。それに対し、日本テレビは「それでは、オウム真理教の幹部がTBSを訪れた翌日、なぜ急遽、番組を中止したのか」といった一一項目にわたる質問状をTBSに送付し、両テレビ局間で激しいバトルが展開されることになった。しばらくして、TBSの磯崎洋三社長はオウム真理教が「ビデオテープを見せろ」と要求してきた事実を認めたものの、「そのテープを見せたという事実はない」と相変わらず強気の姿勢を崩さなかった。

そして、その約五カ月後、TBSは「どの番組担当者も〝見せたという記憶は出て来ない〟〝もし、見せたという異常な行動をとったなら、必ず覚えているはず〟と述べている」とする社内調査結果を発表する。外部メディアの報道による指摘、それも検察庁の取り調べや法廷で開示された供述調書という極めて信用性の高い証拠を突き付けられたにもかかわらず、TBSは社内調査で「事実」を確認できなかったのである。「NEWS23」のキャスター、筑紫哲也が「メディアとして、TBSの道義責任や結果責任は免れない」と批判したのも、TBSの対応がお粗末極まりなかったからである。(6)

このような「ＴＢＳ批判」が渦巻いていた九六年三月一九日、衆院法務委員会にＴＢＳの担当常務が参考人として招致され、「応対した社員はテープを見せた記憶がないと言っている」、「オウム真理教幹部の来訪も、通常ありがちな取材上のトラブルであり、それ以上の認識はなかった」などと、官僚顔負けの逃げの一手に終始する。それに対して、新聞各社からは「報道機関としての能力と責任が問われているのに、局側にはその自覚が乏しい」（朝日）(7)、「インタビューの当事者が直後に殺害され、その消息を捜す関係者や捜査の動きが繰り返し報道される状況の中で、六年数か月前の記憶がまったく消え去るものだろうか」（読売）(8)といった報道機関失格の烙印《らくいん》を押す痛烈な批判が投げかけられた。

「ＮＥＷＳ23」の筑紫哲也が「ＴＢＳは死んだに等しい」

ＴＢＳの態度が一変したのは、それから一週間も経たない三月二五日のことで、磯崎社長が緊急記者会見を開き、「3時にあいましょう」の金曜担当プロデューサーが「ビデオを見せたことを認めた」と発表。そして、それまでの社内調査に対する虚偽証言を理由に、同プロデューサーを懲戒解雇処分にしたことを明らかにした。

報道機関であるにもかかわらず、後手に回った真相解明作業に一応の終止符が打たれることになったが、これは捜査当局が示した証拠をようやく追認したというだけで、ＴＢＳが犯した致命的な報道倫理違反行為がけっして免責されたわけではない。この発表を受けて、筑紫哲也は「過ちに真正面から対応できるかどうかという意味において、ＴＢＳは死んだに等しい」と、遅きに失した事実解明を「ＮＥＷＳ23」で非難、さらに翌日の放送でＴＢＳ経営陣の早期退陣を迫ったのである。

実際、ＴＢＳの社内調査はいたずらに時間を浪費するだけで、本当に真摯な態度で事実解明のための調査を行ったのかという疑義、さらにテレビ局ぐるみで隠蔽を図っていたのではないかという疑惑すら抱かせるものだった。それに対し、読売は「問われるのは、当事者の記憶だけに頼ったあいまいな社内調査で、批判をかわそうとし、いったん調査の打ち切りを表明した同社の体質そのもの」と指摘したが、これはまさに的を射たものといえるだろう(9)。

その約一カ月後、ＴＢＳは曜日担当プロデューサーに加えて、総合プロデューサーもオウム側にビデオを見せたことに関与していた事実、さらに社内調査について初期対応に誤りがあったことなどを盛り込んだ最終調査報告書を郵政省（当時）に提出した。そして同夜、ＴＢＳは磯崎社長の謝罪を含む「検証番組」（約三時間半）を放映。それを受けて、郵政省はＴＢＳに対してスタッフの研修体制や事実が解明できなかった組織機能の見直し、番組チェック機能の充実など六項目から成る異例の「厳重注意処分」を発表したのである。

担当プロデューサーの解雇・社長の引責辞任で幕引き

テレビ局に対する処分は、一般的には電波法に規定された「虚偽の情報を流した場合」などに限定されるが、ＴＢＳに対する厳しい行政処分は、テレビ局の報道倫理や自浄作用がいかに機能不全に陥っていたかを物語る深刻なものだった。

結局、二人の担当プロデューサーが解雇され、社長が引責辞任して幕引きとなったが、この処分でＴＢＳがジャーナリズムの本分を取り戻せると考えるジャーナリストはいないに違いない。実際、この点に関する新聞各紙の論調は厳しく、毎日は「ＴＢＳはビデオテープ問題のほか、強制捜査情報をオウム側に流さなかったか」とする重大な疑念を指摘。さらに、ＴＢＳが招いた当局の行政処分について、「監督官庁が放送局に自らの放送によって何をせよと指示するのは、戦後でも例をみない措置」、「ここまで事実上の指示をすることが妥当か、疑問を持たざるを得ない」と、テレビ局が不祥事を起こすたびに〝メディア介入〟を強める行政当局の姿勢に疑問を呈した(10)。

放送法は何人からも干渉されない番組編集の自由を謳《うた》っているが、TBSのケースは同法が想定している「権力からの圧力」以前のもので、ジャーナリストとしての基本的な判断能力や倫理規範が欠如していたことに他ならない。それゆえ、この不祥事によって「報道のTBS」が国民の信頼を取り戻すためには、ジャーナリズムの基本理念を根本から問い直し、メディアが自身を厳しく鍛錬して、倫理性や自律性を高めることが求められる。

そうしなければ、同様の不祥事が再発する可能性は極めて高く、監督官庁からいっそう厳しい行政指導や処分が下され、国民の負託に応えるための「報道の自由」が阻害される事態を招きかねないのである。

3　節度ある取材にはほど遠い「メディア・スクラム」の横暴

過剰取材の背景に〝みんなで取材すれば免罪される〟の甘え

容疑者や被害者に対する傍若無人な取材態度や現場周辺における刑事さながらの執拗な聞き込み、さらに人権侵害ともいえる犯人視取材――これらに象徴される「メディア・スクラム」(集団的過熱取材)が報道の自由に名を借りたメディアの横暴として非難され、国民からのメディア不信を増幅させている。

この過剰取材を意味する「メディア・スクラム」という言葉は、一九九六年に英国BBC放送のガイドラインに登場したのが最初で、米国では「パック・ジャーナリズム」と呼ばれている。

この取材行為はとりわけテレビ局の取材で顕著に見られるが、それは取材クルーの人数の多さと無縁ではない。事件の大小にもよるが、一般的にテレビクルーは放送記者とカメラマン、照明係、技術者など一局当たり最低でも五～六人で編成され、それに大型の中継車が導入されるとなると、それは新聞社の取材陣とは比較にならない規模となる。そして、これらテレビクルーは容赦なく取材ターゲットにカメラを向け、マイクを突き付けて声を拾うため、「取材される側」の心理的負担は想像を絶するものがある。

一方、新聞やテレビで報じられることのない事件や事故の〝裏の裏〟を抉《えぐ》ることに存在価値を見出す週刊誌は、それが読者の興味を引くネタであると判断すれば、相手のプライバシーを暴き立てることも厭《いと》わない取材を平気で敢行する。屋内における私的な写真の隠し撮りすら日常茶飯事で、話題になっている著名人の周辺には、「パパラッチ」と呼ばれる追っかけカメラマンが、ハンターよろしく獲物を狙って身を潜めている。彼らから逃れようとして「不慮の死」を遂げたダイアナ妃に象徴されるように、その標的にされた人々の苦痛は計り知れなく大きいのである。

取材や報道の自由は、憲法に保障された「国民の知る権利」に応えるためのもので、真実の追求のために加害者や被害者から話を聞くのは、ジャーナリズムにとって欠かせない行為である。しかし、そのような取材・報道のために、個人のプライバシーや人権が侵害されているとすれば、それは看過できない。

さらに、このような行き過ぎた取材の裏に、メディア間の熾烈な競争があることも忘れてはならない。つまり、事件・事故の取材では特ダネ競争が繰り広げられ、取材される側の気持ちに配慮した「節度ある取材」より、競争相手を出し抜くことが至上命題になっている。その結果、取材の自由を金科玉条にして〝みんなで取材すれば免罪される〟といった安易な慣行が醸成され、人権を無視した「メディア・スクラム」が罷《まか》り通るのである。

和歌山カレー事件と秋田連続児童殺害事件の〝メディア狂騒〟

このメディア・スクラムが発生した代表的な事件として、「和歌山・毒入りカレー事件」や「秋田連続児童殺害事件」「松本サリン事件」「東電女性社員殺人事件」などが挙げられる。

一九九八年七月、和歌山市の新興住宅地で開催された地元自治会主催の夏祭りに出されたカレーライスに、何者かが猛毒の砒素《ひそ》を混入させ、それを食べた住民四人が死亡するという「毒入りカレー事件」が発生する。この住宅地は六五世帯・住民約二二〇人が暮らす小さなコミュニティーだっただけに、メディアによって「内部犯行説」が大々的に報じられると、住民の間で動揺と疑心暗鬼が渦巻くことになった。

そして、現場には全国紙の本社のある大阪だけではなく、東京からも多数のマスコミ取材陣が殺到して、警察捜査とは別に凄《すさ》まじいまでの〝犯人捜し〟が繰り広げられる。警察の捜査線上に有力容疑者が浮上すると、逮捕の一カ月以上も前からその居宅を二四時間態勢で取り囲み、容疑者との遣り取りや一挙手一投足が連日、テレビや新聞にセンセーショナルに報じられた。

このようなメディア狂騒の状況下で、近隣住民たちが心安らかな生活を送れるはずはなく、そのうち報道陣との間で様々な軋轢《あつれき》が生じるようになる。このため、不満を募らせた地元自治会はメディア各社に過剰取材の自粛を要請、日本弁護士連合会と法務局も集中豪雨的な取材・報道による人権侵害や生活侵害を批判する異例の声明を発表する事態となった。これを受けて、メディア各社は急遽、〝節度ある取材〟を申し合わせ、毎日新聞などは近隣住居への直接取材を控える措置をとった。

地元の報道懇話会が〝節度ある報道〟のために取材自粛協定

このように、メディアは「過熱取材」による報道被害や人権侵害が社会的批判を受けるたびに、「反省」の意を表わし、報道自粛の措置に踏み切るが、二〇〇六年の「秋田連続児童殺害事件」で再び深刻な「メディア・スクラム」を引き起こした。

この事件は同年四月、秋田県能代市で小学四年生の女児が川で水死体となって発見され、その一カ月後、この女児の二軒隣りの小学一年生男児が、今度は絞殺死体で発見されるという数奇なものだった。それだけに、この事件でも新聞やテレビの報道記者は秋田だけではなく、東京からも大挙して駆け付け、その数は二〇〇人を超える大取材陣となった。

そして、彼らはこの女児や男児の自宅周辺に終日、張り付くとともに、近所の人々に絨毯《じゅうたん》爆撃的な聞き込みをかけたため、一帯は日夜を問わず雑踏のような騒がしさとなった。このような無秩序な取材攻勢に音《ね》を上げた男児の父親が、秋田県警を通じて報道陣に取材自粛を要請。その直後、女児の母親に連続殺害の容疑が浮上すると、報道陣はこの母親の自宅や実家に殺到し、彼女が外出すると一〇〇人を超える報道陣が彼女を取り囲んで、一緒に移動するという異様な光景が出現した。

一方、週刊誌はこの母親を早々と「犯人」と決め付け、彼女の幼児期や生い立ち・家庭環境、さらに男性関係などにも容赦なく踏み込んで、興味本位のセンセーショナルな報道を展開した。

このため、この母親はＮＨＫと民放で構成する第三者機関「放送倫理・番組向上機構」（ＢＰＯ）に窮状を直訴する。この事態を受けて、秋田県内に拠点を置く報道機関「秋田報道懇話会」（一五社で構成）は急遽、対応を協議。一部のメディアから「報道自粛は報道の自由の精神に反する」と難色を示す意見も出されたが、最終的には「このままでは、和歌山カレー事件のメディア・スクラムの二の舞になる」との認識で一致し、次のような取材自粛協定に漕ぎ着けた。

それは、玄関前での張り込みを中止する、当該女性の実家隣接地での待機を活字メディア二人、テレビ三人、車両は各社一台に限定する、彼女のプライバシーを侵害するような撮影はやめる——という内容で、この協定成立によって、五月二五日午後五時、報道陣はこの母親が身を寄せていた実家前から一斉に指定された待機場所へと移動した。

また、同報道懇話会は日本新聞協会（東京）を通じて、日本民間放送連盟と週刊誌などが加盟する日本雑誌協会に対して、この取材自粛協定を遵守するよう要請する。それに対し、雑誌協会は張り込みなどの取材見合わせに理解を示したものの、取材人数の制限については同意を留保した。

このように、雑誌メディアが新聞やテレビの取材自粛協定に安易に乗れないのは、週刊誌を中心とする雑誌ジャーナリズムが後者のそれと趣を異にするからである。つまり、新聞やテレビといったマス・メディアは大規模かつ安定した読者や視聴者を抱えているのに対し、週刊誌は主として不安定なスタンド売りに依存しているため、読者の興味を引くプライバシーの暴露などセンセーショナリズムで勝負するしかないという事情がある。このことは、北朝鮮による日本人拉致被害者たちが帰国した際、当時、雑誌協会取材委員長だった鈴木紀夫による次のような「見解」に表わされている。

「雑誌は週刊誌、月刊誌を問わず、新聞やテレビが報道しきれなかった部分に着目し、隠されているかもしれない新事実を追い求めるのが生命線」、「新聞のように勧誘員がいるわけでもなく、テレビのように電源を入れれば瞬時に映像が手に入るメディアでもない」、「雑誌の特性は新聞・テレビとは大きく異なる」、「にもかかわらず『申し合わせ』のもと、横一線で取材・報道にあたるという態様は、雑誌メディア自らのクビをしめることにならないか」[11]。

さらに、この自粛協定にはいくつかの〝抜け穴〟があった。それは地元の報道懇話会がどれほど厳格に人数制限をしても、懇話会のメンバーでないメディアやどの組織にも属さないフリーライター、さらに外国人ジャーナリストたちはこの協定の対象外という点である。それに加えて、このような自粛措置はメディア・スクラム被害をなくすという大義名分があるにせよ、一歩誤ると「真実の追求」というジャーナリズム精神の毀損につながりかねない危うさを孕《はら》んでいる。

その意味において、地元報道懇話会の緊急避難的な取材自粛協議は重要ではあるものの、本来は日本新聞協会と日本民間放送連盟・日本雑誌協会がこのような事態の出現を想定して、前もって取材の自由や報道の自由の観点から「メディア・スクラム」に対する自粛基準を策定しておくべきではないだろうか。その基本路線に基づいて、それぞれの事例ごとに地元メディアが対処するようにすれば、より迅速な対応が可能となり、毎度、繰り返される同種の混乱は避けられるに違いない。現場の地元報道懇話会から、日本新聞協会を通じて他メディアの全国組織に取材自粛を要請すること自体が、本末転倒なのである。

有罪判決を受けるまでの「推定無罪」とメディア不信

その一方で、これら事件報道でメディアに強く求められるのが、容疑者であっても有罪判決を受けるまでは「推定無罪」とされる法治国家としての大原則である。裁判所から逮捕状が出ておらず、身柄拘束もされていない特定の人物を〝犯人視〟して追いかけ回すメディア・スクラムは、明らかにこの原則から逸脱しており、取材の自由の許容範囲を超えた人権侵害的行為と批判されても仕方がない。そのような「メディアの横暴」ともいうべき過剰取材や過剰報道が、国民の「メディア不信」を一層増幅させているのである。（「秋田連続児童殺害事件」では二〇〇六年六月四日、この母親が男児の死体遺棄容疑で、さらに七月一八日に女児殺害容疑で再々逮捕された）。

それでは、このメディア・スクラム問題にメディアは一体、どのような対策を立てているのだろうか。その先頭を切ってNHKと日本民間放送連盟は取材被害や報道被害に対する第三者機関「放送倫理・番組向上機構」（BPO）を設立し、視聴者の視点でメディアの行き過ぎをチェックしている。

新聞社では毎日新聞が二〇〇〇年一〇月、弁護士や学者など社外委員五人で構成する「『開かれた新聞』委員会」を発足させ、様々な角度から紙面検証をスタートさせた。また、翌年一月には朝日新聞も同じ趣旨の「報道と人権委員会」を創設した。そして、メディア・スクラムが社会問題化した二〇〇四年、同紙は「事件の取材と報道指針」を策定し、「事件直後など、相手が話せない状態のときは無理強いせず、長期的な取材・報道に努める」「(被害者)遺体の帰宅時は、公人や公的場面、了解がある場合などを除き、写真取材は原則自粛する」といった取材基準を定めた⑫。

また、日本新聞協会も事件関係者を集団包囲するような強引な取材や、犠牲者遺族の心情を踏みにじる通夜や葬儀への押しかけ取材の自粛などを加盟社に要請している⑬。しかし、取材や報道の自由の乱用で国民の信用を失いつつあるメディアが信頼を回復するためには、もっと厳格で、きめ細かい具体策を業界全体で策定し、それに従わない社は除名処分にするぐらいの意気込みでなければ、メディア・スクラムはなくならないのではないだろうか。〝良貨〟はなかなか〝悪貨〟を駆逐できないからである。

4　「所沢ダイオキシン報道」による風評被害と裁判

「所沢市の野菜から高濃度のダイオキシン検出」と報道

「国民の知る権利」に応える報道という点において、ゴミ焼却施設から大量に排出されるダイオキシン汚染のように、国民の健康や安全、生命に関わる問題ほど重要なものはない。それらに対する日本人の関心は世界の中でもとりわけ強く、メディアに正確かつ詳細な報道が求められるのは当然である。しかし、この種の報道には事実を正確に理解する高度な専門知識が必要で、とりわけ行政当局の発表に頼らないメディア独自の「調査報道」の場合、その点が報道の正否を決することになる。

実際、行政当局の事実誤認発表を真に受けた報道やメディア自身の不確かな調査報道などによって、特定の人々が甚大な「風評被害」を被《こうむ》るケースは枚挙に暇《いとま》がない。一九九六年、大阪府堺市で発生した「O-157食中毒事件」は前者の代表例で、監督官庁である厚生省（当時）が「カイワレ大根が発生源」と一方的に発表したため、大阪を中心とするカイワレ大根農家が壊滅的打撃を受け、国に損害賠償を求める訴訟に発展した。

そして、メディア報道による風評被害として広く知られるのが九九年二月一日、テレビ朝日の「ニュースステーション」で報じられた「所沢ダイオキシン報道」である。これは〝産廃銀座〟と呼ばれる埼玉県所沢市の野菜から、一グラム当たり最高三・八〇ピコグラムという高濃度のダイオキシンを検出したというものである。その「野菜」については、番組内でキャスターの久米宏が「この野菜はホウレンソウと思ってよいのですか」と検査を担当した民間機関「環境総合研究所」の青山貞一所長に問い質《ただ》し、それに対して同所長は「ホウレンソウが中心ですが、葉っぱものです」と説明。多少、曖昧《あいまい》な表現ではあったが、この報道は〝所沢産野菜の中でホウレンソウを中心とする葉っぱものが、発ガン性のある高濃度ダイオキシンに汚染されている〟という内容で、消費者の間に衝撃が走ったことはいうまでもない。

ホウレンソウ価格の暴落と「最高濃度は煎茶」との反論

このダイオキシン汚染を報じられた翌日、所沢産野菜は大手スーパーマーケットから一斉に撤去され、なかでも名指しされたホウレンソウは三〇〇グラム九〇円だった価格が一気に二七円にまで暴落した。事態を重視したJA所沢市は同月九日、所沢産ホウレンソウについて「ダイオキシン濃度は全国レベルの範囲内で、安全上、まったく問題ない」と火消しにおおわらわとなった。埼玉県も報道の根拠となった環境総合研究所の検査結果について、「最高濃度が検出されたのは野菜ではなく煎茶」「報道で野菜と表現したのは誤りだった」とテレビ局の事実誤認を明らかにした。

これらの反論を受けて、同日夜の「Nステ」は表現の不適切さを認め、「調査品目は野菜ではなく、葉っぱものだった」と訂正。しかし、その葉っぱものが何を指すのかは明らかにしなかった。翌一〇日には、それまでの報道で示した「野菜のダイオキシン濃度」というフリップについて、「このフリップは誤りで、『野菜ではない農作物を含む葉っぱもの』と表示した方が適切だった」と再訂正を行った。

一方、検査を担当した環境総合研究所は「最高の三・八〇ピコグラムの値が検出されたのは野菜ではなかった」、「野菜のなかで最もダイオキシン濃度が高かったのはホウレンソウだが、その値は〇・七五ピコグラムで異常値ではなかった」、「テレビ朝日の報道は、農作物を野菜と誤解釈したことによる間違いだった」と発表。一転して、テレビ朝日の報道を〝勇み足〟と批判する側に回った。つまり、研究所自身は正確な検査を行ったのに、テレビ局側が検査結果を誤って解釈し、一方的に誤報道したというものので、ここにいたってテレビ朝日は風評被害を受けたJA側と研究所の双方から批判されるという窮地に陥ったのである。

集団提訴で一、二審とも農家側が敗訴

このテレビの風評報道によるホウレンソウ価格の暴落で壊滅的打撃を受けた所沢市の農家は、再三、テレビ朝日に謝罪報道を要求するが、同局はそれを拒否。このため同年九月、JA所沢市の組合員三七六人はテレビ朝日（全国朝日放送）を相手どり、約一億九七〇〇万円の損害賠償と訂正（謝罪）放送を求めて浦和地裁に集団提訴した。

農家側は、埼玉県農林部がこの風評被害による損害を約四億円と推計したことなどを紹介して、農家側の経済的損失の責任が事実誤認報道を行ったテレビ朝日にあると主張した。ところが二〇〇一年五月

一五日、同地裁は「放送は農民の名誉を毀損したと認められるものの、放送自体は公益を図ることが目的だったため、テレビ朝日に賠償責任はない」として訴えを棄却した。つまり、報道による名誉毀損は成立するとしながらも、「その報道姿勢には社会的妥当性があるから、賠償責任は認められない」と認定したのである。

テレビ朝日は、この公判において「ホウレンソウとは別に、所沢産のハクサイがダイオキシンに汚染されていた」とする新証拠を明らかにしていた。つまり、ホウレンソウ汚染は誤りだったかもしれないが、この新事実から明らかなように、所沢のほかの野菜も幅広く汚染されていた事実があると主張したのである。地裁判決はこの新証拠を積極的に認定して、「高濃度のダイオキシンに汚染されたハクサイの存在を考慮すれば、放送は主要な部分において真実で、違法性はなく不法行為は成立しない」と判断した。

さらに、同判決は当時の所沢周辺のダイオキシン類による大気汚染の濃度が、全国平均より五〜一〇倍高かった点を重視し、結果的に報道内容に誤謬《ごびゅう》があったとしても、報道姿勢に公共性や社会的意義があれば違法性は阻却され、賠償責任は発生しないとの立場をとったのである。この判断は、民主社会におけるジャーナリズムとその調査報道の存在意義を高く評価したもので、報道の正確性についても法的な厳格性より現実的な妥当性を採用した。

しかし、農家が誤報道によって被害を受けたことは紛れも無い事実で、この判決に納得できない農家側四一人が東京高裁に控訴する。しかし翌二〇〇二年二月二〇日、同高裁は一審と同様の理由で農家側の訴えを棄却した。そして、控訴審判決を不服とする農家側二九人が二六〇〇万円の損害賠償と謝罪放送を求めて最高裁に上告したのである。

最高裁が「報道の主要部分は誤り」と逆転判決

翌二〇〇三年一〇月一六日、最高裁は判決を下すが、それは控訴審判決を破棄して高裁に差し戻すという事実上の農家の逆転判決だった。判決は、一、二審でダイオキシン汚染の新証拠として認定されたハクサイ汚染について、「一検体にすぎない」「採取場所が不明確」などとして斥けた。つまり、それだけではホウレンソウも汚染されていた可能性があるという事実関係を立証するには不十分と判断したのである。また、放送後にホウレンソウを中心とした所沢産野菜の取引停止が相次いだことは事実で、その原因がテレビ朝日の風評報道によることは明白であり、当然、その責任はテレビ局にあると明示した。

一般的に、報道が名誉毀損に問われた場合、これまでの判例では公共の利害に関する事象を「公益目的」で報道し、その「主要部分が真実」と証明されれば、メディア側に賠償責任はないとされていた。民主社会において報道が「国民の知る権利」に応えるという重要な責務を担っている以上、報道の細部に立ち入ってその正確性をことさら問題にするのではなく、憲法で保障された「表現の自由」や「報道の自由」を積極的に擁護しようという共通認識があったからである。

しかし、この最高裁判決は「テレビ朝日の放送を見た一般の視聴者は、葉っぱもの野菜の中に煎茶が含まれていると考えないのが通常」「それゆえ、この報道の主要部分は誤りだった」と厳しい事実認定を下し、報道に公共性があったとしても、名誉毀損という点において法的な免責にはならないとした。

また、テレビ報道に対する名誉毀損成立の判断基準として、「番組の全体的な構成や登場者の発言内容、画面に表示されたフリップやテロップの文字情報の内容を重視すべきことはもとより、映像の内容や効果音、ナレーションの映像、音声に係る情報の内容など、放送内容全体から受ける印象を総合的に考慮して判断すべき」とする新判断を示した。つまり、放送の社会的公益性などより、視聴者がその放送から受けた印象を判断基準として最重視するというものである。それをダイオキシン報道に当てはめると、所沢産の葉物野菜が全般的に汚染されているとの印象を視聴者に与えたことは明白であるため、違法性があると認定したのである。

名誉毀損成立の新基準に対して司法の介入を危惧する声

この厳しい判断基準に対して、多くのメディアから「国民が生命や健康に関わる情報を知る権利や、それを報道する自由を制約する危険性がある」との懸念や批判が相次いだ。ダイオキシン報道の公共性や公益性を斟酌せず、法的な事実認定に限定した視野の狭い判断という指摘である。また、放送の内容全体から受ける「印象」を総合的に考慮して判断すべきという新基準についても、その判定に司法権が介入し、結果的に報道の自由が規制されるとの危惧が表明された。

行政や捜査当局が積極的に動かない公共的要素の強い社会事象に対し、メディアが国民視点で独自の調査を行って、真実を追求するのが「調査報道」である。それは社会に警告を発する問題提起報道でもあり、社会の木鐸としてのジャーナリズムの真骨頂といっても過言ではない。ジャーナリズムに課せられたこれらの社会的使命は、ニクソン大統領を辞職に追い込んだ「ウォーターゲート事件」を引き合いに出すまでもなく、民主社会において欠かせないものといえるだろう。

そのような観点からダイオキシン報道を顧みると、国や地方自治体が放置していた所沢におけるダイオキシン汚染を積極的に取材し、実態を調査し、問題点を明らかにしたテレビ朝日の警告報道は、一部正確でない表現があったにせよ、大局においてはジャーナリズム精神に準拠したものとして評価すべきだろう。実際、この報道の後、所沢市は慌てて排出ダイオキシン濃度を規制する罰則付きの条例を全国に先駆けて制定し、それと併せて焼却施設の撤去をスタートさせたのである。

この報道のあった九九年、ＪＡ所沢市が同市の大気中のダイオキシン濃度を調査したところ、国の環境基準値〇・六ピコグラムを超える〇・七八ピコグラムだったが、報道後の二〇〇二年には〇・一一ピコグラムにまで急降下。また、焼却炉の数も当時の四九五基から二六基にまで激減したという経緯を斟酌すると、「ニューステーション」のダイオキシン・キャンペーンは所沢住民や消費者たちの健康保護、さらに長期的観点からすれば所沢農家の経営にもプラスに作用したといえるかもしれないのである。

「ダイオキシン報道の意義は評価されるべき」とする補足意見

ところが、最高裁はそのような報道の社会的存在意義よりも、報道における一つのデータの齟齬《そご》をことさら問題視して、報道そのものを法的に断罪したわけで、それは民主社会とジャーナリズムの関わりの重要性を忖度《そんたく》しない狭量な判断と批判されても仕方がない。

実際、この判決を担当した最高裁判事の中にも異論があり、次のような補足意見を付記していた。「農家の人々が被害を受けたとすれば、その根源的な原因は廃棄物焼却施設の乱立にあることにも留意する必要がある」、「公害の源を摘発し、生活環境の保全を訴える報道の重要性は改めて強調するまでもない」、「テレビ朝日の一連の報道の全体的な意義を評価することに変わりはない」。つまり、この判事はダイオキシン報道の社会的意義を積極的に評価しており、法的観点から損害賠償は致し方がないかもしれないが、だからといってこの報道に対する評価は阻却されないとする見解であった。

このように、ダイオキシン報道は大局的見地からの社会的意義と、真実の証明に関する法的判断という二つの観点から大きな議論を呼んだわけであるが、メディアの間では「ダイオキシン汚染に警鐘を鳴らした報道の意義を否定することはできまい」「そうした報道の意義を評価する見方は、今回の最高裁判決では全般的に乏しいのではないか」（朝日社説）に代表されるように、最高裁判決に対して批判的論調が目立った[14]。

この訴訟は二〇〇四年六月一六日、最高裁から差し戻された東京高裁において、テレビ朝日が農家側に謝罪し、和解金一〇〇〇万円を支払うことで和解が成立した。国民の安全や健康という観点から前向きに行った報道姿勢は高く評価されて然《しか》るべきだが、その意義のある報道が一部の不確かなデータによって批判の的にされ、法的に「問題あり」と認定されてしまったことは大いに反省すべきだろう。ジャーナリストは大志を抱きながらも、このような個々の事実確認の重要性を肝に銘じ、綿密な取材と正確な報道に努めるべきであることはいうまでもない。

注

（1）「会社員宅から薬品押収　農薬調合に失敗か　松本ガス中毒」、「隣人が関係　除草剤作りの会社員が通報」、朝日新聞朝刊、一九九四年六月二九日。
（2）「松本ガス事故『あの家が……』周辺住民あ然　除草剤調合？　原因わかり安ど」、「住宅街の庭で薬物実験⁉　押収薬品『殺傷力ある』」、読売新聞朝刊、一九九四年六月二九日。
（3）「第一通報者宅を捜索『薬剤調合、間違えた』と救急隊に話す――松本のガス中毒死」、「『オレはもうダメだ』座り込む会社員、症状訴え救急隊員に」、毎日新聞朝刊、一九九四年六月二九日。
（4）「毒物と隣り合う暮らしの怖さ」、朝日新聞社説、一九九四年六月二九日。この社説では「なぜ、自分で農薬を作ろうとしたのか、どんな農薬を作ろうとしたのか、どうしてこれほど多くの犠牲者が出てしまったのかなど、はっきりしないところが残っているが、あってはならない恐ろしいできごとだ」と指摘。警察の捜査に影響されたとはいえ、発生源を早々と特定して犯人視報道をしたり、事実関係がまだ確たるものとはいえない段階で、犯人視に基づいた社説を掲載したことへの軽率の誹《そし》りは免れない。
（5）「松本サリン事件　河野さんに読売新聞社謝罪　報道の一部に誤り」、読売新聞朝刊、一九九五年五月一二日。九四年六月二九日付朝刊の記事では「会社員が除草剤を作ろうとして発生させたものと判明した」などと報道していたが、ここでは「除草剤の調合ミスでサリンが発生することはなく、長野県警捜査本部も、会社員が調合をミスした事実を確認していないことがわかった」と訂正。また、九四年七月一五日付夕刊の記事では、捜査本部に対する関係者の証言として「会社員が病院に運ばれる直前、薬剤を使っていたことをほのめかした」などと記述していたが、「その裏付けはなく、長野県警も再取材に対し『そういう事実は確認していない』と否定した」と誤報にいたる経過を詳細に明らかにした。

（6）ＴＢＳ「筑紫哲也ＮＥＷＳ23」、一九九六年三月二二日放送。これに加えて、筑紫は「テレビというメディアが非常に大きな存在になっているのに、その自覚に欠けている。テレビを利用するのに熱心だったオウム真理教への対応で、力量や緊張感が十分だったとは言えない」「テレビの危うさを克服するためにも、今度の出来事は痛ましいが大事な出来事。調査を打ち切るなどと言わず、横浜法律事務所の公開質問状などにも真摯に応えるべきだ」と、ＴＢＳに加えてテレビメディア全体に対する批判を展開した。

（7）「ＴＢＳは踏み込んだ調査を」、朝日新聞社説、一九九六年三月二〇日。この社説は東京地検の冒頭陳述に続いて、早川被告のメモが東京地裁に証拠採用されていたこと、さらにそこに「録画を見たことは公にしない」と書かれていたことを明らかにしている。つまり、ＴＢＳ側からそのように頼まれたと供述していたわけで、社説は「ほかにも、次々に疑問が浮かんでくる。ワイドショーでの放映をなぜ中止したのか。その間、（オウムとの間で）取り引きめいたことはなかったのか」「坂本一家が行方不明になった時点で、オウム真理教からの抗議の経過などを少なくとも関係者には知らせるべきではなかったか」などと指摘している。

（8）「ＴＢＳは自ら調査を尽くせ」、読売新聞社説、一九九六年三月二〇日。この社説は、衆院法務委員会への大川ＴＢＳ常務の参考人招致に関するものだが、社説はオウム裁判における検察の冒頭陳述や捜査段階の供述調書、メモの内容などを重視、「（それらが）事実とすれば、報道機関にとって揺るがせにできない問題だ。取材内容を事前に第三者に見せないというのは、報道のすべての基本だ。まして、敵対する一方の側にその内容を教えることは許されない」とＴＢＳにジャーナリズムの基本が欠けていたことを指摘した。

（9）「テレビの存立が問われている」、読売新聞社説、一九九六年三月二六日。さらに、テレビとニュース報道の関係について、「ニュース報道は予断や偏見を排し、真実を一刻も早く伝えることに尽きる。現状では報道本来の使命や倫理が、厳しい視聴率競争の中で、手段を選ばない風潮を強める娯楽番組に埋没する恐れさえある」と危惧。さらに「その典型がオウム報道だ。テレビはオウム側の言い分をタレ流しているとの批判もあった。興味本位の報道の洪水が、本質をあいまいにした側面は否定できない」とワイドショー化したテレビのオウム報道そのものに問題の根があることを指摘した。

(10)「TBS問題　真実は究明されたのか」、毎日新聞社説、一九九六年五月一日。この社説において、同紙は「放送関係者の中には、事前に対立する当事者相互にテープを見せる例はある、という人もいる」としながら、「だが、この時放送しようとしたのは、相互の論争番組ではない。どんな理由があれテープを見せてはいけなかった。しかし、見せた。そうした以上は放送を中止してはいけなかった。放送していれば、以後の失態は発生しなかったのではないか」と問題の核心に迫る秀逸な論説を展開した。実際、事件報道の場合、不利益を被《こうむ》る側の反論権は尊重されなければならないが、その当事者からこのケースのように報道抑制される謂《いわ》れはない。もし、取材に不十分な点があれば、その時点で再取材すればよいわけで、要は報道する側の座標軸が堅固でないと、この種の報道は不可能ということになる。毎日の論説はさらに、社内調査を始めても、なかなか事実が摑《つか》めなかった理由として、「リベラルな社風を誇る一方で、内部で官僚化が進んでいたと言うしかない」とTBSの本質的な問題点を看破していた。

(11)「過熱取材対策　雑誌の特性踏まえ議論を」、鈴木紀夫・日本雑誌協会取材委員長、朝日新聞朝刊、二〇〇二年一一月一六日。

(12)「朝日新聞指針『事件の取材と報道二〇〇四』四年ぶり全面改訂・経過と本社の意図」、朝日新聞朝刊、二〇〇四年六月二一日。

(13)「集団的過熱取材の見解をめぐって」、朝日新聞朝刊、二〇〇二年二月一〇日。ここで示された「日本新聞協会の集団的取材見解」の要旨は次の通りである。同協会の見解は「取材者が最低限順守しなければならないこと」として次の三点を挙げている。(1)嫌がる当事者や関係者を集団で強引に包囲した状態での取材は行うべきではない、(2)通夜葬儀、遺体搬送を取材する場合、遺族や関係者の心情を踏みにじらないよう十分に配慮するとともに、服装や態度などにも留意する、(3)住宅街や学校、病院など静穏が求められる場所では、取材車の駐車方法も含め近隣の交通や静穏を阻害しないよう留意する。さらに、集団的過熱取材の状態が発生したら、現場の記者クラブや地域の支局長会で調整して取材者数の制限や代表取材などを考えることや、その際には同協会において調整機関を設けることを提議している。

(14)「苦い教訓と懸念と　テレ朝判決」、朝日新聞社説、二〇〇三年一〇月一七日。この社説は、この裁判で焦点の一つとなったダイオキシン報道の主要な部分における真実相当性に関して「過去の薬害や公害の例をあげるまでもなく、行政や業界団体は大切な情報を隠しがちだ。そんな時、独自に調査し、新たな事実を発掘する報道は市民にとって重要で、知る権利にこたえるものだ」と積極評価し、この報道のデータの一部に誤りがあったにせよ、「当時、地元住民の間では、産業廃棄物の焼却場のそばにある農地で育った農作物について、ダイオキシン汚染の不安が高まっていた。地元農協は汚染の調査結果の公開を拒み、行政の対応は遅れていた。この報道をきっかけに、ダイオキシン対策法ができ、大気中に排出されるダイオキシンの総量規制が導入されるなど対策が進んだ。所沢のダイオキシン濃度も大幅に下がった」と警告報道の社会的意義を認めた。

参考文献

浅野健一『犯罪報道とメディアの良心――匿名報道と揺らぐ実名原則』第三書館、一九九七年。

天野勝文・桂敬一『岐路に立つ日本のジャーナリズム』日本評論社、一九九六年。

川崎泰資・柴田鉄治『ジャーナリズムの原点』岩波書店、一九九六年。

黒田清『TBS事件とジャーナリズム』岩波書店、一九九六年。

河野義行・浅野健一『松本サリン事件報道の罪と罰』講談社、二〇〇一年。

後藤文康『誤報』岩波書店、一九九六年。

小林雅一『隠すマスコミ・騙されるマスコミ』文藝春秋、二〇〇三年。

柴山哲也『日本型メディア・システムの崩壊』柏書房、一九九七年。

ロジャー・シルバーストーン（吉見俊哉・伊藤守・土橋臣吾訳）『なぜメディア研究か』せりか書房、二〇〇三年。

筑紫哲也・佐野眞一・野中章弘・徳山喜雄編『ジャーナリズムの可能性』岩波書店、二〇〇五年。

筑紫哲也・佐野眞一・野中章弘・徳山喜雄編『メディアの権力性』岩波書店、二〇〇五年。

林直哉『ニュースがまちがった日』太郎次郎社、二〇〇四年。

廣井脩『流言とデマの社会学』文藝春秋、二〇〇〇年。

クロード-ジャン・ベルトラン編著（前澤猛訳）『世界のメディア・アカウンタビリティ制度』明石書店、二〇〇三年。

前澤猛『新聞の病理』岩波書店、二〇〇〇年。

第9章　社会を抉《えぐ》る雑誌ジャーナリズムとプライバシー報道

1　死者の尊厳を冒す「東電女性社員殺人事件」の暴露報道

覗き見趣味の私生活暴露で〝二度〟殺された犠牲女性

昨今、事件の容疑者だけではなく被害者に対するプライバシー暴露報道が急増して、大きな社会問題になっている。殺人といった残虐な事件の犠牲者であっても、その事件が特異で社会的関心が高い場合、メディアは国民の知る権利を楯に、犠牲者の私生活の領域にまで踏み込んでプライバシー侵害報道を行っているのである。犠牲者の遺族にとって、それはメディアによる一種の制裁であり、死者に対する冒《ぼう》瀆《とく》といっても過言ではない。

一九九七年に起きた「東電女性社員殺人事件」の報道はその象徴例だった。この事件は同年三月一九日、東京都渋谷区のアパートの空き室で、東京電力本社経済調査室副長の女性社員（当時三九歳）が絞殺死体で発見されたというものだが、メディアの関心はエリートキャリアウーマンが、なぜ、そんな所で殺害されたのかに集中した。なかでも、〝覗《のぞ》き見趣味的報道〟を売り物にしている週刊誌や夕刊紙にとってそれは格好のネタとなり、「慶応大学卒のエリートキャリアウーマンが退社後、〝夜の女〟に大変身」、「東電独身女性社員の隠された私生活と秘められた謎」といったセンセーショナルな大見出しを掲げ、事件捜査そっちのけで犠牲女性の私生活暴露報道に狂騒したのである。

メディアの種類を問わず、この女性社員の私生活報道は大々的に行われ、それは東京電力での評判から退社後の行動、異性との交遊関係、さらには家族関係にまで及んだ。明らかに通常の殺人事件報道とは異なる様相を呈し、殺人犠牲者の触れられたくない〝陰の部分〟が次々と明らかにされた。このような報道は一部全国紙にまで波及し、毎日新聞は「キャリアウーマン　夜の渋谷の『ナゾ』」という週刊誌顔負けのセンセーショナルな見出しを掲げ、「ホテル街に近い駅前で毎晩のように姿が見られた」「手帳に十数人の男性の名前と電話番号が書いてあった」などと、彼女の退社後の行動を詳細に報じたのである。

「現代という時代を映し出す象徴的な事件」とする報道理由

つまり、彼女は殺人事件によって身体的に殺害された後、今度はメディアのプライバシー暴露報道によって社会的に抹殺されてしまったのである。それでは、日頃、人権擁護を標榜《ひょうぼう》している全国紙が、なぜ、このような私生活暴露報道に踏み切ったのだろうか。

これについて、毎日新聞社会部は次のように釈明している。「発生時、事件と勤務先とは何の関係もないということで企業名は伏せた」、「だが、その後の取材で有名企業のエリート女性社員としての顔と、全く異なるもう一つの生活が分かった」、「（この事件は）単純な痴情、怨恨の殺人事件ではない」、「（必要なのは）『現代』を浮かび上がらせる事件としての報道だ」、「犠牲者への配慮の必要性は十分に承知している」、「だが、世間で関心を呼んでいるニュースに何も触れないことが、新聞として正しいのかどうか」、「被害者のプライバシーに一切触れないとなると、事件報道はできなくなってしまう(1)」。

つまり、彼女の私生活は「現代」という時代を映し出す鏡であるがゆえに、あえてその暗部を報じることが事件の真相に迫ることになるという見解である。しかし、そのような社会的意義を理由に、犠牲者が隠しておきたかったプライバシーを世間に公表することが正当化されるとすれば、そもそも個人のプライバシー権や名誉権の法的根拠は一体、どこにあるというのだろうか。

全国紙の中では、毎日に加えて産経も同様のプライバシー報道を行ったが、朝日と読売は殺人事件の捜査経過だけを淡々と報道して、両紙とは際立った違いを見せた。一方、夕刊紙では夕刊フジがこの女性社員の顔写真、また日刊ゲンダイはベッドに横たわる彼女のカラー写真を掲載した。週刊誌の報道はもっと激烈な内容で、週刊大衆は日刊ゲンダイと同様、この女性社員のヌード写真を掲載した。このような報道姿勢の根底には、読者の興味を引くものであれば非倫理的なものであっても提供するという〝売らんかな主義〟があって、それがジャーナリズムの責務としての「国民の知る権利」から大きく逸脱していることはいうまでもない。

「死者にムチ打つ報道は控えて！」と母親が涙の訴え

自分の娘が何者かに殺害され、その後、親も知り得なかった娘の私生活の一部始終が連日、メディアによって暴かれるさまを目の当たりにして、母親の心中は如何《いか》ばかりのものであっただろうか。これら一連の暴露報道が〝死者にムチ打つ行為〟に思えたのも当然で、そのあまりの酷《むご》さに母親はペンをとって次のような手紙をメディア各社に郵送した。

「私の知らない娘の姿が連日、伝えられており、中には心震えるような報道もございます」、「私は目を閉じ、耳を塞《ふさ》ぎたい思いでございます」、「悲しみと怒り、恥ずかしさは言葉に尽くせるものではなく、ただただ消え入りたい気持ちでございます」、「娘はあくまでも事件の被害者でございます」、「どうして、ここまでプライバシーに及ぶことを白日の下に晒《さら》さなければいけないのでしょうか」、「マスコミ関係者の皆様の、人の道としての良心を信じたい気持ちでいっぱいです」、「何とぞ、亡き娘のプライバシーをそっとしておいて下さい」、「もう、これ以上の辱《はずかし》めをしないでください」、「そして、娘を安らかに成仏させてやって下さい」。

この手紙は、週刊大衆をはじめ、女性セブン、アサヒ芸能、週刊新潮、サンデー毎日、フォーカスといった週刊誌のほか、夕刊フジなど夕刊紙、サンケイスポーツなどのスポーツ紙、さらにフジテレビや日本テレビなどテレビ局にも送付された。そこには、非業の死を遂げた娘に対する切《せつ》ないまでの悲しみと慈《いつく》しみの心情が吐露《とろ》されており、「報道の自由」が容認されているとはいえ、メディア側にこのような母親の思いを踏みにじる権利が、果たしてあるのかどうかを世に問うものであった。

これと軌を一にして、度を過ぎた暴露報道を憂慮する弁護士グループは、一連のプライバシー報道は明らかに人権侵害に相当するとして、新聞社や週刊誌の発行元・通信社・テレビ局などのマス・メディア約四〇社・一二〇部門に対し、その報道目的と犠牲者の氏名や写真・経歴などの掲載判断基準を明らかにするよう公開質問書を送付した。日本弁護士連合会も「これらの報道は女性差別の色が濃く、興味本位のプライバシー侵害であるため、是正措置と再発防止を促したい」とする異例の会長談話を発表。また、東京法務局も犠牲者の裸体写真を掲載した週刊大衆の発行元である双葉社に対し、再発防止を求める異例の勧告を行った。

弁護士グループの公開質問書に対するメディア各社の回答

それでは、弁護士グループの公開質問書に対し、メディア側はどのような回答をしたのだろうか。その一部を紹介すると、犠牲者の氏名を明らかにした実名報道については「事件を生んだ時代や社会の分析、人間追究という視点から、実名による注意喚起が必要なケースと判断した」（東京新聞）、そして私生活報道に関しては「昼と夜で二重生活を送っている被害女性は、現代人あるいは都市生活の病理を象徴していると考えられる」「その結果、それに関する経緯や原因、人となりについて報道する価値があると考えた」（週刊文春）というのが代表的な見解であった。

このほか、夜の私生活が法に抵触するという観点から、「不幸な殺人事件の犠牲者ではあるが、〝夜の女〟としての仕事は違法行為といわれても仕方がない」、「事件の解明や社会に対する警鐘という公益を目的として、全貌を報じることこそがジャーナリズムの役割と考えた」（週刊新潮）という回答もあった。つまり、殺人事件と彼女の私生活が関連していると考えられるため、プライバシー報道はやむを得なかったとするものである。

夕刊フジ編集部も同様の見解で、「これは有名企業の総合職というエリート女性が、夜と昼でまったく違う顔を持っていたという現代的な事件で、その真相を読者に赤裸々に知らせる役割があった」と主張。また、週刊大衆は犠牲女性の裸体写真を掲載して非難を浴びたが、それについて同誌編集部は「ヌード写真の掲載はこの女性の行状や記事中の証言が正確であることを、読者に伝えるために必然と考えた」と回答した。それぞれの釈明に一理あるのも事実だが、犠牲女性の母親にとって、このようなメディアの論理は自己を正当化する手前勝手なもので、とうてい容認できなかったに違いない。

実際、このような犠牲者の隠しておきたいプライバシーをあえて暴露する行為は、表向きは国民に知らせる社会的責務というものの、実際は犯人逮捕や事件防止という公益性に乏しく、読者の好奇心に応えるセンセーショナリズムそのものだったのではないだろうか。つまり、報道の自由を隠れ蓑にした興味本位の報道だった可能性が強かったわけで、とりわけ週刊誌や夕刊紙の場合、それが利益追求のコマーシャリズムに直結していたと批判されても言い逃れはできないのである。

興味本位のプライバシー報道の背景に女性蔑視の風潮

さらに、この種の事件報道は女性被害者を対象にしたものが圧倒的に多く、今日の日本において、どれほど多くの女性が社会進出を果たし、その人権が重視されるようになったといっても、ひと皮めくれば、相変わらず「女性蔑視の思想」がメディア世界に蔓延《はびこ》っていることを物語っている。この問題を追跡していた毎日新聞の女性記者は、犠牲女性が経済の勉強に静かな情熱を傾け、不器用なりに職場の付き合いに工夫し、黙々と仕事をこなしていたことを明らかにしたうえで、彼女の職場の同僚たちも「（メディアは）〝夜の顔〟とのギャップを拡大した方が面白いから〝昼の顔〟を極端に曲げたのではないか」と批判していたことを紹介。そして、「いきなり命を奪われ、プライバシーまで暴かれて、触れられたくない心の傷や過去、現在をひとつも抱えていない人間が今時、どこにいるというのだろう」と、女性の立場から一連の私生活暴露報道を手厳しく批判していた。(2)

実際、このようなプライバシー報道は「社会の木鐸」とは無縁のイエロージャーナリズムそのものであって、本当に犠牲者の人権を重視するというのなら、彼女の夜の私生活が判明した時点で、それまでの実名報道を匿名報道に切り替えると同時に、顔写真掲載もストップするといった配慮をすべきであった。読者が欲するかもしれない〝覗き見趣味〟という悪弊を駆逐するには、やはり堅固な報道倫理に支えられた真のジャーナリズム精神が不可欠なのではないだろうか。

2　「週刊文春」をめぐる報道の自由とプライバシー侵害

田中真紀子元外相長女の離婚報道に「出版禁止」

週刊誌に代表される雑誌ジャーナリズムは、政治権力など公権力の不正や腐敗に対して勇猛果敢に攻め込む「摘発報道」で定評がある。それらの報道が引き金となって政権が崩壊したり、政治家が失脚に追い込まれたケースは枚挙に暇《いとま》がない。

つまり、ややもすると権力側と歩調を合わせがちな新聞やテレビなどのマス・メディアと違って、雑誌は権力当局に容赦なく切り込む〝憎まれっ子メディア〟なのである。それゆえ、政治家や権力当局がもっとも疎ましく思っているのは、実は新聞記者や放送記者ではなく、野に放たれた〝スキャンダル・ハンター〟としての雑誌記者なのである。

その結果、政府や権力当局がコントロールの利かない雑誌ジャーナリストの手足を縛りたいと考えるのは当然で、二〇〇三年に成立した個人情報保護法（いわゆる「メディア規正法」）では、新聞やテレビが規制の「適用除外」として配慮されたのに対し、週刊誌など雑誌メディアはその恩恵に浴することはなかった。つまり、政治家などの不正や腐敗を取材する際、雑誌メディアには個人情報保護を楯に厳しく制限が加えられることになったのである。

その一方で、週刊誌ジャーナリズムは社会事象の真相に迫る「暴露報道」を信条としているため、過剰取材によってしばしばプライバシー侵害や人権侵害といったトラブルを引き起こしている。田中真紀子元外相の長女に対するプライバシー侵害と、それに対する司法の出版禁止仮処分の是非をめぐる「週刊文春出版禁止」事件（二〇〇四年三月）はその代表例といえるだろう。

この長女は、週刊文春（三月一七日発売）に自身の離婚に関する記事が掲載されることを察知し、発売前日の一六日、プライバシー侵害を理由に東京地裁に同誌の出版禁止（差し止め）の仮処分申請を行った。その申し立てに対して、週刊文春側は「長女は田中家の後継者となり得る立場の人で、純粋な意味での私人に当たらない」、「記事は、田中前外相の後継問題に絡んだものであって、単なる個人的なスキャンダル記事には当たらない」、「それゆえ、報道には公共性があり、一般の私人に対するプライバシー侵害とは根本的に異なる」と反論した。

　そして、同地裁は双方から言い分を聴取した後、その日のうちに「週刊誌が発売されてしまうと被害救済が困難になる」として出版禁止の仮処分を決定する。つまり、憲法が保障している「表現の自由」より個人のプライバシー権を優先する判断を下したわけで、ジャーナリズム世界においてこの決定が事前検閲につながりかねないとする批判が沸き上がると同時に、その是非をめぐって一大論争が勃発することになった。

「報道の自由」に対する司法の〝事前検閲〟との批判

　この地裁決定は個人のプライバシー権を重視する昨今の社会風潮を反映したもので、芸能人やスポーツ選手が週刊誌を相手どって起こしたプライバシー侵害や名誉毀損訴訟において、高額の賠償支払いを命じる判決が相次いでいることと無縁ではない。

　この種の訴訟で雑誌側が敗訴しても、賠償金が小額であれば雑誌側の財政的打撃は軽微で、その後も同様のプライバシー報道が繰り返される恐れがあるため、司法当局（裁判所）が抑止効果を高めるために協議して、このような措置をとったのである。その結果、二〇〇一年から全国の裁判所で一斉に高額賠償判決が下されるようになる。以来、プライバシー暴露報道やスキャンダル報道を売り物にしてきた週刊誌は、高額の賠償金支払いによって深刻な財政的ダメージを受けるようになった。

　このような状況下において、「週刊文春」出版差し止めの仮処分決定が下されたわけだが、週刊文春側は「出荷済みの回収は命じられていない」として、本社に残っている未発送の約三万部だけを出荷差し止めにした。そして、全国の書店やコンビニエンスストアなどに発送済みの約七四万部については、それぞれの販売店に取り扱いの判断を任せた。このため翌朝、出版禁止の対象になった問題の記事をひと目見ようと、同誌を買い求める客が殺到するという皮肉な現象が起きたのである。

この仮処分決定で大きな問題になったのが、長女の記事を差し止めることによって、結果的に同号に掲載されたその他すべての記事も〝差し止められた〟ことである。それと併せて、このような司法による事前差し止めが頻繁に行われるようになれば、民主社会の根幹である「表現の自由」や「報道の自由」「出版の自由」が蔑《ないがし》ろにされ、最悪の場合は司法権力による事前検閲に発展する可能性があるとの危惧が浮上した。

実際、週刊文春に掲載された長女に関する記事はわずか三頁という短いもので、彼女の名前をあえてタイトルや見出しに出さないなど、この種の記事としてはかなり抑制したトーンになっていた[3]。また、同誌は前年、長女の結婚を記事にしており、編集担当者は今回も従来の報道範疇の内にあるとして、問題はないと考えていたに違いない。

それだけに、事前差し止めの申請やそれを容認する仮処分の決定はまさに寝耳に水だったわけで、文春側がこれまでの報道規範を崩壊させる「司法の横暴」と猛反発したのも、当然といえば当然である。その一方で、長女の離婚が果たして報道に値するものなのかという素朴な疑問もあり、これらのことはニュースキャスターの次のようなコメントに表わされている。

「(僕は)週刊誌にわりと書かれる機会の多い人間で、麻痺しているかもしれないんですけど、(週刊文春の)記事を読む限り、差し止めにするほど内容のあるものではなかったと思います」(「ニュースステーション」の久米宏)、「司法の判断はここのところ、このような問題に厳しくなって、自由に報道し表現したいと思っている者にとっては、非常にやりにくい状況になってきています」、「一方で、週刊文春の記事を読んでみたけれど、それに伝える公共性があるという文春側の主張は、ちょっと難しいという気もします」(「NEWS23」の筑紫哲也)。つまり、長女の離婚報道はあえて取り上げるほど重要なニュースとは思えないが、この程度の記事で裁判所が出版禁止の命令を下すのは異様で、その必要はないとする見解である。

週刊文春側はこの決定を不服として即刻、東京地裁に異議申し立てを行うが、同地裁は別の裁判官三人の合議によって三日後、この出版差し止め仮処分決定を「妥当」として、週刊文春側の異議を斥ける決定を下した。「長女の私事（離婚）が公共の利害に関することでないのは明らかで、それが他人に広く知られてしまった後では名誉の回復は困難」というのが主たる理由だが、週刊文春側がこれを不服として東京高裁に保全抗告を申し立てたことはいうまでもない。

「北方ジャーナル」判決を踏襲した高裁の逆転決定

それではこの「プライバシー権」とは一体、いかなるものなのか。それは、他人に知られたくない私生活上の個人情報を猥《みだ》りに公開されない権利を意味しており、憲法に明文規定がないものの「幸福追求権」の一つとされる。社会的評価に関わる「名誉権」が名誉毀損によって侵害されても、事後の法的措置によって回復可能であるのに対し、プライバシー権は一度報道されてしまうと回復不可能とされている。

しかし、最高裁はプライバシー権の侵害だけを理由とする出版物の事前差し止めについて、「重大な理由がある場合に限られ、その適用は例外中の例外であるべき」との見解を示し、その判例が司法界に定着している。つまり、プライバシーの保護は個人の権利として重要だが、その侵害によって個人の社会的生命が失われるなど、致命的な損害を被《こうむ》る場合を除き、原則として憲法で保障された「表現の自由」や「出版の自由」が優先されるとするものである。

その象徴的な判例として知られるのが、一九八六年六月の月刊「北方ジャーナル」誌に対する最高裁大法廷判決である。これは、七九年四月施行の北海道知事選立候補予定者に対する中傷記事を掲載した同誌が名誉侵害に当たるとして、出版禁止の仮処分決定を受けたことに端を発する。

それに対し、ジャーナル側は国や同候補者を相手どって損害賠償訴訟を起こしたが、札幌地裁・同高裁ともに「事前差し止めは妥当」として訴えを棄却。上告審においても、最高裁大法廷は「名誉を違法に侵害された者は人格権としての名誉権に基づき、侵害行為の差し止めを求めることができる」、「仮処分による出版の事前差し止めは検閲には当たらない」とジャーナル側の訴えを棄却した。

この判断は、今回の二度にわたる東京地裁の決定と同じ趣旨だが、その際、最高裁は「表現行為に対する事前抑制は表現の自由を保障し、検閲を禁止する憲法二一条の趣旨に照らし、厳格かつ明確な要件のもとにおいてのみ許容される」と明示。そして、その実体的要件として「表現内容が真実でなく、それが専《もっぱ》ら公益を図る目的のものでないことが明白であって、被害者が重大にして、著しく回復困難な損害を被《こうむ》る虞《おそれ》がある時に限られる」との判断基準を示した。つまり、民主国家における情報の円滑な流通は、世論形成や国政決定という点において不可欠なものであるため、「表現の自由」は憲法上、極めて重要な権利として尊重されなければならないと認定し、同ジャーナルに対するような出版差し止めは「あくまでも例外的措置」とする判断を示したのである。

そのような判例との関わりにおいて、文春問題でも東京高裁の判断が注目されたが、同高裁は三月三一日、「表現の自由は民主主義体制の存立と健全な発展のために必要で、憲法上もっとも尊重されなければならない権利」、「出版物の事前差し止めはこの自由に対する重大な制約で、これを認めるには慎重なうえにも慎重な対応が要求される」と最高裁判例を踏襲して、それまでの二度にわたる地裁の出版差し止め仮処分決定を取り消したのである。

そして、「田中真紀子元外相の長女が、現段階で政界入りするかどうかは単なる憶測にすぎず、訴えた長女は文春側が主張するような公人とは認められない」、「それゆえ、今回の報道には公共性がない」と週刊文春側の反論を一蹴した。法的観点から「プライバシー侵害」の事実は明白と認定をしたわけだが、その一方で長女の損害の程度については「彼女の私事（離婚）それ自体は、社会的に非難されたり人格的に負をもたらすほど重大な事柄ではなく、日常生活において人々がよく耳にし、よく目にする情報の一つにすぎない」として、出版を事前に禁止してまで守らなければならない重要性はないとの判断を下した。

結局、週刊文春側の逆転勝訴となったわけだが、田中家側が最高裁に特別抗告しなかったことから、この高裁決定は判例として確定することになった。

地裁決定に対して毎日・産経が「文春」を擁護

それでは、同じ活字メディアである新聞は、この問題をどのように報じたのだろうか。東京地裁が最初に下した出版禁止仮処分決定時の全国紙の社説見出しは次の通りである。朝日「警鐘はわかるけれど」、読売「プライバシーの侵害は明らかだ」、毎日「販売差し止め命令に驚いた」、産経「出版の自由に抵触の恐れ」。

朝日の社説は、地裁の仮処分決定に不服を示した見出しとは裏腹に、本文では「雑誌を売るために、公人でもない一個人に痛みを強いる記事には公共性は感じられない」、「私人のプライバシーを興味本位で暴きながら、表現の自由をその正当化に使っている」、「それが、表現の自由の価値を結果的におとしめていく態度であることに気づかないのだろうか」、「売れさえすれば、書かれる側のプライバシーなどお構いなし」、「今回の決定はそうしたことがまかり通っていることへの警鐘でもある」、「公権力介入の口実を与えた週刊文春には改めて反省を求めたい」と、週刊文春のプライバシー侵害を容赦なく批判する厳しい内容だった[4]。

読売も「田中元外相は政治家という公人であっても、長女は私人であり、そのプライバシーは保護されなければならない」、「記事に『公益目的』があるようには見えない」、「『表現の自由』を振りかざしてプライバシーを侵害するようなことが横行すれば、かえって民主主義社会の根幹を崩しかねない」と、文春の報道姿勢を非難する論調だった[5]。

それに対し、毎日は「『表現の自由』を引き合いにすることに、ためらいがないわけでもない」、「だが、司法が伝家の宝刀を抜かねばならぬほどの緊急性、重大性があったのかどうかには疑義がある」、そして「言論統制につながる差し止め命令は最後の手段であらねばならない」、「出版物の販売差し止めは事実上、憲法が禁じる検閲として機能するからだ」と、朝日・読売とは明らかに違って、地裁の差し止め決定を批判する内容だった。さらに、雑誌ジャーナリズム批判に対しても、「ゴシップ記事を読む自由もまた守られるべきである」とその存在意義に一定の理解を示した[6]。

産経も毎日と同様の論調で、「北方ジャーナル」訴訟における最高裁の判例を引き合いに出して、文春のケースは差し止めを容認する最高裁判例の「例外」に該当しないと明示したうえ、長女側は仮処分申請ではなく、出版後にプライバシー侵害として「本訴訟」を起こすのが筋ではなかったかと指摘していた。

高裁決定で朝日が一転、地裁決定を批判

一方、逆転した東京高裁決定については、朝日「取り消しは当然だ」、読売「『プライバシーの侵害』は動かない」、毎日「妥当な司法判断にホッとした」、産経「『出版に自由』保護は妥当」で、朝日・毎日・産経ともに「表現の自由」を優先させた高裁決定を評価した点で一致。この中で、毎日は最初の仮処分決定時の「販売差し止め命令に驚いた」に続き、高裁決定時も「妥当な司法判断にホッとした」と、この種の重いテーマにしては情緒的ともいえる軽い表現だった。憲法で保障された「表現の自由」や「報道の自由」という基本的権利が侵害されるかもしれないという社会的重大事に対し、他人事ではないはずの全国紙の社説見出しが「驚いた」「ホッとした」では何とも締まりに欠け、稚拙と誹《そし》られても仕方がないのではないだろうか。

一方、朝日は最初の地裁決定時、プライバシー保護と報道の自由の双方に配慮した結果、「警鐘はわかるけれど」という歯切れの悪い見出しで、内容も見出しとは趣を異にして文春批判に傾倒していた。しかし、高裁決定では一転して「取り消しは当然」と、報道の自由の擁護に大きく舵を切った。「出版を差し止めた地裁の決定は、表現の自由を軽んじていたといわざるをえない」、「三人の裁判官で合議した地裁決定も、長女のプライバシー侵害について『真に重大かは議論の余地がありうる』といいながら、最後の手段である差し止めをあっさり認めてしまった」と掌を返すがごとく、地裁決定を手厳しく批判して、高裁決定を支持したのである。(7) このような論調のブレは、論説室で意思が統一されていなかったためとも考えられるが、新聞も密接に関わる「表現の自由」という重大事であるだけに、批判されても仕方がないかもしれない。

当初から地裁の司法判断に異議を唱えていた産経は、「決定の文言では『検閲』という言葉は使っていないが、世論の『差し止めは事実上の検閲』との批判を十分に意識した内容」、さらに毎日も「差し止めが安易に認められる風潮が広がれば、事実上の言論統制を招き、民主主義社会の根幹が大きく揺らぐ」と逆転決定を積極的に評価する内容で、その論調は地裁決定以来、一貫していた。(8)

これに対し、文春批判を展開してきた読売は、同高裁が記事に公益性はなくプライバシー侵害は明らかと認定したことを評価したうえで、「今回の決定で、文春側は『表現の自由が守られた』と会見した」

「だが、プライバシー侵害の事実は動かない」「文春側が、表現の自由を声高に言うのは、逆に表現の自由への無用な制約を招くものだ」として、「文春批判」の姿勢を変えることはなかった(9)。同じ活字メディアの一員として、「表現の自由」の擁護という大局に立つことなく、週刊誌ジャーナリズムの非難に徹した姿勢はややもすると視野狭窄《きょうさく》的であり、司法当局と歩調を合わせることの危険性に対する認識が稀薄だったことも、権力監視を本義とするジャーナリズムとしては気がかりな点といえるかもしれない。

週刊誌のプライバシー報道に対して高額の損害賠償判決

たしかに、週刊誌にはセンセーショナリズムやスキャンダリズム、ゴシップなどに象徴されるイエロージャーナリズム的報道が顕著である。それゆえ、プライバシー侵害のトラブルも絶えないが、一方で権力の暗部を抉《えぐ》る「告発ジャーナリズム」としての評価もある。新聞やテレビにはない強力なウォッチドッグ（番犬）の役割を果たして、社会悪を容赦なく暴《あば》くことも珍しくないのである。

そのような存在価値は積極的に評価すべきもので、地裁の仮処分決定時、日本雑誌協会（九二社加盟）がプライバシーへの配慮の必要性を認めながらも、「情報の伝達まで禁止されると、出版・報道の自由はほとんど息の根を止められることになる」「差し止めは出版・報道の自由を圧殺する事前規制であり事実上の検閲」と激しく反発したのも頷《うなず》ける。それに対し、同じ活字メディアに属する新聞労連は抗議声明すら出さず傍観していた。テレビ業界も然《しか》りである。

憲法で保障された「表現の自由」はどのメディアにとっても死命線であるだけに、司法による報道規制の動きに対し、新聞やテレビ・雑誌を問わずすべてのメディアが小異を捨てて協調すべきではなかっただろうか。

表 9-1　名誉毀損訴訟で週刊誌が高額賠償判決を受けた事例

判決日	原告	被告	賠償額	記事内容
2001年２月	女優・大原麗子さん	女性自身	500万円	近所とトラブル
３月	プロ野球・清原和博選手	週刊ポスト	1000万円 (2審600万円)	自主トレ中に風俗店へ
10月	建築家・黒川紀章さん	週刊文春	1000万円	橋のデザインが不評
2007年６月	女優・杉田かおるさんの元夫	週刊ポスト	800万円	夫が殴りかかって離婚
2009年１月	楽天・三木谷浩史社長ら	週刊新潮	990万円	捜査当局から事情聴取
３月	北の湖・前相撲協会理事長ら	週刊現代	1540万円 (2審440万円)	現役当時の八百長疑惑
３月	横綱・朝青龍ら力士30人と協会	週刊現代	4290万円	横綱の八百長疑惑

（肩書きは当時，いずれも東京地裁判決）

その一方で、凡《おお》よそ世の人々に知らせる必要性があるのかと首を傾《かし》げたくなるようなゴシップを、週刊誌が競って垂れ流す様を目の当たりにすると、それらが本当に社会的使命としての「報道の自由」に値するのかと疑問を抱きたくもなる。政治家や権力当局に対する調査・摘発ジャーナリズムは大いに評価されるべきだが、人権としてのプライバシーを侵害する〝覗《のぞ》き見趣味的報道〟は、写真週刊誌の凋落《ちょうらく》に象徴されるように急速に社会的支持を失っている。

また、この種のプライバシー侵害情報は今日、インターネット上に大量に流されており、それらはすでに雑誌の比ではない。このような背景もあって、雑誌の売上部数は一九九五年の三九億一〇〇〇万冊をピークに急降下し続け、最近は歴史を誇る有名雑誌の休刊や廃刊が相次いでいる。この衰退傾向は週刊誌も例外ではなく、出版社系の週刊文春・週刊新潮・週刊現代・週刊ポストの四大誌は、九五年の計二八四万部から一〇年間で約八〇万部も減少している。

雑誌メディアを取り巻くこのような厳しい潮流の中で、最近の週刊誌は売り上げを伸ばすためにいっそう安直な〝プライバシー・スキャンダル報道〟に走る傾向にある。当然、それに対する国民の視線は厳しく、週刊誌を相手どった名誉毀損訴訟で裁判所が下す損害賠償額も高額化している。たとえば二〇〇一年二月、女優の大原麗子さんの私生活を報道した「女性自身」に対し、東京地裁が五〇〇万円の支払いを命じたのをはじめ、同年三月にはプロ野球の清原和博選手の私生活を報じた「週刊ポスト」に同地裁が一〇〇〇万円の損害賠償を命じるなど、全国の裁判所で一斉に高額判決が下されるようになった（表9-1）。

文春問題で、東京地裁が週刊誌ジャーナリズムのプライバシー報道に厳しい姿勢を示したのも、このような経緯があったからである。つまり、一連の地裁決定は週刊誌ジャーナリズムの行き過ぎに対する「警告」だったわけで、そのような司法の意思を毅然と示したうえ、上級審（高裁）において予定調和的に「表現の自由」を優先させる決定を下して、シナリオ通りの現実的決着を図ったと考えることもできるのである。

「私人」「公人」を線引きするプライバシー・ガイドラインの策定を

この問題で、プライバシー侵害の有無を判断する一つのポイントになったのが、田中真紀子元外相の長女が純粋な「私人」なのか、それとも「公人」に限りなく近い存在なのかという点である。このことが、記事の公共性の有無にも密接に関連してくるわけだが、高裁決定は地裁判断と同様、明確に「私人」と認定した。

しかし、一般的な社会通念からすれば、著名な元外相の長女が普通のサラリーマンの娘と同じレベルの「私人」であるかとなると、そうでないのは明らかではないだろうか。とりわけ、田中家は祖父の田中角栄元首相をはじめ、両親ともに名の知られた国会議員で、その知名度は政界でもトップクラスなのである。

政治家が都合のよい時には積極的にメディアを利用して顔と名を売り、それを選挙や地盤・勢力の拡大に利用しているのは日常茶飯事である。息子や娘の結婚式に各界の著名人を多数招き、それがメディアに取り上げられても、政治活動に有利に働くのであれば拒否することはない。また、選挙戦などで家族が表舞台に登場することもけっして珍しいことではない。このような実状を勘案すると、文春問題においても、果たして長女を歴然たる「私人」と見なしてよいのかという疑問も残るのである。

これについて、週刊文春は「あらゆる報道において、『公人』と『私人』を厳密に線引きすることはできず、そこにはいわば〝グレーゾーン〟のような領域があると小誌は考えている」、「小誌は長女が『純然たる私人』とは考えていない」、「また、田中真紀子氏の長女が『純然たる私人』ではないと考える理由の一つに、彼女が『田中家』という日本の政治家一家の中でも特段に注目度の高い家族の一員であることが挙げられる」と主張している[10]。法的判断は別として、一般的にこの主張には一定の説得力があり、共鳴を覚えるジャーナリストは多いのではないだろうか。

このように、文春問題では有名政治家の家族のプライバシーを一体、どこまで報道できるのか、という点が問題提起されたわけだが、そのためにはジャーナリズムの世界において一定の「判断基準」を定めておく必要があると思われる。「公人」でないから「私人」、長女であっても政治家ではないから「私人」というのではあまりにも短絡的すぎて、社会通念から乖離《かいり》した判断と批判されても仕方がないだろう。

結局、地裁・高裁の決定ともに、最大の論点だったこの種のグレーゾーンに位置する人々の「プライバシー・ガイドライン」を明示することはなかった。社会常識に即した現実的判断を司法当局に促すためにも、報道する側のメディアがジャーナリズム理念や倫理に基づいて、早急に判断基準を確立する必要があると思われる。

福田和也・立花隆たちが裁判所・朝日・読売批判

憲法二一条で保障された「表現の自由」には事前抑制の原則的禁止が含まれており、その精神に基づいて「検閲禁止」が明確に規定されている。それゆえ、文春問題では最後に高裁で覆《くつがえ》されたとはいえ、地裁で計二度も事前差し止めの仮処分決定が下されたことは、「国民の知る権利」を侵害する検閲相当の状況が発生したことを意味する。これを端緒《たんしょ》に、民主主義の息の根を止める検閲の復活という悪夢が現実のものにならないとは誰も断言できないわけで、司法であれ行政であれ、権力がいったんメディア・コントロールに味を占めると、それは必ずや暴走することを我々は肝に銘じておくべきだろう。

その意味において、新聞やテレビなど雑誌以外のメディアは、週刊誌ジャーナリズムを見殺しにしないで、「表現の自由」に対する危機感を共有し、共闘すべきではなかっただろうか。これに関連して、同じ活字メディアである新聞の冷淡さを批判する論調がいくつか散見された。

その一例が、週刊新潮に掲載された福田和也の時評で、「今回、意外だったのは、いくつかの新聞が、東京地裁を支持する姿勢を見せたことでした」、「全国紙の中で毎日新聞は（中略）常識的な主張をしていますが、朝日新聞は、禁止命令の『乱用を許さぬために』メディアの側の自重が必要だという本末転倒の議論を展開していた」と批判。さらに、「一番悪質だったのは読売新聞で、一読、目を疑いました（中略）文春側を糾弾する論調で貫かれていて（中略）出版差し止めを（中略）ほぼ全面支持に近い姿勢を打ち出していた」、「読者の権利に対する慮りはまったくなく、政治家子弟は私人だと割り切っているのも東京地裁とまったく同じ」、「メディアとしての自己判断がまったく見られない」と切って捨てている。[11]

週刊文春に緊急寄稿した立花隆の舌鋒も鋭く、その矛先は福田と同様、裁判所と朝日・読売の両新聞に向けられた。朝日社説については、一連の地裁決定がこれまでの判例を大きく踏み外していることを追及しないで、文春が公権力（司法）介入の口実を与えたと批判した点に言及して、「裁判所が異例の決定を下したのなら、おかしいのは裁判所ではないか」「文春を非難するのは、おかどちがいといっていい」と非難。さらに、文春の記事には公益目的がなく、プライバシー侵害が横行すると、民主主義社会の根幹を揺るがしかねないとする読売の論調に対しても異議を唱え、「悪いのは、こういうけしからん記事を載せる雑誌のほうだといわんばかりだ」と、その社説の本末転倒ぶりを痛烈に批判したのである(12)。

司法権力に対してメディアは「報道の自由」で協調すべき

このような社説批判は筆者がすでに指摘した通りであるが、当の週刊文春編集部は「特集」(四月一日号)で、この記事が前年の「真紀子長女が母の猛反対を押し切り結婚　スクープ　どうなる後継問題?」と題した報道(〇三年二月六日号)の続報であること、さらに同誌以外の複数の週刊誌や新聞も、その結婚の事実を実名で報じていたことを明らかにした。そして、当初の地裁による出版差し止め決定について「(この決定が)報道に携わるすべての人びとにとって、揺るがせにできない重大な問題を孕《はら》んでいる」、「新聞やテレビなどの大手マスコミはもちろん、すべての国民に関心を持って議論に参加してもらいたい」と、報道の自由の擁護という点での幅広い共闘を呼びかけた。

しかし、実際は雑誌以外のメディアの多くが「文春批判」を展開し、大局に立ったメディアの共同戦線が構築されることはなかった。その背景として、メディア間の熾烈な商業主義的な競争、さらに週刊誌ジャーナリズムに対する偏見と嫌悪感が挙げられるかもしれない。しかし、メディアが「表現・報道の自由」という点で協調できなかったことは、司法を含む権力の怖さを実感していなかったからではなかっただろうか。いつの世も、政治だけではなく権力はそんなに甘くはないのである。

注

（1）「紙面審査から　事件は『時代』縮図」、毎日新聞朝刊、一九九七年四月三日。

（2）「ねじ曲げられた被害者の〝素顔〟――東電女性社員殺人事件報道」、毎日新聞朝刊、一九九七年四月五日。

（3）「独占スクープ　田中真紀子長女　わずか一年で離婚」、週刊文春（二〇〇四年三月二五日号）、二〇〇四年三月一七日発売。見出しのサブタイトルは「母の猛反対を押し切って入籍した新妻はロスからひっそり帰国」、さらに記事中の中見出しは「アメリカではすれ違いの生活」、「『本当に特別なお嬢さんですから』」となっていて、写真は母親の田中真紀子氏、父親の田中直紀参院議員、それに田中角栄元首相の三人を掲載。これに「真紀子 長女が母の猛反対を押し切り結婚」という見出しの週刊文春（二〇〇三年二月六日号）の記事写真を付け加え、ここには長女と思われる顔写真が載っていた。また、問題の二〇〇四年三月一七日号では長女の実名、出身大学、勤務先が実名で記されていたが、夫は匿名だった。

　東京地裁の出版禁止仮処分決定によって、読者が読む機会を失った当該週刊文春のトップ記事は「総力特集　長嶋報道5大『タブー』」（五頁）で、これは「長嶋家の神経を逆撫でしたアテネ五輪『星野監督』要請情報」、「ミスターを疲労困憊させた『三悪人』」、「初めて明かされるミスターの健康法　1《リットル》二千五百円の水から座禅2時間まで」、「男をあげた一茂が会見で隠したこと」、「亜希子夫人とのミステリアスな夫婦関係」で構成されており、同誌がこの特集記事を同号の売り物にしようとしたことが明確に覗《うかが》える。この長嶋家に対するプライバシー侵害記事と田中真紀子の長女に対する記事を比較すると、少なくとも筆者には前者の方がプライバシー侵害は酷く、書かれた長嶋家の怒りは凄まじかったと想像できる。この二つ以外には「退院少年A　完治のサインは院内の初恋と『性』」、「あえて問う　なぜ　高橋尚子を走らせないのか」といった記事が掲載されていた。

（4）「警鐘はわかるけれど　出版禁止」、朝日新聞社説、二〇〇四年三月一八日。同紙社説は、さらに「不正を暴き、社会的な問題を提起しようとする週刊誌の記事はある。今回はそうしたものと違い、個人の私生活を暴き立てようとしただけだ。政治家の利権やカネといった問題とも無関係である」と文春批判を展開。その一方で、東京地裁の出版差し止め決定が検閲に当たるのではないかということについて、「裁判所も公権力の一つである。検閲とは異なるとはいえ、もしも記事が世に出る前に出版を禁じるという動きが広がっていけば、知る権利にこたえようとする報道すら、規制の対象になりかねない」と懸念を表明している。

(5)「出版禁止命令 プライバシーの侵害は明らかだ」、読売新聞社説、二〇〇四年三月一八日。端的にいえば、文春批判・地裁の仮処分決定支持の論調である。そして、報道によってプライバシーを侵害された被害者が起こした名誉毀損訴訟において、最近、損害賠償額が高額化していることに言及し、「こうした判決は、被害者の『事後の救済』を目指すもので、『事前の救済』とはならない」として仮処分の意義を容認。さらに、プライバシーを論じる際に重要なポイントとなる公人か私人かという点について、「田中元外相は政治家という公人であっても、長女は私人であり、そのプライバシーは保護されなければならない」と明確な姿勢を打ち出した。

(6)「週刊文春記事　販売差し止め命令に驚いた」、毎日新聞社説、二〇〇四年三月一八日。公人か私人かという論点に関して、毎日社説は「政治家の家族は私人だと言っても、田中前外相ほど影響力の大きな政治家の場合、家族の私生活まで社会の関心事になるのは無理からぬところだ。まったくの私人と同列に論じてよいものか。二世、三世の国会議員が続出している現実も無視できまい」と国民の目線からの疑問を呈している。

(7)「取り消しは当然だ　出版禁止」、朝日新聞社説、二〇〇四年四月一日。高裁の逆転決定後、一転して地裁の差し止め決定批判を強め、この社説ではさらに「たとえ裁判所であっても、出版される前に記事の内容を審査することが一般化すれば、それは事実上の検閲になる。民主主義の社会を支えるために欠かせない自由な情報の流れが止まってしまう」、「表現の自由に直接かかわる重大な問題であったにもかかわらず、仮処分命令は合議ではなく、裁判官一人での判断だった。そのうえ、決定の理由は『申し立ては相当』としか書かれていなかった。内容だけでなく、決定の方法や説明の仕方にも問題を残した」、「差し止めは行き過ぎだった」と地裁決定を厳しく批判した。その一方で、文春に対しては「もちろん、今回の決定によって週刊文春の記事が正当化されるものではない」、「メディアが表現の自由の名の下で、私人に痛みを強いて我慢せよと迫る。そんなことではとても市民の共感を得られないだろう」と警告することも忘れていない。

(8)「週刊文春逆転決定　妥当な司法判断にホッとした」、毎日新聞社説、二〇〇四年四月一日。毎日社説は週刊文春の記事を「内容はのぞき見趣味的」と断じ、長女に対して「当事者が差し止めを求めずにはいられなかった気持ちや心痛も理解できる」と理解を示しながらも、憲法が保障する「表現の自由」を擁護するという根本姿勢に揺れはなかった。「プライバシー保護はあくまでもメディアが自主的に配慮すべき問題であり、プライバシーをみだりに侵害したり、名誉を毀損した記事などに対しては、出版、販売の後の損害賠償訴訟で当否を争い、被害の救済を図るべき」と具体的に明示したのは卓越した論説といえるだろう。

(9)　「文春・高裁判断『プライバシーの侵害』は動かない」、読売新聞社説、二〇〇四年四月一日。読売社説はプライバシー侵害の文春批判で一貫しており、プライバシー保護より表現の自由の重要性を認定した高裁判決に疑義を表明している。それはプライバシー権と名誉権に関するもので、「プライバシーの権利は、名誉権と共に憲法上の『人格権』の一部を成すが、両者には差異がある」と、その峻別を指摘した。「プライバシー侵害の特質は、ひとたび侵害されると、回復するのが困難ないし不可能なことだ。名誉毀損は、損害賠償訴訟など『事後の救済』による回復の余地が残されている。高裁決定は、この差異について曖昧《あいまい》であり、疑問が残る」というもので、名誉の保護よりもプライバシーの保護は事前差し止めの必要性が高いと認定した地裁決定に理解を示し、この点が「今後も、プライバシー問題の重要な論点になるだろう」と指摘している。

(10)　「田中真紀子『長女』記事　小誌はなぜ報じたか」、週刊文春、二〇〇四年四月一日号。週刊文春編集部によるこのような見解と併せて、同号は「『出版禁止』事件　私はこう考える」と題した特集を掲載。その中で、櫻井よしこは「長女は、その田中家の一員であり、ごくふつうの家庭の娘さんとは、立場が違うのが現実です」「著名な政治家一家に生まれ育った以上、世間から注目されること、その分の恩恵も責任もあることを、自ら感知しなければならない側面もある」、さらに堀部政男（中央大学教授）も「田中真紀子さんの長女は、私人だとしても市井の私人とはかなり異なった存在です。また、今回の記事は、政治家の世襲が一般化しつつある日本の実情から考えると、公益性がまったくないとは言い切れない。そういう意味でも、今回のケースはまさにグレーゾーンで下されています。グレーゾーンであるときに事前差し止めという決定はするべきではない」と、法的な意味において長女を〝完全な私人〟と認定できないとの見解を示した。そして、堀部が指摘した〝グレーゾーン〟について、田島泰彦（上智大学教授）も同号で「グレーゾーンにいる私人をどう扱うのか、裁判所は全く指針を示していない」と批判している。

(11)　福田和也「『プライバシー』が民主主義を滅ぼす　『週刊文春』差し止めで考えたこと」、週刊新潮、二〇〇四年四月一日号。

(12)「立花隆緊急寄稿　言論の自由の基本を忘れた裁判所・朝日・読売」、週刊文春、二〇〇四年四月八日号。

参考文献

青柳武彦『サイバー監視社会――ユビキタス時代のプライバシー論』電気通信振興会、二〇〇六年。

浅野健一『犯罪報道とメディアの良心――匿名報道と揺らぐ実名原則』第三書館、一九九七年。

梓澤和幸『報道被害』岩波書店、二〇〇七年。

飯室勝彦・田島泰彦・渡邊眞次編『新版　報道される側の人権』明石書店、一九九九年。

池田龍夫『新聞の虚報・誤報』創樹社、二〇〇〇年。

内田洋子『ジャーナリズムとしてのパパラッチ』光文社、二〇〇五年。

大石泰彦『メディアの法と倫理』嵯峨野書院、二〇〇四年。

大塚将司『スクープ』文藝春秋、二〇〇四年。

喜田村洋一『報道被害者と報道の自由』白水社、一九九九年。

栗林利彰『ニュー・ジャーナリズム――日刊ゲンダイ第一面の研究』汐文社、一九七八年。

小中陽太郎『メディア・リテラシーの現場から』風媒社、二〇〇一年。

塩澤実信『文藝春秋編集長』展望社、二〇〇五年。

ルイ・シュヴァリエ（小倉孝誠・岑村傑訳）『三面記事の栄光と悲惨』白水社、二〇〇五年。

新潮社編『「週刊新潮」が報じたスキャンダル戦後史』新潮社、二〇〇六年。

青弓社編集部編『プライバシーと出版・報道の自由』青弓社、二〇〇一年。

高橋呉郎『週刊誌風雲録』文藝春秋、二〇〇六年。

田島泰彦『人権か表現の自由か――個人情報保護法・メディア規制立法を問う』日本評論社、二〇〇一年。

田島泰彦・原寿雄編『報道の自由と人権救済』明石書店、二〇〇一年。

田島泰彦・山野日章夫・右崎正博編著『表現の自由とプライバシー』日本評論社、二〇〇六年。

田中和子・諸橋泰樹編著『ジェンダーからみた新聞のうら・おもて――新聞女性学入門』現代書館、一九九六年。

筑紫哲也・佐野眞一・野中章弘・徳山喜雄編『報道不信の構造』岩波書店、二〇〇五年。

徳山喜雄『フォト・ジャーナリズム』平凡社、二〇〇一年。

富山英彦『メディア・リテラシーの社会史』青弓社、二〇〇五年。

日本弁護士連合会編『人権と報道』日本評論社、一九七六年。

浜辺陽一郎『名誉毀損裁判――言論はどう裁かれるのか』平凡社、二〇〇五年。

ジゼル・フロイント（佐復秀樹訳）『写真と社会――メディアのポリティーク』御茶の水書房、一九八六年。

クロード-ジャン・ベルトラン（前澤猛訳）『メディアの倫理と説明責任制度』明石書店、二〇〇五年。

堀田貢得『何が週刊誌を凋落させたのか⁉』大村書店、二〇〇六年。

堀部政男『プライバシーと高度情報化社会』岩波書店、一九八八年。

毎日新聞社会部編『情報デモクラシー』毎日新聞社、一九九二年。

前澤猛『マスコミ報道の責任』三省堂、一九八五年。

松村泰子・ヒラリア・ゴスマン編『メディアがつくるジェンダー』新曜社、一九九八年。

馬見塚達雄『「夕刊フジ」の挑戦――本音ジャーナリズムの誕生』阪急コミュニケーションズ、二〇〇四年。

村上孝止『人格権侵害と言論・表現の自由』青弓社、二〇〇六年。

読売新聞社編『人権報道』中央公論新社、二〇〇三年。

第10章　メディアによる「実名・匿名」報道と個人情報

1　実名報道によって形骸化する「少年法」と人権擁護

神戸小学生連続殺傷事件の犯人「酒鬼薔薇聖斗」の人権

人々のプライバシー意識と人権意識が強くなっている今日、「報道の自由」との兼ね合いでメディアがそれにどのように対処するかが厳しく問われている。その端的な例が〝報道されない権利〟としての個人情報の保護であるが、未成年者の場合、それは「少年法」を防波堤として守られている。その一方で、昨今の未成年者による事件の多発化や凶悪化によって、未成年容疑者に対する扱いを少年法の庇護の下にとどめておくのが、果たして妥当なのかという疑問も浮上している。

一九九七年五月に発生した「神戸小学生連続殺傷事件」では、週刊誌が少年法違反を承知のうえで、犯人少年の顔写真を掲載して大きな問題となった。この事件は同月二七日、神戸市須磨区に住む小学六年男児の切断された頭部が、自宅近くの市立友が丘中学校の校門に置かれるという猟奇的なもので、男児の口の中に「酒鬼薔薇聖斗《さかきばらせいと》」の名前で「警察諸君、ボクを止めてみたまえ」「ボクは殺しが愉快でたまらない」と赤ペンで書かれた犯行メモが入れられていた。さらに翌月四日には、神戸新聞社に「ボクはこのゲームに命をかけている」「もっと怒りと執念を持って、ぼくを追跡したまえ」という警察の捜査を嘲笑《あざわら》うかのような大胆不敵な挑戦状が送付されてきた。

メディア各社は、犯人像について様々な推測報道を展開するが、そのいずれもがことごとく外れ、同月二八日、現場近くに住む中学三年生の男子生徒（当時一四歳）が犯人として逮捕された。犯罪史に残る前代未聞の凶悪事件だったが、犯人が未成年者である限り、少年法の適用を受けるのは当然で、メディア各社は、読者や視聴者など第三者によって本人と推知される顔写真の掲載を避け氏名・住所などを伏せる「匿名報道」を行った。

朝日新聞の場合、「少年法の精神に基づき匿名報道にします」と断ったうえで、少年が通っていた中学校が事件現場の一つになっており、少年の学校生活が事件と深く関わっていることを理由に、容疑者推知の要因になる「学校名」（神戸市立友が丘中学校）を掲載した。また、毎日新聞も同様の措置をとった。(1)

これらの報道は、厳密にいえば少年法違反に相当するが、容疑少年が通っていた中学校の正門に遺体が置かれていたことや、同校周辺の住民が再発防止のために連日、パトロールを行っていたことなどを斟酌すると、犯人少年の中学校名を出すことは形式的には「少年法違反」かもしれないけれど、社会通念の範囲内にあり、許容されると判断したのである。

フォーカスと週刊新潮が顔写真を掲載して実名報道

ところが、朝日と毎日の配慮とは打って変わって、七月二日発売の写真週刊誌「フォーカス」は、少年の更生や人権擁護という同法の趣旨に真っ向から反する形で、容疑者であるこの中学生の顔写真を掲載した。また、翌三日に発売された週刊新潮も、少年の目の部分を黒塗りで隠した顔写真を掲載したうえ、実名も明らかにするという「実名報道」に踏み切ったのである。

両週刊誌とも発行元が同じ新潮社であることから、少年法を無視したこのような報道姿勢が出版元の確信的な編集判断であることは容易に想像がつく。このため、日本弁護士連合会は「報道の自由があるとはいえ、少年法の精神を著しく踏みにじるもので、とうてい許されない」とする声明を発表して、同社を厳しく批判。また、全国の大手書店や駅の売店などは急遽、両誌の販売を取りやめ、東京の営団地下鉄は顔写真があることを理由に車内中吊り広告を見合わせる措置をとった。

さらに、朝日・毎日・読売・産経新聞のほか地元の神戸新聞なども歩調を合わせて、発売日の朝刊に掲載される予定になっていた週刊新潮の新聞広告の掲載を拒否した。「容疑者少年の写真を掲載した判断は間違っており、掲載は許されない」（朝日）というのが、この対抗措置の理由である。(2)

このような批判に対し、「フォーカス」編集部は「残忍で極めて特異な今回の事件は、少年法で対処しきれるものか疑問を持たせる要素があった」「顔を見ることが、少年を理解する一助になると考えた」などと、写真掲載の妥当性を訴えて反論した。(3) しかし、このような釈明の裏に〝売らんかな〟の商業主義が潜んでいることは見え見えで、東京法務局は「法を率先して遵守すべき出版社が少年法の規定に抵触する記事をあえて掲載し、少年の人権を著しく侵害したのは遺憾」として、新潮社に対し異例の回収を求める勧告に踏み切った。

インターネットに流される「少年」の詳細な個人情報

この事件を機に、少年事件報道のあり方について白熱した議論が展開されることになる。その最たるものが、この事件の想像を絶する残虐性ゆえ、少年法の例外扱いにしてはどうかという意見である。これに対して、主要メディアからは「残虐で異常な事件かもしれないが、そのことは少年の推知を可能にする顔写真掲載を正当化する理由にはならない」「顔写真掲載に、少年に対する制裁的な意味があるとすれば、それはメディアによるリンチ（私刑）以外の何ものでもない」といった反論が続出。その一方で、少年を取り巻く社会状況の変化を重視して、犯罪少年に対する厳罰主義はやむを得ず、そのために少年法を抜本的に改正すべきとする主張も強まった。

それに加えて、週刊誌による少年の顔写真掲載に追い討ちをかけるように、インターネット上に少年の顔写真や実名・家族構成といった詳細な個人情報が流されるという予期せぬ事態が発生した。ネット空間はその自由性と匿名性ゆえ、いわば一種の〝無法地帯〟であり、しかも週刊誌とは比較にならないほど多数のネットユーザーのアクセスが可能であるため、この情報流出の影響は計り知れなく大きいといわざるを得ない。

実際、インターネットの掲示板「2ちゃんねる」などでは、少年犯罪を専門に扱う投稿欄が常設され、他人のプライバシーや人権を侵害する悪質な〝書き込み〟が氾濫している。〇三年七月に起きた長崎市の「男児誘拐殺人事件」では、犯人だった中学一年の男子生徒についてマス・メディアは匿名報道を行ったにもかかわらず、「2ちゃんねる」には神戸少年事件と同様、容疑少年の実名や住所・学校名、さらに顔写真も大きく掲載され、少年法の形骸化が現実のものとなったのである。

徳山工業高専殺人事件で読売新聞・テレビ朝日などが実名報道

少年法を取り巻くこのような状況の中で、全国紙やテレビ局は一貫して同法を遵守する姿勢を示してきたが、その後、殺人事件の容疑者である少年の実名報道、さらに顔写真掲載にまで踏み切るという衝撃的な出来事が起きる。

二〇〇六年八月二八日、山口県周南市の徳山工業高等専門学校で発生した女子学生殺害事件がそれで、同高専土木建築工学科五年の女子学生（二〇歳）が校内で殺害され、警察は同級生の男子学生（一九歳）を殺人容疑で指名手配する。その一〇日後、この少年が自殺しているのが発見されたが、これについてTBSやフジテレビなどは従来通り匿名報道を行ったのに対し、テレビ朝日と日本テレビは少年法を無視する形で、少年の実名と顔写真を大々的に報道したのである。

一方、新聞社では朝日や毎日・産経、それに地元の中国新聞など大多数が同様の匿名報道を行ったが、これまでプライバシー報道で常に堅固なまでの遵法姿勢をとってきた読売新聞が、少年の実名を明らかにするとともに顔写真を掲載するという「実名報道」に踏み切った。このように、マス・メディアの盟主である全国紙やテレビのキー局が少年法違反であることを承知のうえで、実名や顔写真を掲載するのは極めて異例で、ジャーナリズム界に衝撃が走ることになった。

実名報道の理由は「少年の死亡で更生の可能性がなくなったから」

一般的に、少年法に従わないで実名報道が容認されるケースとしては、逃走中の犯人少年が殺人や放火など凶悪事件を引き起こす可能性が極めて高いと判断される場合、あるいは死刑が確定して社会復帰や更生の可能性が消滅してしまったケースなどが挙げられる。

それでは、徳山工業高専殺人事件において実名報道に踏み切った読売は一体、どのような根拠に基づいた判断だったのだろうか。その理由として、同紙が掲載した「おことわり」は次のような内容だった。「読売新聞社はこれまで、容疑者が未成年のため、匿名で報道してきましたが、容疑者が死亡し、少年の更生を図る見地で氏名などの記事掲載を禁じている少年法の規定の対象外となったと判断したことに加え、事件の凶悪さや一九歳という年齢などを考慮し、実名で報道します」(4)。

つまり、自殺によって少年の将来における更生や社会復帰の可能性がなくなった以上、匿名にする理由がなくなったとする判断である。それに加えて、同紙は殺害された二〇歳の女子学生が実名報道されているのに、犯人少年は同級生であるにもかかわらず、誕生日前の一九歳（未成年）というだけで匿名にするのは不公平とする見解も明らかにした。つまり、この少年の年齢が限りなく二〇歳に近いことを斟酌すれば、犠牲女子学生と同様の実名報道にしても、報道の公平原則や報道倫理に抵触しないと判断したのである。

一方、読売はこの少年が殺人容疑で指名手配された時点では「匿名報道」だったが、死亡が確認された直後に「実名報道」に切り替えており、その判断の是非についても様々な意見が寄せられた。同紙の新聞監査委員会も例外ではなく、編集責任者は「報道では実名が原則だが、例外として容疑者が少年か重度の精神障害者の場合、匿名としている」との基本方針を示したうえで、この事件では⑴容疑者の少年が死亡して更生・保護の機会が消滅した、⑵容疑者が一九歳で成人（二〇歳）に限りなく近かった、⑶犯行が悪質で社会的な影響が大きかった——を理由に実名報道に踏み切ったと説明。それに対し、外部委員から「本当に少年を保護するつもりだったら、逮捕状が出た段階から実名と顔写真を掲載すべきだったのではないか」との指摘があった。

これについては、「放送倫理・番組向上機構」（ＢＰＯ）においても論議が交わされ、「少年法の精神は、あくまでも少年の人権擁護が基本であるべきなのに、読売のように死亡した途端に実名報道というのでは矛盾している」といった厳しい批判が相次いだ。

「推知報道の禁止」に対して日本新聞協会が柔軟な姿勢

一方、山口県警はこの少年に対して逮捕状を取り、指名手配したにもかかわらず、「周南市在住の一九歳の少年」としか発表せず、実名や服装・身体特徴を含むいっさいの情報公開を拒否した。これは、少年法が少年を特定する手がかりなど「推知報道」を禁止している点に配慮したためだが、これでは市民の協力が不可欠な身柄確保のための指名手配の意味がなく、メディア側からあまりにも杓子定規《しゃくしじょうぎ》な対応とする非難が寄せられた。

週刊誌では、週刊新潮（九月七日発売）が逃走少年の遺体が発見されていない段階で、「『一九歳容疑者』の隠された『実名と顔写真』」というセンセーショナルな見出しを掲げて、その実名と顔写真を掲載した。そして、「匿名捜査」にこだわった同県警の対応について、「同級生の〝一九歳容疑者〟を指名手配したものの、未成年であることに拘泥し、顔写真と実名をいまだ公表しない」、「自殺・再犯の恐れもあるのに、後手後手に回る捜索」、「少年法を隠れ蓑にした、捜査ミスの隠蔽か」、「凶悪犯が逃亡し、指名手配されており、実名も顔写真も公開されないのはおかしい」と痛烈に批判した。(5) また、「放送倫理・番組向上機構」（BPO）も、この匿名捜査を「容疑少年が指名手配されたのに、警察が犯人像の情報を公開しないのは不可解」とする見解を表明して同誌と歩調を合わせた。

日本新聞協会は以前から、少年の人権保護より凶悪犯罪阻止という社会的利益の擁護が優先される特殊な場合、その容疑者が少年であっても氏名や顔写真の掲載は許容されるべきとする見解を明らかにしている。また、警察庁も未成年者のうち一四歳から一九歳までの事件容疑者については、例外的に公開捜査することが許されるとする方針を表明している。これらは、少年犯罪を取り巻く環境が凶悪化しつつあることへの現実的対応で、そのことを考慮すると、山口県警の捜査に問題があったといえるかもしれない。

いずれにせよ、読売新聞の実名報道が少年法を取り巻く環境変化と少年報道のあり方に、一石を投じたことは紛れもない事実である。今後、メディアは人権意識に立脚したジャーナリズムの報道倫理を念頭に置きつつ、様々なケースを想定しながら「匿名か実名か」の判断基準を早急に構築すべきではないだろうか。

2　「国民の知る権利」を阻害する警察権力の匿名発表

警察に実名・匿名発表の権限を与えたことにメディアが猛反発

「実名報道」が事実を明らかにするという点においてジャーナリズムの原点であるのに対し、「匿名報道」は報道される側の事情などに配慮した例外的措置といえるだろう。ところが、このような大原則を否定する形で、警察が発表段階で実名か匿名かを判断するケースが増えている。個人情報の保護を理由に、事件事故の当事者や被害者・関係者などの名前を明らかにしないわけで、このような「匿名発表」が常態化すると、メディアは事実の検証や追跡取材が不可能になり、発表内容を右から左へ垂れ流すだけの広報的発表報道にもなりかねない。

この警察による匿名発表を容認したのが、二〇〇五年一二月に閣議決定された「犯罪被害者等基本計画」である。これは事件や事故などについて警察が発表する際、被害者や関係者の名前を実名で発表するか、それとも匿名にするかについて、警察自身が当事者のプライバシーや公益性を斟酌して判断できるというものである。これまでは実名発表が原則で、その報道にあたってメディア自身が実名か匿名かを自己責任で判断していたことを考えると、この「基本計画」はその決定権をメディアから剝奪して警察に移譲したことになる。

この「基本計画」に対して、メディア界から猛反発が起きたのも当然で、日本新聞協会や日本民間放送連盟から次のような批判の声が上がった。「この措置は、自由な取材と報道が保障されたジャーナリズムの権利に対する規制」、「警察は原則として実名で発表すべきで、それを実名にするか匿名にするかは、メディア自身の判断に委ねるべき」、「発表の段階から匿名だと、メディアが事実関係を確認するための本人・周辺取材が不可能になり、ジャーナリズムに課せられた自主取材に基づく客観報道が不可能になる」、「警察が実名か匿名かの発表権限を握ると、警察権力の恣意的な運用を招く恐れがあり、結果的に国民の知る権利を脅かすことになりかねない」。

警察内部の不祥事や公務員関与の事件で〝隠蔽〟の危険性

実際、警察に実名か匿名かの発表権限を与えると、警察内部の不祥事や公務員が関与した事件などの際、身内意識が働いて事実を隠蔽《いんぺい》する可能性が指摘される。それは過去の事例を見ても明らかで、埼玉県で起きた「桶川ストーカー殺人事件」（一九九九年）では、被害者が殺害される前に容疑者を名誉毀損罪で告訴していた。ところが、警察はそれを放置し、事件発生後の記者会見でもそのことに触れないで、事実上の隠蔽を図った。その後、メディアの追跡取材によってこの事実が明るみに出るが、さらに警察はこの失態を隠すために告訴調書の改竄《かいざん》まで行っていたのである。

このことに象徴されるように、実名発表か匿名発表かの権限を警察に持たせることになれば、警察にとって都合の悪い事案や捜査ミス・内部の不祥事などを隠蔽するために、意図的に匿名発表にすることが可能になる。また、有力政治家や警察幹部の関係者を匿名扱いにして、庇《かば》い立てすることも容易になるのである。

このような危険性があるからこそ、メディアは猛反発したわけで、新聞各紙も社説で次のような論陣を張った。「被害者名発表　判断は警察任せとは暴論」（毎日）、「匿名発表　警察の恣意的な運用が心配」（読売）、「実名・匿名　警察の判断でいいのか」「犯罪被害者　安易な匿名化は避けよ」（朝日）。また、日本弁護士連合会も「警察が決定権を持つことに反対」とする意見書を政府に提出した。

しかし、これらの声を無視して、政府は「犯罪被害者等基本計画」の閣議決定を強行する。個人情報保護法が政治権力にとって都合の悪い取材を制限する「メディア規制法」と呼ばれ、批判されたことは記憶に新しいが、この「基本計画」も犯罪被害者の人権擁護に名を借りた情報統制策といわれても仕方がない。高度情報化時代が到来した日本において、各種権力によって民衆の代弁者たるジャーナリズムが囲い込まれつつあるのは事実で、それがジャーナリズムの衰退につながるといっても過言ではないのである。

報道にはリアリティーが求められ、「実名原則」が妥当

元来、ジャーナリズムは「第四の権力」として、立法・行政・司法の三権を監視する責務を担っている。それと併せて、事件被害者の怒りや痛みを共有し、報道を通してそれらの声を社会に反映させるという使命も担っている。そのためには警察の実名発表が欠かせず、匿名だと取材そのもののスタートが不可能になる。

また、この実名発表に加えて、ジャーナリズム世界では報道そのものも「実名原則」であるべきとする考えが一般的である。これについて、朝日新聞は「報道には、事件を身近に感じてもらうリアリティー（現実性）が求められる」「書かれる側の不利益に配慮しつつ、可能な限り詳しい情報を伝える必要がある」「氏名は、人が個人として尊重される基礎となる情報であり、社会の中で生きている証《あか》し」「そのように考えた時、報道はやはり実名から出発すべき」と主張する。つまり、リアリティーに富んだ情報を国民と共有することが大切で、「匿名報道では〝犯人捜し〟や〝疑心暗鬼〟が広がるなど無用な混乱を招く」と実名原則の妥当性を述べている(6)。

その一方で、被害者報道の是非について、人権やプライバシー保護の観点から被害者や犠牲者遺族に決定権があるとする意見もある。それは理念としては理想的だが、現実社会においてこれを全面的に認

めるとなると、人に関する報道は限りなく制限されてしまい、「報道の自由」が成り立たなくなってしまう恐れがある。被害者の意に沿わなかったとしても、事実の社会的重大性や公益性という点に鑑《かんが》みて、実名報道に踏み切らざるを得ない場合があることも、国民に理解してもらう必要があるかもしれない。

日本の戦後ジャーナリズムは米国の系譜上にあるが、その米国では「報道の自由」が憲法で明確に保障され、被害者氏名の公表も当然視されている。英国でも、被害者が生存している場合、本人にその可否を確認することがあるが、死亡したケースでは遺族に確認する必要はないとされる。人権にひときわ敏感なスウェーデンも同様で、警察は事件・事故の被害者の実名を公表する義務があり、それを実名で報道するか否かについては、メディアが自主的に判断している。

日本は米国と同様、憲法によって言論・表現の自由が保障されている以上、報道の実名原則が遵守されるのは当然だろう。したがって、匿名にする場合でもその判断はメディア自身が主体的に行うべきであって、警察や検察など捜査当局が発表段階においてその決定権を持つことは、言語道断という他ないのである。

3　個人情報保護法によって大きな制約を受ける報道

JR福知山線脱線事故で一〇病院が氏名公表を拒否

二〇〇五年四月一日に施行された個人情報保護法は、本人の同意なしに氏名や住所などの個人情報を第三者に提供することを禁じている。その結果、メディアの取材・報道活動が抑制されることになるため、「メディア規制法」と呼ばれた。実際、同法の施行以来、行政官庁は情報管理を強化し、急速に情報公開を渋るようになった。

その象徴的な事例が同法施行直後、兵庫県尼崎市で発生した「ＪＲ福知山線脱線事故」における被害者情報の開示拒否騒動である。同年四月二五日朝、ＪＲ福知山線の塚口駅〜尼崎駅間の急カーブで宝塚発同志社前行き快速電車が脱線転覆してマンションに激突。乗客一〇七人が死亡し、五五五人が負傷するという大事故が起きた。負傷者は救急車で現場周辺の二八病院に搬送されたが、家族やマスコミなどからの安否問い合わせに対し、一〇病院が個人情報保護法を楯に、収容された患者の氏名や住所などの公表を拒否したのである。

この種の大事故の場合、これまではどの病院も問い合わせに応じていたが、個人情報保護法施行直後だったこともあって、多くの公立病院が回答を拒否する結果となった。たとえば兵庫県立の病院の場合、入院した負傷者情報をどの程度まで開示すればよいかを県の担当部局に問い合わせ、負傷者本人の同意が得られたケースに限って氏名などを明らかにした。杓子定規なお役所的対応が罷《まか》り通ったわけだが、それは肉親の安否を気遣って病院に駆け付けた人たちにも及び、医療機関の〝冷たい姿勢〟が批判を浴びることになった。

このほか関西労災病院も、運び込まれた入院患者三五人全員に氏名公表の意思の有無を確認し、公表を容認しなかった患者の氏名を黒塗りにして入院患者一覧を発表。これに対して、兵庫医科大学附属病院は従来通り、マスコミなどからの安否の問い合わせに積極的に応じ、入院患者全員の氏名と年齢を記した一覧表を院内に張り出す措置をとった。

このように、病院によって対応が大きく分かれたが、それは大事故の犠牲者や負傷者の情報開示という極めて公共性の強い事案に対して、同法の運用基準が確立していなかったからに他ならない。この混乱を重視した厚生労働省は急遽《きゅうきょ》、次のような指示をする。「人の生命・身体または財産の保護のために必要であり、本人の同意を得ることが困難な時は、同意がなくても個人情報を第三者に提供できる」。

つまり、同法二三条の運用基準に明記されている「例外規定」を適用するよう命じたのである。

他方、死傷者の氏名や人数・収容先の医療機関名、さらに事故原因などの究明にあたっていた兵庫県警は逐一、記者会見を開いて情報公開に努めたが、犠牲（死亡）者については、遺族の了承が得られなかったとして四人の実名発表を拒否して匿名発表とした。

兵庫県警が「遺族の了解が得られない」と四人を匿名発表

この前代未聞の大惨事で、毎日・読売新聞は負傷者が搬送された医療機関ごとに病院名や負傷者名・性別・年齢などを一覧表にして掲載したのに対し、朝日新聞にはそれらの報道はなかった。死亡者の個人情報は報道すべきだが、負傷者については必要がないと判断したと思われる。また、この種の事故報道では死亡者の顔写真を掲載するのが通常だが、遺族の承諾を得ないで知人などから入手した顔写真を掲載することは「肖像権」や「名誉権」の侵害に該当する可能性があり、この事故報道でも遺族から「勝手に顔写真を掲載された」と抗議を受けた新聞社もあった。

事故発生から約一週間後、死傷者数が確定したことを受けて、新聞各紙は相次いで「追悼特集」を掲載する。朝日（五月一日付）は犠牲者一〇七人の一覧を掲げ、うち一〇二人について氏名・年齢・住所・職業を掲載したが、残りの五人については匿名（性別と年齢は表記）にした。五人のうち四人は、兵庫県警が「遺族の了解が得られない」として匿名発表したもので、残る一人については同紙が当初、実名報道したものの、その後、遺族から匿名要望があり、それに従ったとしている。また、顔写真は六八人分を掲載した。

一方、読売（同月四日付）は一〇二人の実名を掲載し、県警が匿名発表にした四人については、朝日のような匿名報道（性別・年齢を記述）ではなく、いっさい報道しなかった。また、事故を起こした運転士

（死亡）を犠牲者とカウントしなかったため、犠牲者総数は一〇六人となり、県警による匿名希望者以外すべてを実名報道した。これについて、同紙は「誰に何が起きたのか、正確に伝えるため実名報道が原則」、「犠牲者の一人ひとりがかけがえのない命をもち、夢を描き、家族とともに生きてきたこと、それを理不尽に奪われた遺族の思いをできるだけ伝えたい」、「そうすることが悲劇の再発を防ぐ力になると思う」と実名報道の意義を説明した。顔写真掲載については、「事故の実像を伝えるための重要な要素」として、それまでは知人や友人などから提供されたものも掲載していたが、一部の遺族から第三者が提供した写真について「掲載を承諾していない」との抗議があったため、この追悼特集では七一枚の顔写真を掲載するにとどまった(7)。また、毎日（同月五日付）は、県警の匿名希望者四人を含む計六人を匿名扱いにし、それを除く一〇一人の実名を掲載。県警発表以外の二人の匿名報道については、「遺族から強い要望があった」、「匿名発表は遺族感情に配慮した結果」としている。

結局、各新聞社とも警察の匿名発表を尊重し、その他の犠牲者についても遺族から実名報道の承諾を得た人たちだけを掲載しており、その結果、県警発表の四人以外に了解が得られなかったのは朝日一人・読売ゼロ・毎日二人ということになった。

第一義的に個人の意思は尊重されるべきだが、今後、このような匿名報道が拡大していくことになれば、犠牲者の遺族や被害者の声が国民に十分届かず、民主社会の根本である国民の「事実を知る権利」という点において、社会の公益が損なわれる可能性が無いとはいえない。

スマトラ沖大地震の日本人犠牲者四二人のうち実名発表は四人だけ

二〇〇四年一二月二六日、マグニチュード九・〇の「スマトラ沖大地震」が発生し、それによって引き起こされた巨大津波がインドネシアやタイなどインド洋沿岸諸国を急襲した。現地周辺にいた邦人観光客三六人を含む約三〇数万人が死亡・行方不明になったが、その際、日本人犠牲者について同様の匿名発表が問題になった。

この地震による日本人の犠牲者は三六人、行方不明者は六人だったが、このうち外務省が実名を公表したのは、遺族の同意が得られたとする四人だけで、それ以外については了解が得られなかったとして実名発表を拒否したのである。

海外で発生した事件事故の場合、外務省は現地警察の発表を踏襲して実名などを公表することにしているが、これだけ大量の犠牲者が出た場合、日本人の名前が発表されることはまずない。このため、外務省が独自に遺族に接触して氏名公表の可否を確認することになるが、この地震の場合、了解を得たのはわずか四人にすぎなかった。

その結果、残り三二人の犠牲者については匿名発表ということになり、日本メディアは彼らがいったい、どのような人たちで、どこで・どのようにして命を落としたのかを知る術《すべ》がなかった。当然、報道もままならなかったわけで、欧米諸国が死亡者や行方不明者の全リストを公表したのとはあまりにも対照的で、外務省の情報管理に対してメディアから批判の声が挙がったのも当然である。

人々は社会で孤立して暮らしているのではなく、それぞれが一定の責任や義務を背負っている社会構成員である。そのような前提に立てば、たとえ個人に関わる情報でその公開が痛みを伴うものであっても、社会全体で共有しなければならない公共的なものもある。そのことを理解したうえで、個と公共、さらには個人情報の保護と報道の意義を総合的に斟酌する必要があるのではないだろうか。

注

（1）「中三男子を逮捕、殺害容疑認める供述　神戸の土師淳君殺害事件」、朝日新聞朝刊、一九九七年六月二九日。

（2）「写真掲載はなぜ許されないか」、朝日新聞社説、一九九七年七月五日。この社説は報道の自由との線引きについて言及し、「（少年法の）精神は、十分に尊重されなければならない。問題は、どこに一線を引くかである。今回の事件では、朝日新聞など多くのメディアが一歩踏み込んで、少年の通う中学校の実名を報じた。事件現場の一つであり、彼の学校生活が動機の解明には欠かせない要素になる、などの判断からだ」と理由を説明したうえで、「顔写真の掲載に、こうした必然的な意味合いがあるとは思えない。何よりも、顔写真は本人を完全に特定してしまう。掲載して、それを全国にばらまくことは、更生の道を閉ざすことにもなりかねない」と論じている。

（3）「週刊新潮も販売中止　逮捕少年の目隠し写真掲載　土師淳君殺害事件」、朝日新聞朝刊、一九九七年七月三日。

（4）「【おことわり】山口・女子高専生殺害事件の容疑者報道について」、読売新聞朝刊、二〇〇六年九月八日。

（5）「【特集】徳山高専殺人『一九歳容疑者』の隠された『実名と顔写真』」、週刊新潮、二〇〇六年九月一四日号。

（6）「朝日新聞指針『事件の取材と報道二〇〇四』、四年ぶり全面改訂・経過と本社の意図」、朝日新聞朝刊、二〇〇四年六月二一日。朝日新聞社は一九九〇年から「取材・報道の手引き」（記者の部内指針）を作成し、時代の変化に合わせて改訂してきたが、これは四年ぶりの全面改訂版であった。そこでは事件や事故に巻き込まれた被害者の人たちには、その立場に応じて出来るだけ配慮することが明確化されている。さらに、容疑者や被告を犯人視しない報道について、事件報道が目指すべき方向としてより具体的に方途を示した。

（7）「【特集】尼崎脱線事故　遺族取材、重い課題　心情配慮と伝える責任」、読売新聞朝刊、二〇〇五年五月二五日。

参考文献

飯室勝彦・田島泰彦・渡邊眞次編『新版　報道される側の人権』明石書店、一九九九年。

飯室勝彦・赤尾光史編著『包囲されたメディア』現代書館、二〇〇二年。

小林弘忠『新聞報道と顔写真』中央公論社、一九九八年。

佐野寛『メディア写真論――メディア社会の中の写真を考える』パロル舎、二〇〇五年。

鈴木みどり編『メディア・リテラシーの現在と未来』世界思想社、二〇〇一年。

青弓社編集部編『プライバシーと出版・報道の自由』青弓社、二〇〇一年。

高山文彦編著『少年犯罪実名報道』文藝春秋、二〇〇二年。

竹内郁郎・児島和人・橋元良明編著『メディア・コミュニケーション論』北樹出版、一九九八年。

田島泰彦・右崎正博・服部孝章編『現代メディアと法』三省堂、一九九八年。

田島泰彦・山野日章夫・右崎正博編著『表現の自由とプライバシー』日本評論社、二〇〇六年。

東京大学公開講座『情報化と社会』東京大学出版会、一九八四年。

徳山喜雄『フォト・ジャーナリズム』平凡社、二〇〇一年。

日本弁護士連合会編『人権と報道』日本評論社、一九七六年。

フォーカス編集部編『フォーカス　スクープの裏側』新潮社、二〇〇一年。

クロード-ジャン・ベルトラン（前澤猛訳）『メディアの倫理と説明責任制度』明石書店、二〇〇五年。

堀部政男『プライバシーと高度情報化社会』岩波書店、一九八八年。

毎日新聞社編『開かれた新聞』明石書店、二〇〇二年。

松井茂記『マス・メディアの表現の自由』日本評論社、二〇〇五年。

第Ⅳ部　「社会の道標」としてのジャーナリズムに求められる課題

イラク戦争で戦場から報告する米 ABC テレビのアンカーマン，テッド・コペル（米 ABC テレビ，NHK より）

第11章　メディアは戦争の真実を伝えているか

1　イラク戦争を「正義の戦争」に仕立てる国際世論操作

米英が表明した開戦の大義は事実無根だった

旧ソ連邦の崩壊によって、東西世界を分断していた「冷戦」が終焉を迎えた後、唯一の超大国だった米国が「パックス・アメリカーナ」（米国による世界平和）を標榜して、世界に君臨して久しい。しかし、国際世界における反米感情の高まりに象徴されるように、昨今、アメリカン・グローバリズムに対して反発が起きているのも、米国によるパワー・ポリティクスがいかに傍若無人であるかを示すものといえるだろう。

冷戦後の国際社会は、戦争という人類の〝負の遺産〟が軽減されるどころか、偏狭な民族主義が冷戦の呪縛《じゅばく》から解き放たれたかのように噴出し、世界中いたるところで宗教・民族・領土紛争となって表面化している。その最たるものが、世界を震撼させた二〇〇一年九月一一日の「アメリカ同時多発テロ事件」（九・一一テロ）である。

ニューヨークやワシントンなど、米国の心臓部に撃ち込まれたこの激烈なテロ攻撃によって、米国人の誇りや威厳は完膚なきまでに打ち砕かれた。第二次大戦の日本軍による真珠湾攻撃以来の歴史的恥辱で、これを機に米国人の間で熱狂的とも思える愛国感情が湧き上がることになる。

ブッシュ政権はそのような愛国主義に後押しされる形で、イスラム系テロリスト集団の本拠地とされるアフガニスタンに対し、電光石火の報復攻撃に打って出た。イスラム原理主義のテロリスト組織「アルカイダ」の殲滅《せんめつ》と、その指導者ビン・ラディンの殺害を目的とする報復攻撃である。

九・一一同時多発テロの一周年に当たる翌〇二年九月、米国は姿の見えない無差別テロを予防し、その芽を摘み取るための先制攻撃を容認する「ブッシュ・ドクトリン」を発表した。疑わしきは有無をいわせず殲滅するというアメリカ的な傲慢さだが、これに基づいて敢然と武力行使に踏み切ったのが二〇〇三年三月に開戦した「イラク戦争」である。

米英両国が世界に向けて発表した「戦争の大義」、つまり開戦の理由はイラクがイスラム系テロリスト集団に大量破壊兵器を提供しているというものだった。開戦前、米国は、イラクに約二万五〇〇〇リットルの炭疽菌と約五〇〇トンのサリンを製造できる能力があり、それらがアルカイダなどテロリスト集団の手に渡る恐れがあると主張。英国は、イラクがアフリカから核兵器の原料であるウランを入手しようとした事実、さらに生物兵器や化学兵器を四五分以内に実戦配備できる態勢にあることを明らかにし、それらの脅威を武力行使の主たる根拠とした。

「正義の戦争」に仕立てるための対マス・メディア戦略

ところが、国連監視検証査察委員会は開戦前、イラク各地で大規模な核兵器や生物・化学兵器の抜き打ち調査を実施したが、米英両国が主張するような証拠は発見できなかった。その結果、米英両国は国連安保理で孤立することになるわけだが、武力行使の国連決議が不可能になると、両国は国連と訣別し、独自の判断でイラク攻撃に踏み切った。

第二次大戦後の国際社会には、国家間紛争の大半が国連安保理の協議によって解決される「国連中心主義」が世界の平和維持に一定の役割を果たしてきた。その意味において、米英両国のイラクに対する武力行使は、国連協議という民主的な紛争処理規範から大きく逸脱したもので、国際法違反と批判されても仕方のないものだった。そのような経緯ゆえ、この戦争は「大義なき戦争」と批判されたのである。

そのような事情があっただけに、米英両国は何としてでもイラク戦争を「正義の戦争」に仕立てる必要があり、そのイメージ戦略の標的となったのがマス・メディアである。その一環として、米軍は欧米諸国を中心に約六〇〇人の従軍記者の戦場への帯同を決め、戦争報道史上、類例のないメディア戦略に打って出る。つまり、これら従軍記者たちに武力行使の正当性を実感させ、それを世界中に報道させるという国際世論対策の情報戦略を展開したのである。

このような情報操作は戦争報道の公平性や客観性という点において、結果的にメディア側に多くの反省を惹起《じゃっき》することになる。その代表例が、戦争中の「フセイン大統領死亡説」や「化学兵器発見」「反フセイン派の民衆蜂起」に象徴される仕組まれた虚偽・誤報道である。また、米軍が「敵性メディア」と称してはばからないカタールの衛星放送「アル・ジャジーラ」など、アラブ系メディアに対する武力攻撃や、海外メディアの特派員団が前線本部を置いていたパレスチナホテルへの砲撃も、民主主義を支えている「報道の自由」に対する弾圧という観点からは、とうてい容認できない所業だったといえるだろう。

元来、ジャーナリズムの使命は、人権擁護に立脚した戦争反対、さらに権力の監視や国籍に囚《とら》われない中立的立場からの「客観報道」である。ところが、イラク戦争報道においてこれらの使命が果たして存分に発揮されたかと問われれば、「否」と答えるしかないのである。

2　〝見せる戦争〟〝見せない戦争〟と発表ジャーナリズム

「午後五時の茶番劇」と嘲笑されたベトナム戦争の公式記者会見

第二次大戦後の戦争報道の原点は「ベトナム戦争」である。東西冷戦下、共産主義の南進というドミノ理論を根拠に始められた戦争だが、米軍による絨毯《じゅうたん》爆撃や枯葉剤《かれはざい》作戦の展開に象徴されるように、その実相はベトナム人に対する「ジェノサイド」（大虐殺）といっても過言ではない。

実際、原爆投下すら真剣に検討されたことが明らかになっており、そのような戦争の暗部が白日の下に晒《さら》されれば、国際世論から猛反発を受けるのは必至である。米軍は都合の悪い情報や事実を必死になって隠蔽《いんぺい》し、それらを闇から闇に葬り去ることに腐心し続けたのである。

それゆえ、軍当局の定例記者会見は、旧日本軍の「大本営発表」と同様、作為と欺瞞に満ちたものとなり、ジャーナリストの間では「午後五時（会見時刻）の茶番劇」と嘲笑された。軍当局の公式発表が信用できないとなると、記者たちは命懸けの戦場取材によって真実に迫るしかない。その結果、現場主義に徹する優れたジャーナリストたちによって、米軍の戦争犯罪が相次いで暴《あば》かれ、これら一連の「告発報道」が起爆剤となって、大規模なベトナム戦争反対運動に発展していったのである。

当時、米AP通信の特派員だったピーター・アーネットは、この種の報道においてひときわ高く評価されたジャーナリストだった。そして、彼は一九九一年の「湾岸戦争」の際にも、米CNNテレビのバグダッド特派員として、米軍によるイラク爆撃を攻撃される側から独占報道し、再び屈指の戦場ジャーナリストとして脚光を浴びる。

この戦争では、米軍を中核とする多国籍軍が同年一月一七日、「砂漠の嵐作戦」と名付けてバグダッド爆撃を開始するが、当時、バグダッドにとどまっていた記者は米ABCテレビなど欧米のジャーナリスト約四〇人にすぎなかった。

しかし開戦後、イラク情報省は「敵性メディア」として彼らに国外退去を命じる。ただ、CNNだけは偏見報道が少ないとの理由で、アーネット記者のバグダッド残留を許可した。イラク政権の思惑がいかなるものであれ、ジャーナリストとして現場取材という絶好のチャンスを生かさない手はなく、彼は米軍機の爆撃による市民の痛ましい犠牲など、攻撃される側に身を置かなければ、けっして知ることのない「戦場の真実」を全世界に報道し続けた。それゆえ、湾岸戦争は「CNNの戦争」と呼ばれたのである。

湾岸戦争における〝報道のテレビゲーム化〟

当時、唯一の二四時間ニュースチャンネルだったCNNは、この戦争報道によって一躍、世界的名声を得て、契約数は世界二一〇カ国／地域、約二億世帯（視聴者推定約五億人）に急増。この衛星利用の二四時間ニュースは一九九一年、CNNに続いて英BBC放送も配信をスタートさせ、その契約数もまたたく間に世界一八七カ国／地域、約一億五〇〇〇万世帯に達した。さらにその後、イラク戦争報道で存在感を示したカタールのアル・ジャジーラや米国のFOXテレビも参入し、世界の二四時間ニュースマーケットはいまや、激しい戦国時代に突入している。

この湾岸戦争において、米軍は戦場から報道陣を完全にシャットアウトするという徹底した報道管制を敷く。その結果、記者たちは米軍ミサイルが敵の軍事施設を粉砕するミサイル弾頭に装着されたカメラ映像を見せられるだけで、人的被害をはじめとして現場の状況をまったく知ることなく、発表を鵜呑みにした〝垂れ流し報道〟に終始することになる。当然のことながら、その無機質な無音声映像からは、戦争の惨《むご》たらしさや血腥《ちなまぐさ》さはいっさい感じ取れず、世界中の人々はお茶の間で、その映像をまるでテレビゲームでも見るかのように傍観することになった。戦争の〝テレビゲーム化現象〟の始まりである。

その点で、米軍による徹底した報道管制は功を奏したといえるが、メディア側からは「見えない戦争」「見せない戦争」という批判が噴出する。一九九一年六月、「ニューヨーク・タイムズ」や「ワシントン・ポスト」など米国の主要報道機関一七社は、このような報道管制に抗議する意味を込めて、「米国現代史において、湾岸戦争は最も正当に報じられなかった戦争」とする報告書を発表した。

その後、米メディアと国防総省は戦場取材のあり方について協議、翌九二年三月、次のような基本原則で合意する。それは、開かれた自主的な報道の保障、主要部隊に対する記者たちのアクセスの自由化、原則的に湾岸戦争時のような「プール取材」に限定しない、危険を伴う軍事活動に支障を与えないために、記者たちは戦闘地域内で安全確保のためのルールを遵守する――などで、メディアの自主的な取材を盛り込んだこの合意は計九項目のガイドラインで構成されていた。

イラク戦争ではアラブ系メディアの活躍で戦争報道に一大革命

イラク戦争取材はこのガイドラインを叩き台にして行われることになったが、湾岸戦争とは打って変わって、米政府は硬軟織り交ぜた〝メディア懐柔〟に乗り出す。それは報道陣を戦場に帯同する、一見オープンな「従軍取材制度」に象徴されるが、実はその裏に、メディアにこの戦争を正当化させる国際世論の形成という野望が隠されていた。

つまり、狂信的なイスラム原理主義集団によるテロの脅威から米国民の命を守るための、必要不可欠な「正義の戦争」というイメージの構築で、この取材システムの導入にはプロの広報宣伝スタッフたちが大きな役割を果たした。戦争も企業と同様、巧みに広報されることになったわけで、その威力を発揮するために、イラクによる大量破壊兵器の保有と、それらがテロリストの手に渡る恐れがあるとする危機感を煽《あお》り立てることに腐心したのである。

イラク戦争報道のもう一つの特徴は、アラブ系メディアが欧米系メディアに匹敵する影響力を初めて誇示した点にある。その代表がカタールの二四時間ニューステレビ「アル・ジャジーラ」で、これらアラブ系メディアはイスラム世界の視点で報道を行ったため、その報道内容は欧米系メディアとは一八〇度異なるものとなった。

つまり、アラブ諸国の視聴者たちは、これらアラブ系テレビを通して日々、猛煙を噴き上げて炎上するイラク各地の惨状や、米軍のミサイル爆撃によって多数のイラク市民が犠牲になっている様子を嫌というほど見せつけられた。このような迫真の現場リポートによって、これまでフセイン独裁政権下のイラクに好感を抱いていなかったアラブ諸国においても、米軍の非人道的な仕打ちに対し、徐々に反発が醸成されていくことになる。

これらの現場映像は衛星を経由して日本や欧米諸国でも放映され、全世界の人々が戦争の悲惨な実態を知ることができたという点において、これは戦争報道における一種の「メディア革命」といえるかもしれない。その一方で、ジャーナリズム精神に立脚した「客観報道」が確立しているはずの米国で、FOXテレビに象徴されるように、過度に愛国主義を煽り立てる煽情的な報道が罷《まか》り通ったことは、権力の行動監視という責務を担ったジャーナリズム機能の衰退と批判されても仕方がない。

3　米政府・軍当局の情報操作によって相次いだ誤報道

テレビで繰り返し流された「フセイン大統領死亡」の誤報

イラク戦争は二〇〇三年三月二〇日の開戦から、フセイン大統領像が引き倒され、米軍が事実上、バ

資料 11-1　フセイン大統領についての報道

3月20日付	**米ワシントン・ポスト紙**「フセイン大統領のための医療チームが緊急招集された。彼はすでに軍事作戦の指揮をとっておらず，少なくとも負傷していると思われる」（米政府高官筋情報）
21日	**英 BBC 放送**「フセイン大統領が死亡した可能性がある」（英政府高官筋情報）
同日	**米 ABC テレビ**「酸素マスクを付けたフセイン大統領が，破壊された建物から運び出されるのが目撃された」，「重傷を負っている可能性がある」（米情報当局筋情報）
同日	**米 NBC テレビ**「フセイン大統領は足に負傷していると思われる」，「二男クサイは死亡した可能性がある」（米政府当局筋情報）
同日	**英 BBC 放送**「フセイン大統領は最初の爆撃で負傷し，地下施設で治療中」（英閣僚情報）
同日	**英ロイター通信**「フセイン大統領は最初の爆撃で負傷して，救急車で病院に運ばれた」（英外務担当閣外相情報）
同日	**米 USA トゥデイ紙電子版**「フセイン大統領は負傷して，地下施設で治療を受けている」（米ＣＩＡ情報）
23日付	**英サンデー・テレグラフ紙**「フセイン大統領は重傷を負って輸血治療が必要な状態。長男ウダイは死亡したと思われる」

グダッドを征圧した四月九日までの約三週間にわたって展開された。その間、私たちは未曾有の情報洪水に見舞われたが、果たしてその情報量の多さに見合った形で、戦争の実相に迫ることができたのだろうか。

同年三月二〇日午前五時三四分、米軍はフセイン大統領がいたと思われる建物を地中貫通爆弾（バンカーバスター）や精密誘導爆弾・巡航ミサイルなどで集中爆撃する。その目的が「フセイン大統領殺害」であることはいうまでもないが、それに対してイラク国営テレビはフセイン大統領が健在であることを映像で内外に誇示する。イラク国営テレビに登場したフセイン大統領が、普段あまり見かけない眼鏡姿だったため、一部の欧米メディアは「影武者」の可能性を指摘したが、その後の米ＣＩＡ（中央情報局）のコンピュータ分析によって、映像の人物がフセイン大統領本人であることが確認された。

そして、イラク戦争の開始となったこの第一撃の後、メディアはフセイン大統領の生死について虚々実々の報道を繰り広げ、一種の狂騒状態に陥る（資料11-1）。多くのメディアが流した「負傷説」や「死亡説」については、末尾（括弧内）に示した「情報源」から明らかなように、米英の政府・軍・情報当局筋が意図的にリークした可能性が強いと思われる。

このように、フセイン大統領の安否について、米英メディアの大半が開戦当初の爆撃で「重篤な負傷」もしくは「死亡」した可能性を強く示唆する報道を行った。そして、それらの報道の情報源を辿《たど》っていくと、そのほとんどが米英の政府高官や情報当局筋だった。後に、フセイン大統領が最初の攻撃から無傷で生き延びていたことが判明するが、米軍はそのことを知りながら、イラク軍の指揮系統に動揺を与えるため、あえて重傷や死亡の情報をリークした可能性が覗《うかが》える。

実際、フセイン大統領の重傷・死亡報道の後、イラク軍が激しく動揺していた様子が、米情報当局の軍事衛星を使った防諜網に探知されていた。それによると、各地のイラク軍司令官は「大統領死亡報道」によってパニック状態に陥り、電話や無線を通じてその安否確認に狂騒するが、しばらくするとこれらすべての通信が突然、途絶する。これはフセイン大統領の無事が確認されたこと、さらにフセイン大統領への連絡を米軍事当局が追跡していることを察知したためと思われる。メディアを通じて意図的に〝餌《えさ》情報〟を流し、それに反応するイラク軍の連絡経路を辿って大統領の居場所を突き止め、息の根を止めるという、想像を絶する「情報殺戮《さつりく》作戦」だったのである。

ＮＹＴ紙は大統領死亡説を「米軍による心理作戦」と批判

フセイン大統領の殺害を目的としたピンポイント攻撃の第二弾は四月七日に行われ、米軍Ｂ１爆撃機によって同大統領と長男ウダイ・二男クサイたちと会議を行っていたバグダッド・マンスール地区に地中貫通爆弾が投下された。その直後、ブッシュ大統領が「フセイン大統領は死亡した」と言明していることから、米政府当局はこの爆撃でフセイン大統領の死亡を確信していたと思われる。

それを受けて、米メディアの大半が「フセイン大統領が空爆前に建物から逃れたという情報はなく、死亡した可能性が強い」「国防総省幹部は〝会合の出席者全員が死亡したと確信している〟と語った」（MSNBCテレビ）、「この爆撃でフセイン大統領が被弾した可能性が強い」「米軍当局は〝作戦が成功したと信じる楽観的理由がある〟と語った」（FOXテレビ）とする死亡説を繰り返し流した。

これに対し、英国メディアは「標的の建物は完全に破壊されたが、死亡者の身元特定は困難」（ロイター通信）、「フセイン大統領は爆撃の直前、建物を離れた模様」「英国の諜報機関MI6がその事実（避難）を米国CIAに連絡したが、CIAはフセイン大統領殺害に成功したと確信しているようだ」（タイムズ紙）、「あらゆる情報を総合すると、フセイン大統領は死亡していない可能性が強い」（BBC放送）といった報道に代表されるように、否定的な見方が大勢を占めた。

その一方で、同じ米メディアであっても、新聞各紙の報道は概して米政府見解から一定の距離を置き、死亡情報に慎重な姿勢をとった。安易に政府や軍当局の情報操作に踊らされない客観報道を貫いたわけだが、その象徴が「ニューヨーク・タイムズ」である。四月三日付の同紙は、盛んに流されている大統領死亡説の流布に対し、「それらは事実ではなく、米軍による心理作戦の一環にすぎない」と痛烈に批判したのである。

従軍記者たちによる「大量破壊兵器発見報道」が世界中を駆け巡る

フセイン大統領の生死に続いて、メディアが注目したのは「戦争の大義」とされた大量破壊兵器の存在の有無である。開戦前、米国はイラク全土に一〇〇〇カ所を超える大量破壊兵器の疑惑施設が存在すると主張していた。このため、それらの発見が至上命令となり、前線部隊は必死になってその探索に専念する。当然、前線部隊と行動を共にしている従軍記者たちもその探索に同行し、専門家による確認以前の段階で、前線の部隊長が「化学兵器発見」と発表すれば、その真偽を確かめることもなく、すぐさま「大量破壊兵器発見！」と大々的に垂れ流し報道をするという醜態を演じることになった。

米CNNテレビ「イラクはすでに前線に化学兵器を配備している模様」(米国防総省筋情報)、米ウォールストリート・ジャーナル紙(電子版)「フセイン大統領はイラク軍に対して、生物化学兵器の使用許可を与えた」(米国防総省筋情報)、米FOXテレビ「バグダッドの南一六〇キロにあるナジャフで発見された大規模施設は、化学兵器工場と確認された」(米国防総省高官情報)、米CBSテレビ「フセイン大統領は、〝米軍がバグダッド周辺の限界線を越えて侵攻して来れば、化学兵器を使用してもよい〟と共和国防衛隊に命令を下した」(米政府当局筋情報)といった報道がそれで、これらはその後、いずれも事実誤認であることが判明したのである。

これらの報道に特徴的なのは、情報源の大半が前線部隊か現地中央軍で、それを国防総省が追認するという形をとっていた点である。裏を返せば、それは前線部隊と中央軍司令部・米国防総省が連携をとって、積極的に「化学兵器発見報道」を煽《あお》ろうとした証左だったともいえる。

いずれにせよ、国連決議を得ない武力行使であっただけに、戦争遂行責任者であるラムズフェルド国防長官が「戦争の大義」である大量破壊兵器の発見にこだわったことは想像に難くない。たとえ、それが正真正銘の化学兵器と確認されなくても、「疑惑施設が発見された」という報道が世界中を駆け巡るだけで、一時的にせよ、国際世論にアピールできるからである。

そのような政治軍事的思惑を知ってか知らずしてか、戦場に派遣された従軍記者たちはまるで駆け出しの事件記者のように、我先に「化学兵器発見！」の特ダネ報道に狂騒する。これは戦場における一種の「メディア・スクラム」で、そのような軍に取り込まれたセンセーショナリズムにブレーキをかけたのが、この戦争に最初から乗り気でなかった国務省だった。一連の〝仕組まれた発見誤報道〟を苦々しく思っていたパウエル国務長官は、急遽、記者会見を開いてこれらの発見報道が事実誤認であると言明した。このように、戦争報道にも国防総省と国務省の確執が影を落としていたのである。

「発見報道」のことごとくが虚偽で、失われた開戦の正当性

結局、メディアが競って流し続けた化学兵器や製造工場の「発見報道」のことごとくが虚報だったわけで、そのことは「開戦理由」とされた大量破壊兵器がイラクに存在しなかったことを意味する。そうなると前述のCNNテレビや「ウォールストリート・ジャーナル紙」（電子版）が報じた「イラクは前線に化学兵器を配備した」、「フセイン大統領が生物化学兵器の使用許可を与えた」といった報道はいったい、何だったのだろうか。まったく存在しないものを配備したり、それに対して使用許可を与えることなどはあり得ないわけで、これらが国防総省筋の意図的な情報リークによるものであることは疑うべくもない。

このような誤報道はその後も過熱化し、CNNテレビは「ヒンディーヤの農業関連施設でサリン入りのドラム缶を発見し、その近くの訓練キャンプで生物化学兵器用防護服を見つけた」と報じたが、翌日、英ロイター通信が「ドラム缶の中身は殺虫剤で、生物化学兵器用防護服は単なる作業服だった」と全面否定した。

全米公共ラジオ（NPR）にいたっては、「米陸軍第一〇一空挺師団が、バグダッド近郊で化学兵器弾頭を搭載したB21型中距離ミサイル二〇基を発見した」「その化学兵器はサリンとマスタードガスで、いつでも発射可能な状態だった」という戦慄《せんりつ》の走る特ダネ報道を行った。これは一連の戦場報道の中で最大級の衝撃的なものだったが、これについてはさすがの国防総省も「そのような事実は確認していな

い」と打ち消した。

また、仏AFP通信の「バグダッド近郊の兵器庫に踏み込んだ米軍兵士五人が、仕掛けられていたマスタードガスで重篤な中毒症状に陥った」という報道についても、その後、他のメディアがいっさい〝後追い報道〟をしなかったことから、その真偽については何をか言わんやである。しかし、これら事実無根の大量破壊兵器発見報道はその真偽の如何《いかん》を問わず、米国民の間で愛国心を燃え上がらせる結果となったのである。

これら一連の報道は、警察発表を鵜呑みにしたわが国特有の「発表ジャーナリズム」と何ら変わるところはないが、これに対して「ニューヨーク・タイムズ」や「ワシントン・ポスト」は毅然たる姿勢を示した。つまり、明らかに軍当局などのプロパガンダと判断できる「発表もの」については、主体的な客観報道の立場から事実関係を厳しくチェックし、確認できたものだけを報道するという措置をとった。日本の全国紙も同様で、米英両国のイラクに対する武力行使に懐疑的だった朝日・毎日なども両紙に倣《なら》って、過熱化した発見報道の取り扱いに慎重な姿勢を貫いたことは高く評価できる(1)。

かくして、イラクによる大量破壊兵器の保有という米英の「戦争の大義」の虚構性が徐々に明らかになり、開戦の正当性が根底から崩れていった。そして、いつしかブッシュ大統領の口から「大量破壊兵器」という言葉が消え、その代わりに「フセイン独裁政権からのイラク国民の解放」が強調されるようになった。これは、開戦の大義の巧妙なすり替え以外の何ものでもないのである。

4　「アル・ジャジーラの戦争」としてのイラク戦争報道

英BBCのバスラでの「蜂起」報道を現場取材で覆す

この戦争では、米英軍に従軍した記者たちが「戦場」という現場に身を置きながら、自主取材に基づく事実確認が困難を極め、軍当局の発表に依存せざるを得なかった実態が浮き彫りにされた。それは、化学兵器の発見誤報道に続いて、英国メディアがイラク第二の都市バスラで連続誤報という大失態を演じたことにも表われている。

その第一が「米英軍によるバスラ制圧報道」であり、第二が「反フセイン派民衆による蜂起報道」である。「米英軍がイラク第二の都市バスラの支配権を掌握した」(英BBC放送)、「イラク陸軍第51師団の正副司令官が全兵士とともに投降し、バスラは米英軍によって完全制圧された」(英ロイター通信)がそれで、朝日新聞はこのロイター通信電について、次のような検証結果を明らかにしている。「(バスラ制圧という)ロイター通信電が世界を駆け巡った。しかし、この日までに捕虜になったのはイラク全土で二〇〇〇人足らず、(現地イラク軍)師団の投降も嘘だった[2]」。

このバスラ制圧報道の直後、米英軍は報道では殲滅《せんめつ》したはずのイラク精鋭ゲリラ部隊「フェダイン・サダム」の激しい抵抗に遭い、立ち往生していたことも明らかになった。実際は米英軍の占領とはほど遠い状況だったわけで、この誤報道から一六日後、英軍はやっとバスラ制圧を果たすことができたのである。

これに続いて、反フセイン政権派であるイスラム教シーア派住民が、米英軍のバスラ侵攻に加勢して「一斉蜂起した」という報道が世界中を駆け巡った。「バスラでシーア派の民衆が蜂起し、数千人規模の反フセイン暴動が発生」「イラク軍はこれら民衆に対して迫撃砲などで応戦中」（英BBC放送）というもので、これが事実とすれば、米英軍のイラク侵攻はシーア派民衆から大歓迎されたということになる。

しかし、これも事実とは異なる「誇大報道」だったことが、アル・ジャジーラの現地駐在特派員によって明らかにされる。「バスラ市内はイラク軍やバース党員が街頭で警戒に当たっており、極めて平穏」、さらに「現地のシーア派幹部は〝小規模な蜂起はあったが、それは極めて限定的で、すぐに収束した〟と語っていた」という報道がそれで、やはり足で稼いだ報道に勝るものはないのである。

アル・ジャジーラ配信の「米兵捕虜映像」の米国内放映に圧力

三月二三日、イラク南部のナシリア近郊で米軍部隊がイラク軍機甲師団に急襲され約一〇人が死亡、一九歳の女性兵士を含む一二人がイラク軍の捕虜になった。その直後、イラク国営テレビが頭部に弾痕が認められる米兵五人の遺体と捕虜五人に対する尋問の様子を放映、それをアル・ジャジーラが全世界に配信した。

これに対し、ブッシュ大統領は「米国人捕虜が人道的に扱われず、虐待されれば戦争犯罪である」と反発、ラムズフェルド国防長官も「このような映像を公開することは、捕虜を辱めることを禁じているジュネーブ条約違反に当たる」とアル・ジャジーラを激しく非難した。アメリカという国は、多くのイラク国民が米軍によるミサイル攻撃の犠牲になっても無頓着だが、自国兵士のこととなると、途端に目の色を変えて「人権」を強調するのである。

これ以降、米軍はアル・ジャジーラを〝敵性メディア〟と見なし、激しく敵対することになるが、それでは同テレビが配信した捕虜映像を、米国の主要メディアは、いったいどのように扱ったのだろうか。

ＣＢＳテレビは映像を入手した後、すぐに一部を放映した。しかし、その直後に米国防総省から「捕虜の家族に連絡するまで、再放映を待つように」という要請があり、同テレビはそれを受け入れて、結局、放映を自粛することになった。一方、CNNテレビは捕虜の身元が識別できないように配慮して、静止画像一枚だけを放映したが、ABCテレビなどその他の主要テレビは放映を全面的に見合わせた。一方、通信社では、米AP通信が「インターネットへの使用厳禁」の断りを付けて、捕虜五人全員の顔写真を配信する措置をとった。

「ナイトライン」のテッド・コペルがダブルスタンダードと批判

このような米テレビ局の報道自主規制措置に対し、一部のジャーナリストから疑問の声が上がった。米軍はイラク兵の遺体映像の放映は容認しているのに、米兵のそれは禁止というのでは、戦争の客観報道という点において「アン・フェアだ」という主張がそれである。

その先陣を切ったのが、ABCテレビのニュースコメンタリー番組「ナイトライン」のアンカーマン、テッド・コペルだった。彼は自身が責任編集をしている同番組で、「戦場ではアメリカ・イラクを問わず、多くの若者たちが貴い命を失っている」、「戦争がいかに恐ろしいものであるかを報道するのが、我々ジャーナリストに課せられた義務である」、「ところが、イラク兵の遺体映像は容認するが、米兵のそれは自粛せよ、ではあまりにも身勝手すぎる」などとして、自身が所属するABCテレビの政府の要請に従う報道姿勢を痛烈に批判したのである。

ベトナム戦争の特派員経験もあるコペルは、このイラク戦争では米陸軍第三歩兵師団で従軍取材しており、この気骨ある発言はワシントン・ポストに大きく掲載されて反響を呼んだ。また、ロサンゼルス・タイムズもこの問題を取り上げ、「国防総省の捕虜報道自粛要請はイラク兵捕虜の撮影を許可したこととと矛盾する」と批判。米PBS放送（公共放送）も「ニューズアワー」で、米軍がキューバの米軍基地に拘留しているタリバン兵捕虜の撮影を許可していることを引き合いに出して、「今回の報道抑制要請には妥当性がない」と非難した。

このように、国防総省のメディア介入に対して厳しい批判や非難が相次いだが、軍当局に反省は微塵も見られなかった。というのも、バグダッドが陥落した直後、イラク北部のモスルでフセイン大統領の長男ウダイと二男クサイが米軍によって射殺されたが、その際、米軍当局は損傷の激しい二人の遺体をあえてメディアに公開したのである。米メディアは競ってその遺体映像を流したが、イラク戦争に反対の意思表明をしていたフランスでは、リベラシオン紙が報道の倫理や公平性に反するとして、まるで見せしめのようなこの写真の掲載を見送った。

イラク戦争で戦場から報告する米 ABC テレビのアンカーマン，テッド・コペル（米 ABC テレビ，NHK より）

実際のところ、戦争をしている当事国にとって、戦意昂揚のために敵の捕虜映像ほど宣伝価値の高いものはない。それゆえ、軍当局は報道倫理にお構いなしで、それらの映像を意図的にメディアに提供する。しかし、それが遺体の映像や写真となると、話は違ってくる。どれほど悪名高き人物であっても、やはり、死者の尊厳は何よりも優先されて然《しか》るべきなのである。

「中東のCNN」は米国にとって“敵性メディア”

湾岸戦争が「CNNの戦争」と呼ばれたのに対し、イラク戦争はアラブ系ニューステレビ（三局）が存在感を発揮した戦争で、その中でも特筆に値するのは「アル・ジャジーラ」である。同テレビ局は一九九六年にカタールで設立され、スタッフはサウジアラビアから移籍してきた元ＢＢＣ系列のジャーナリストたちである。このため、その報道姿勢は「中東」という土地柄にもかかわらず、中立・公正を堅持して高い評価を受けている。

そして、この戦争報道によって「中東のＣＮＮ」と呼ばれるようになり、契約視聴者はイラク戦争開始直後に急増し、中東・湾岸地域で約三五〇〇万人、ヨーロッパで約八〇〇万人、さらに米国でも約一五万人にのぼった。

このイラク戦争報道では、バグダッドやバスラなどに外国メディアとしては最大の約三〇人の特派員を駐在させ、徹底した「現場報道主義」を貫いたことで知られる。欧米系メディアが攻撃する側からの報道に重点を置いたのに対して、アル・ジャジーラは攻撃される側の視点を重視し、それがジャーナリズムに課せられた権力の監視や弱者の立場の反映を実践したものとして、国際的に高い評価を受けたのである。

その中でも際立ったのが、米英軍による住宅街への誤爆とそれに伴う一般住民の犠牲報道だった。米軍のミサイル攻撃によって、頭部を吹き飛ばされた子どもの遺体映像などを全世界に配信し、戦争の残虐さや悲惨さを訴え続けた。米軍が、非人道的と非難されるクラスター爆弾を大量に投下した事実を真っ先に報道したのもこのアル・ジャジーラで、それらの報道が国際世論に大きな衝撃を与えたことはいうまでもない。

イラク戦争の正当化に汲々として、メディアに対して厳しい情報管理を行っていた米英当局にとって、このテレビ局はまさに〝野に放たれた敵性メディア〟そのものだった。彼らは、アル・ジャジーラを「イラクの手先」「フセインの回し者」などと口汚く罵《のの》ったほか、同テレビが米兵捕虜の映像を流した際には、ニューヨーク証券取引所までがその報復措置として、取引所内での同テレビの中継を禁止するという挙に打って出る。

このような有形無形の「報道の自由」を抑圧する行為に対して、アル・ジャジーラが猛反発したのは当然で、同テレビのアーメド・ムスタファ経済部長は、米国政府のメディアに対するダブル・スタンダードを次のように指摘した。

「問題の核心は、プロに徹し独立し客観的で偏らないメディアがアラブ世界に存在することを、米国が認めようとしない点にある」、「民主主義と言論の自由を他者にお説教しているアメリカこそ、我々のような存在を歓迎しないまでも、少なくとも寛容であるべきだ」。

また、戦争報道のあるべき姿について、「ジャーナリストは、愛国心によって職業倫理を曲げるようなことがあってはならない」、「国家の安全保障という理由で、米英両国は自国のメディアに戦争報道の規制を要請したが、一部メディアは忠誠心を示してそれを受け入れ、自ら宣伝機関に成り下がった」と自律性を発揮できない米メディアを痛烈に批判したのである。

まさに、正鵠《せいこく》を射た指摘で、これはジャーナリズムの存在意義が弱者の側に立った権力の監視であり、決して強者の代弁者であってはならないという警告でもあった。これも、欧米の「フリー・プレス」の世界では当たり前の論理だが、それが十分機能しなくなっているところに、昨今のアメリカ・ジャーナリズムの苦悩がある。

アル・ジャジーラ攻撃でアラブ系メディアが一斉に反発

四月八日午前、チグリス川西岸にある「アル・ジャジーラ」とアラブ首長国連邦「アブダビ・テレビ」のバグダッド支局が、相次いで米軍のミサイル攻撃を受けた。

イラク戦争の開戦前、アル・ジャジーラは誤爆を避けるため、米国防総省にバグダッド支局の正確な位置を通告していた。また、開戦直後にバスラ支局が同様のミサイル攻撃を受けたため、米国に激しく抗議していた。しかし、これらを無視する形で米軍はアル・ジャジーラのバグダッド支局を攻撃したわけで、この爆撃によって屋上で中継中だったタリク・アユーブ記者が死亡した。米軍が同テレビ局を「敵性メディア」として忌み嫌っていたことを考えると、沈黙させる目的で武力攻撃を仕掛けた可能性は否定できない。

この露骨なメディア攻撃を機に、それまでフセイン独裁政権に好感情を抱いていなかったアラブ系メディアは、一斉に反米報道へと舵を切った。ヨルダンのアルライ紙は「この攻撃で戦争の真実そのものが殺されてしまった」、ヨルダン・タイムズ紙も「アル・ジャジーラだけが攻撃を受けていたなら、米軍による誤爆との言い訳を信じたかもしれないが、同時にアブダビ・テレビやパレスチナ・ホテルを攻撃していることから、米軍が意図的にアル・ジャジーラを攻撃したのは間違いない」、「この卑劣な行為は、戦争犯罪の目撃者を抹殺するものである」という社説を掲載して、米国を厳しく批判したのである。

米軍による「パレスチナ・ホテル」攻撃で記者五人が死傷

「ヨルダン・タイムズ」が指摘したように、二つのアラブ系テレビ局が攻撃された直後、アル・ジャジーラ支局から約二キロ離れた「パレスチナ・ホテル」も、米陸軍第三歩兵師団の戦車部隊によって砲撃された。このホテルは、イラク戦争取材のために世界各地からやって来たジャーナリストたちの、バグダッドにおける唯一の「宿泊所」兼「取材拠点」だった。

このことは、米軍や米政府、主要メディアの間では周知の事実で、当時、米国の三大ネットワークなど欧米人ジャーナリストたち約三〇〇人が同ホテルに滞在していた。そして、この砲撃によって、英ロイター通信のカメラマンなど二人が死亡、ほかに三人のジャーナリストが重傷を負ったのである。

この戦車からの砲撃について、米中央軍のブルックス准将は「ホテルのロビーから銃撃を受けたので反撃した」と釈明した。しかし当時、ホテルのロビーに居合わせた英BBC放送の記者を含め、誰一人そんな銃撃音を聞いた者はいなかった。しかも、戦車が攻撃したのは一階のロビーではなく、はるか上方の一五階だったことを考え合わせると、この砲撃は准将がいうような正当防衛ではなく、明らかにメディアを狙った意図的な攻撃だったと推測される。

これについて、対メディア強硬派で知られる国防総省のビクトリー・クラーク報道官は「戦場は危険なところ。なかでもバグダッドは格別危険であり、取材陣を入れたいという報道機関に対しては〝命を落とすかもしれない危険な場所だから行くべきではない〟と事前に警告していた」と、まるで攻撃された方が悪い、自業自得といわんばかりのコメントを発表した。同省のマクリストル作戦副部長も、「米軍が銃撃されれば、当然、反撃する権利があるわけで、兵士を防衛するための任務を遂行しただけである。それは義務であり、我々が非難される謂《いわ》れはない」と反論した。

そこには、犠牲になったジャーナリストたちに対する哀悼の意や謝罪の気持ちはかけらも見られず、ジャーナリストが戦場にいること自体が誤りで、そこで攻撃されたとしても仕方がないといった傲岸不遜《ごうがんふそん》な態度が見て取れた。これが軍隊の本性であることは疑うべくもないが、その背景に「戦争の真実」を隠そうとする意図があったとすれば、それは民主社会の根幹である「知る権利」を全面否定するもので、厳しく糾弾されるべきである。

実際、このイラク戦争では、短期間にかつてないほど多くのジャーナリストが犠牲になっている。戦争取材において、未曾有の「ジャーナリスト受難の時代」が到来しているとすれば、それは平和を希求するジャーナリズムの危機以外の何ものでもないのである。

5　ナショナリズムの鼓舞に利用された米国メディア

〝ブッシュ・チャンネル〟として愛国心を掻き立てたFOXテレビ

戦争報道には、これまでも国家権力や軍当局が自らに都合の悪い情報を国民に知らせないという「暗黒の歴史」がある。そんな中で、湾岸戦争ではCNNテレビが米政府に加担せず、攻撃される側の視点と冷静な客観報道によって国際的評価を高め、契約件数を爆発的に伸ばした。ところが、イラク戦争で契約件数を急増させたのは、米国民の反イラク（フセイン）感情に裏打ちされた愛国心を熱狂的に掻き立て、ブッシュ政権の武力行使を全面的に後押ししたFOXテレビだった。

権力の監視というジャーナリズム本来の使命よりも、昂揚したナショナリズムをいっそう鼓舞することによって、契約件数や高視聴率という商業的利益を優先させたわけだが、そのような戦争報道に対して批判が沸き起こったことはいうまでもない。

バグダッドの市街地中心部に侵攻した米陸軍第三歩兵師団が大統領宮殿を占拠した際、このFOXテレビだけが同行取材を許され、その劇的シーンを全世界に実況中継した。そして、同テレビの従軍記者が「今から宮殿前の大統領像が爆破されます！」と叫んだ途端、その像が粉々に粉砕された。これは軍当局と密接な連携プレーがあったことに他ならず、同テレビは第三歩兵師団の〝広報機関〟に成り下がったと批判されても致し方がない。

このように、ブッシュ政権・軍当局寄りを鮮明にしていたFOXテレビのニュース専門チャンネル「FOXニュース」は、開戦一週目のゴールデン・アワーの視聴者数が四四〇万人に達し、二四時間ニュースの先駆者であるCNNテレビの三七〇万人を上回った。同ニュースは湾岸戦争後の一九九六年の創設で、世界のメディア王、ルパート・マードックが率いるオーストラリア（その後、本社を米国に移転）の巨大メディア・コングロマリット「ニューズ・コーポレーション」の傘下にある。

その報道姿勢は、当初から愛国心を前面に押し出す保守主義で、米国では共和党支持を鮮明にしており、スタート時のCEO（最高経営責任者）、ロジャー・アイリスは、共和党レーガン政権下でメディア対策を担当した人物である。これに対し、CNNテレビは民主党寄りのリベラルな報道姿勢で知られ、「クリントン・チャンネル」と呼ばれた。当然のことながら、「ブッシュ・チャンネル」と揶揄《やゆ》されるFOXテレビとは相容れず、両局が不倶戴天の関係にあることはいうまでもない。

従軍記者が「戦争を顕微鏡で覗く感じだった」と告白

イラク戦争報道で、メディアを利用した戦争プロパガンダとして機能したのが「従軍記者制度」である。欧米を中心とした総勢約六〇〇人という大取材陣が、米英陸上部隊とともに首都バグダッドを目指しながら「戦場リポート」するというものだったが、それらが果たして戦争の真実だったのかとなると、大いに疑問があるといわざるを得ない。

なぜなら、実際の戦闘取材は厳しい規制下にあり、その報道内容についても米英軍当局にとって不都合なものは削除されるという報道管制が罷《まか》り通っていたからである。たとえば、戦闘部隊の位置や作戦計画、さらに米英軍が敗北した戦闘や両軍兵士の遺体、誤って殺害したイラク人犠牲者の映像などがその対象で、「戦場取材」とはいうものの、従軍部隊が攻撃したはるか彼方の着弾地における一般市民の惨状を知る術《すべ》はなかった。

国防総省はこれらの従軍記者を「エンベッド」（埋め込み）と呼んだが、自軍に都合のよい情報を意図的に報道させるという点に、その眼目があったことは疑うべくもない。また、従軍部隊の兵士たちと寝食や生死を共にして一蓮托生の関係にあった記者たちが、知らず知らずのうちに彼らに親近感を覚え、いつしか〝米英は味方・イラクは敵〟という意識が醸成されたとしても不思議ではない。実際、従軍記者が行動を共にした部隊を批判する記事は皆無だったというリポートもある。

この戦争終了後の報道検証番組で、米ＡＢＣテレビのダーラー記者は「戦場取材を行っていても、戦争を顕微鏡で覗《のぞ》いているようで、全体像がまったく摑《つか》めなかった」と自戒の念を込めて告白している。この言葉の通り、従軍報道は戦場における散発的な戦闘シーンを伝えることに終始し、国家権力間の熾《し》烈《れつ》な争いである「戦争と平和」という大命題ばかりか、人間の痛ましい「死」の実相にも肉薄できなかったといえるのではないだろうか。

元大手広告会社の重役だった米国防総省のクラーク報道官は、この従軍記者制度の立役者として知られるが、自身の対メディア戦略が功を奏したことを次のように誇らしげに語っていた。「（従軍記者たちは）戦争を否定的に報じることはなかった」、「これからも従軍記者制度を積極的に導入したい(3)」。メディアにとっては、これまで禁じられていた「戦場取材」を勝ち取ったつもりだったが、実は当局によって巧みに情報操作のために利用されていたかもしれないのである。

6　戦場から撤退した日本マス・メディアの〝軟弱ジャーナリズム〟

日本の特派員たちはバグダッドからヨルダンへ移動

それでは、日本メディアのイラク戦争報道は一体、どうだったのだろうか。わが国で最大の国際取材態勢を誇るＮＨＫの場合、イラク戦争開始時に提携していた海外メディアは世界一七カ国・二八機関で、開戦時は米ＡＢＣテレビなど提携局を含む世界二三カ国・四一報道機関から情報を得ていた。一方、民放では日本テレビが米AP通信や英ロイター通信・英BBC放送・米NBCテレビと、フジテレビが米ABCテレビ、アラブ首長国連邦のアブダビテレビなど海外五テレビ局と提携していた。

従軍報道については、TBSが米空母（地中海）への記者派遣にとどまったのに対し、NHKと日本テレビ・フジテレビの三局は他の欧米諸国と同様、戦場に従軍記者を送った。一方、テレビ朝日はこれらの特派を見送り、バグダッドで独自取材を行っていた日本人フリーランサーと契約して、その現地リポートを放映した。

このように、一部マス・メディアが戦場に記者を派遣しなかったのは、戦場の危険性に配慮したからに他ならない。つまり日本のメディアには、「契約制」の欧米とは違って、〝会社主義〟が浸透しているため、それだけ社員である特派員の身の安全を気遣ったものと思われる。戦場で死の危険性というリスクを冒さなくても、海外メディアから様々な映像がリアルタイムで入手できるのだったら、それを活用すればよいとする判断が背景にあったことは想像に難くない。

そのような姿勢は開戦直前、日本マス・メディアのバグダッド特派員たちが、主戦場であるバグダッドから隣国ヨルダンの首都アンマンへ揃って総撤退したことに象徴される。英BBC放送が記者八人を現地に残留させるなど、欧米主要メディアの大半が特派員をバグダッドにとどめて、激しい市街戦が予想された「首都取材」を敢行したことを考えれば、日本メディアの〝及び腰〟はジャーナリズムの体《てい》を成していないといわれても仕方がない。

フリーランサーと比べてひ弱な〝社員ジャーナリスト〟

米軍が外国人特派員の拠点だったバグダッドの「パレスチナ・ホテル」を砲撃した時、このような日本メディアの〝現場放棄〟が白日の下に晒《さら》されることになった。当時、同ホテルには欧米マス・メディアの特派員やフリーランサーなど、外国人ジャーナリスト約三〇〇人が滞在していたが、そのうち日本人ジャーナリストは一一人にすぎなかった。しかも、その中には大手新聞社やテレビ局から派遣された記者はおらず、全員がマス・メディアに属さないフリーランサーだった。

日本のマス・メディアに特徴的な終身雇用制と、それに伴う会社主義や〝社員ジャーナリスト〟意識が、危険を冒してでも真実に迫るという「戦争報道」への執念を稀薄にしているのかもしれない。実際、これら〝企業ジャーナリスト〟が戦場で負傷したり拘束されたりすると、彼らの身を案じる会社は大騒ぎとなる（日本人フリーランサーは、イラクやミャンマー、シリアなどで殺害されている）。

終戦後、イラク入りした毎日新聞のカメラマンがバグダッドから〝記念品〟として持ち帰った不発弾がアンマンの空港で爆発し、現地係員が死亡するという事故がそのことを端的に物語っている。同社は事故発生後、編集幹部を現地に急派し、カメラマンの身柄引き受けや遺族へのお詫《わ》び、さらにヨルダン治安当局への謝罪や裁判対策などに奔走。そして、すべての根回しが終了した段階で、社長がヨルダン政府と司法取引を含めた最終交渉を行って、一件落着に漕ぎ着けたのである。

いかなる理由や事情があるにせよ、メディアがジャーナリズムを標榜《ひょうぼう》する限り、現場取材を断念することは真実に肉薄する努力を放棄するに等しい。また、直接取材に代わって、海外の報道機関から十分な情報を得ているから事足れりというのでは、「第四の権力」としての使命を果たしていないと批判されても致し方がない。現場取材を敢行しないで、どれほど膨大な間接情報を得たところで、それは真の「戦争ジャーナリズム」とは呼べないのである。

7　国家の枠組みを超えた「グローバル・ジャーナリズム」への模索

〝カウボーイ的二元論〟に翻弄された米ジャーナリズム

昨今は発信された情報が瞬時に国境を越え、全世界の人々の手元に届くというユビキタス的状況にあり、マクルーハン流にいえば「地球村」（グローバル・ビレッジ）におけるグローバリズムの出現と形容できるかもしれない。国家はもともと国民の安全保障など様々な国益に縛られているが、ボーダーレス化した今日のブロードバンド時代において、情報は国家や民族といった既成の枠組みから解き放たれ、全世界が等しく共有できる普遍的な存在になりつつある。

その際、重視されるのが国家や権力から一定の距離を置いたメディアの独立性や自主性、さらに民族や階層など特定の人々に偏らない公平性と公正性といえるだろう。そのような観点からイラク戦争報道を顧みると、欧米のグローバル・メディア、とりわけ戦争当事国である米国のメディアが沈着冷静で客観的であるべきジャーナリズムとしての座標軸を失って、煽情的なナショナリズムや愛国主義に迎合し、翻弄されてしまった観は否めない。

それは、第二次大戦において「大本営発表」をそのまま垂れ流し、結果的に国民を欺くことになった日本の新聞を彷彿《ほうふつ》とさせる。その結果、「九・一一アメリカ同時多発テロ」への報復という感情論に振り回され、相手が米国の敵か味方かという、ブッシュ政権の〝カウボーイ的二元論〟に乗せられてしまって、「強いアメリカ讃歌」の片棒を担がされてしまったのである。

客観的な戦争報道のための英ＢＢＣの「戦争報道指針」

それに対し、同じイラク戦争当事国の英国・ＢＢＣ放送は一部で不確かな報道があったにせよ、物事の真理を見抜き、客観性を貫くジャーナリズム性という点において他局の追随を許さない。その端的な例が、戦争報道の真偽に対する公正さを担保するため、すべてのニュースに情報源を明示した点が挙げられる。これは、軍当局や政府によるメディア操作を防ぐという意味において際立った効力を発し、その徹底した「客観報道主義」は世界中で高く評価されている。

同放送は公共放送であるため、設立当初から公正かつ公平な報道に腐心してきたが、一九八二年、英国がアルゼンチンと戦った「フォークランド紛争」の際、国際的客観報道主義を貫くために自国である〝英国寄り〟の報道を封印した。その一例が両軍に対する呼称で、ＢＢＣ放送は終始、「アルゼンチン軍」、そして英国軍を「自軍」や「味方」ではなく「英国軍」という呼称で報じたのである。

これに対して、時のサッチャー政権は「英国の若き兵士たちが国家のために戦っているのに、このような冷たい態度は許せない」、「しかも、ＢＢＣが英国の公共放送であることを考えると、〝売国奴〟といわれても仕方がない」と激怒。しかし、ＢＢＣ放送の客観報道姿勢が揺らぐことはなく、イラク戦争においても、英国軍を「味方」、イラク軍を「敵」と呼ぶようなことはなかった。同じ公共放送でありながら、政権寄りの報道が目に付くＮＨＫとは、ジャーナリズムとしての心意気が根本から異なるように思えるのは筆者だけだろうか。

イラク戦争に対するこのようなＢＢＣ放送の報道姿勢は、開戦前に公表された同局の「報道指針」に示されている。それによると、(1)感情的な報道用語は使用しない、(2)直接確認できない戦果に関する報道は軍当局に利用される恐れがあるので、発表記事には必ず情報源を明記する、(3)兵士の死亡報道については、近親者に通知されたことを確認するまで詳報を差し控える、(4)戦争捕虜になった兵士の関係者へのインタビューは、相手側の尋問に利用される恐れがあるので、原則的に禁止する――など一五項目から成っており、そこには戦争を客観的かつ人道的に報じる配慮が明記されていたのである。

このような冷徹な客観報道主義と、米国のＦＯＸテレビに象徴される愛国主義的な報道姿勢は、まさに対極にあるといえるだろう。当然、米政府は、米国にとって最も親密な軍事同盟国である英国の公共放送が、このような報道姿勢をとったことを好ましく思うはずはなく、米国防総省などは「ＢＢＣ」の頭文字をもじって「バグダッド放送協会」（Baghdad Broadcasting Corporation）と悪態をついていた。しかし、ＢＢC放送にとってこの種の誹謗《ひぼう》中傷は、ジャーナリズムとして名誉なことであって、最後まで頑として米国に阿《おもね》ることなく客観報道姿勢を貫いた。そして、このような姿勢が評価されたのか、開戦から一年間で、米国内においても視聴契約が八〇％も増加したのである。

「イラク戦争」からジャーナリストは何を学んだのか

イラク戦争報道において、テレビメディアを中心にその皮相性や断片性、国家権力による操作性、さらに商業主義に根差した大衆迎合性が目立ち、その結果としてジャーナリズム機能が著しく低下したことは由々しき問題といえるだろう。この傾向はとりわけ米メディアにおいて顕著で、その背景には「何よりも国家の安全保障が最重要で、その枠組みの中において『報道の自由』は限定的に容認されるべき」とする米政府の対マスコミ強硬姿勢があった。まず、国家の論理ありきの考え方であるが、その論を敷衍《ふえん》すると、戦争報道において国家（軍）に都合の悪い報道は自粛すべしということにもなりかねず、「国民の知る権利」が保障された民主主義社会ではとうてい許されない姿勢といわざるを得ない。

戦争は人間（国民）の生死に関わり、かつ国家存亡という重大事であるだけに、その真相や是非について詳細に報道し、国民に問題提起することがジャーナリズムに課せられた使命である。それゆえ、安易に政府や軍当局の要請を受け入れて「報道抑制」に踏み切り、権力監視という本来の責務を放棄すれば、それらの権力はそれを機に果てしなく甘い果実を貪り続けるに違いない。

二〇〇三年五月一日、ブッシュ大統領は太平洋上の空母「エイブラハム・リンカーン」の艦上で、イラク戦争の戦闘終結宣言を行い、「圧政者は倒れ、イラクは自由になった」とする勝利声明を発表した。しかし、フセイン政権を打倒し、捕捉した彼を死刑に追い込み、イラク国民から歓喜でもって歓迎されたはずの駐留米軍が、その後もイラク各地で激しい反米感情と攻撃に晒《さら》されている。

それればかりか、このようなイラクの混沌《こんとん》を絶好の戦場と考えるイスラム系テロリストたちが集結し、大規模なテロ活動を繰り返して一種の内戦状態に陥っている。イラク国内の情勢は、明らかに開戦前より悪化しているのである。イラク戦争報道を行ったメディアの中で、このような結末を果たしてどれだけのジャーナリストが正確に予見していただろうか。

注

（1）毎日新聞は二〇〇三年四月六日付朝刊で「大量破壊兵器発見なく『市民解放』に世論誘導　国際法違反の批判は必至」、同八日付夕刊で「『化学兵器発見か』米〝期待〟報道相次ぐ」と問題提起し、同一〇日付朝刊で「化学兵器発見報道すべて空振り『戦争の正当性』米、捜索に必死」との見出しで発見報道と事実関係を検証している。後者では、ナジャフの化学兵器施設、バグダッド南方約四〇キロの複合施設で見つかった化学兵器物質、ヒンディーヤの農業関連施設における神経ガス発見報道が、その後の検査で否定されたとしている。また、同一五日付朝刊で、「検証方法、英と食い違い――米、厳しい状況に」との見出しのワシントン駐在科学記者リポートを掲載した。

（2）「飛び交うウソ・誇張　検証・見えない戦争」、朝日新聞朝刊、二〇〇三年三月二八日。

（3）「従軍取材　利点と限界『埋め込み取材』米は自賛」、朝日新聞朝刊、二〇〇三年八月五日。「見せない戦争」「見えない戦争」と批判された湾岸戦争では、前線取材が少人数のプール取材に厳しく限定され、独自の取材は封印された。これはジャーナリストたちの行動や報道によって、軍隊の動向が外部に漏れることを軍当局が恐れたためで、彼らが報道しようとしていた記事や映像などの内容についても、作戦にどのような影響を与えるか、当局が詳細に検討を行った。つまり、これは軍当局による事前検閲に他ならず、そのセキュリティーレビュー（安全確認検査）を通ったものだけが報道されるという仕組みだったのである。それと比べると、イラク戦争の従軍報道は一見「見える戦争」への一歩と評価されるかもしれないが、ジャーナリストたちの取材行動や報道内容が同様に厳格にチェックされたことはいうまでもない。

参考文献

朝日新聞社一一六号事件取材班編『新聞社襲撃――テロリズムと対峙した一五年』岩波書店、二〇〇二年。

天野勝文・桂敬一『岐路に立つ日本のジャーナリズム』日本評論社、一九九六年。

石澤靖治『戦争とマスメディア』ミネルヴァ書房、二〇〇五年。

石田英敬・西山智香子・西谷修・港千尋『アルジャジーラとメディアの壁』岩波書店、二〇〇六年。

ロバート・ウィーナー（染田屋茂訳）『CNNの戦場』文藝春秋、一九九二年。

ボブ・ウッドワード（石山鈴子・染田屋茂訳）『司令官たち――湾岸戦争突入にいたる〝決断〟のプロセス』文藝春秋、一九九一年。

ボブ・ウッドワード（伏見威蕃訳）『ブッシュの戦争』日本経済新聞社、二〇〇三年。

江畑謙介『情報と戦争』NTT出版、二〇〇六年。

加藤哲郎『戦争写真家　ロバート・キャパ』筑摩書房、二〇〇四年。

金子敦郎『国際報道最前線』リベルタ出版、一九九七年。

ブルース・カミングス（渡辺将人訳）『戦争とテレビ』みすず書房、二〇〇四年。

城戸正彦『戦争と国際法』嵯峨野書院、一九九三年。

木下和寛『メディアは戦争にどうかかわってきたか』朝日新聞社、二〇〇五年。

古森義久『ベトナム報道一三〇〇日』筑摩書房、一九七八年。

柴山哲也『戦争報道とアメリカ』PHP研究所、二〇〇三年。

下山進『アメリカ・ジャーナリズム』丸善、一九九五年。

ハリソン・ソールズベリー（小川水路訳）『メディアの戦場』集英社、一九九二年。

グレッグ・ダイク（平野次郎訳）『真相 イラク報道とBBC』日本放送出版協会、二〇〇六年。

武田徹『戦争報道』筑摩書房、二〇〇三年。

ジャン・ダニエル（塙嘉彦訳）『ジャーナリストの誕生』サイマル出版会、一九七六年。

ノーム・チョムスキー（鈴木主税訳）『メディア・コントロール』集英社、二〇〇三年。

津田幸男・関根久雄編著『グローバル・コミュニケーション論』ナカニシヤ出版、二〇〇二年。

鶴木真編著『客観報道』成文堂、一九九九年。

ジェームズ・トービン（吉村弘訳）『アーニー・パイルが見た「戦争」』芙蓉書房出版、二〇〇六年。

徳山喜雄『フォト・ジャーナリズム』平凡社、二〇〇一年。

永島啓一『アメリカ「愛国」報道の軌跡』玉川大学出版部、二〇〇五年。

萩原滋編『変容するメディアとニュース報道』丸善、二〇〇一年。

橋本晃『国際紛争のメディア学』青弓社、二〇〇六年。

原寿雄・桂敬一・田島泰彦『メディア規制とテロ・戦争報道』明石書店、二〇〇二年。

デイビッド・ハルバースタム（浅野輔訳）『ベスト&ブライテスト』サイマル出版会、一九七六年。

マーリン・フィッツウォーター（佐々木伸・菱木一美訳）『ホワイトハウス報道官――レーガン・ブッシュ政権とメディア』共同通信社、一九九七年。

ドン・M・フラノイ、ロバート・K・スチュワート（山根啓史・薗部寿和・山根澄子訳）『CNN 世界を変えたニュースネットワーク』NTT出版、二〇〇一年。

本多勝一『戦場の村』朝日新聞社、一九六八年。

ヒュー・マイルズ（河野純治訳）『アルジャジーラ 報道の戦争』光文社、二〇〇五年。

フランク・マッカロック編（前沢猛訳）『米国マスコミのジレンマと決断』ビジネス社、一九八六年。

簑葉信弘『ＢＢＣイギリス放送協会』東信堂、二〇〇二年。

マーチン・メイヤー（大谷堅志郎・川崎泰資訳）『ニュースとは何か――不屈のジャーナリズム』ＴＢＳブリタニカ、一九八九年。

ロベール・メナール（大岡一郎訳）『闘うジャーナリストたち』岩波書店、二〇〇四年。

オルファ・ラムルム（藤野邦夫訳）『アルジャジーラとはどういうテレビ局か』平凡社、二〇〇五年。

マイケル・リープマン（桜井元雄訳）『ＢＢＣ王国の崩壊』日本放送出版協会、一九八九年。

第12章　ジャーナリズムとアカデミズムは連携できるか

1　情報化社会における「知の大衆化」と知識人の役割

知識人による社会的コミュニケーションの構築へ

高度情報化時代の今日、インターネットや新聞・テレビといった新旧メディア群が日夜、膨大な情報を発信し、それが人々のライフスタイルやマインド形成に大きな影響を与えている。これらの情報のなかで学術的に体系化された知的情報が「学問」で、それらは様々な社会事象の深奥に潜む本質や真理の解明に努めている。「知性の理解力は（中略）何万人もが幾千万の愚物を集めても、ただ一人の賢者に及ばない」（ショーペンハウエル）[1]という言葉に象徴されるように、「知」の集積としてのアカデミズムは優れた知識人の純粋知性に依拠しているといっても過言ではない。

「インテリゲンチヤ」と呼ばれるこれら知の表象者は、近代においては一八世紀の思想家、ヴォルテールやディドロ、ルソーなどに代表されるフランスの啓蒙思想家たちが先駆的存在として知られる。当時のパリにおいて、彼らの豊潤な知性と鋭利な前衛性が人々の感性を刺激し、その結果、アカデミズムが大衆の間に広く浸透したのである。

このような「知の大衆化」は、カルチェ・ラタンを拠点とするパリ派にとどまらず、米国を中心とするニューヨーク派にまで波及して百花繚乱期を迎えるが、両派に共通していたのは反体制を標榜するリベラリズムとラジカリズムだった。沈滞した時代を切り拓《ひら》く先鋭性と過激性が権力体制に不満を抱く弱者としての大衆から熱狂的支持を受け、グローバルな「抵抗文化」として世界的広がりをみせたのである。

メディアを通して「知の社会化」に貢献したサルトル

そして、「知の社会化」を強力に推し進めた代表的人物の一人が、フランスの哲学者、ジャン＝ポール・サルトルである。彼は自身の知的活動時間の大半をパリの大衆カフェで過ごし、そこを思考と議論と執筆の場とした。また、新聞や雑誌などのメディアと積極的に関わりを持ち、大衆に対する社会論争の惹起《じゃっき》やアジェンダ・セッティング（議題設定）に力を傾注した。それは知識人による一般社会との知的コミュニケーションそのもので、そのようなプロセスを通して彼は一躍、世界的な「知のヒーロー」として脚光を浴びることになる。

同じフランスの哲学者であるジャック・デリダも、西欧世界の知の伝統的ヒエラルキーを打破して注目を集めたが、彼もサルトルと同様、知識人の存在意義を「対大衆」という点に凝縮させていた。そして、この「大衆のための知」という発想は、現代における代表的な知識人であるエドワード・W・サイードやノーム・チョムスキーにも共通するものであった。

ちなみに、サイードが想定する「知識人」の規範は、(1)自由や公正に関して、世俗権力や国家に対して適正な振る舞いを要求する、(2)こうした振る舞いの規準が無視された場合、それらの侵犯行為に対して断固抗議し、勇気をもって闘う（彼はそれを「普遍性の原則」と形容）――というもので、彼はこのような条件を備えていなければ「知識人」の資格はないとしている。そんなサイードが「理想の知識人」と名指ししていた人物がサルトルだったのである。(2)

2　論議を呼ぶウォルター・リップマンの「大衆論」

メディアに操作される〝無知で脆弱な存在〟としての大衆像

言論・報道の自由が確立している民主社会において、メディアは大衆の総意を「世論」という形で表象しているが、アカデミズム世界に棲《す》む知識人の中には自身の高度な専門知識ゆえ、一般大衆に対して〝知らしめ・啓蒙する〟といったエリート意識剝《む》き出しの人も珍しくない。

米国において、「二〇世紀最高のジャーナリスト」と讃えられたウォルター・リップマンもその一人で、学術的批評家でもあった彼は、一般大衆がメディアによっていかに容易に操作される〝信頼できない存在〟であるかを論考してみせた。そして、そのような認識ゆえ、一般大衆の声をどれほど社会に反映しても、古典的民主主義が描く「理想社会」が誕生することはあり得ないと断じたのである。

つまり、民主社会の主役である一般大衆がどれほど強力な世論を形成しても、彼らには社会的重要事を決定するのに必要な専門知識が欠如しているため、その世論には意味がないというもので、その辛辣な大衆観は彼の著書『幻の公衆』（一九二五年）で次のように表わされている。

「公衆は関心が未熟で断続的であり、はなはだしい違いのみを見分け、目覚めるのに遅く注意をそらすのが速い、団結することで行為するため、考慮に値することは何でも個人的に解釈し、出来事がメロドラマ仕立てになったときにのみ関心を抱くということを、我々は当然と思わねばならない[3]」。そして、これら公衆は複雑かつ難解な問題を内包している社会的事象に対する理解力と、その是非を判断する能力を著しく欠き、単に情緒的に賛否を示すという影響力（世論）を保持しているにすぎないと結論付けている。

彼自身の言葉で表現すると、一般大衆とは「戸惑える群れ」「傍観者」「無知な群衆」「とりとめのない公衆」「幻の公衆」ということになる。そして、大衆は自身の能力の無さを自覚して、社会の重要事項に対する判断は知識人や専門家に委任すべきと考える。これは、社会の深層をジャーナリスト特有の鋭利な観察眼で抉《えぐ》った分析かもしれないが、これでは主権在民を本義とした今日の民主主義社会は成り立たなくなる。

つまり、国民本位の意思決定システムに重大な欠陥があるということになり、その結果、根本原理としての民主主義も〝虚構〟ということになりかねない。これについて、リップマンは臆することなく「民主主義の誤った理想は幻滅とおせっかいな暴虐にすぎない」(3)と断言しており、民主主義思想の脆弱性や虚構性をこれほど赤裸々に暴いてみせたジャーナリストは他にいないのではないだろうか。

リップマンのステレオタイプ化された疑似環境と世論

このような辛辣極まりないリップマンの大衆論は、彼の第一次世界大戦中の体験を抜きにしては語れない。彼は情報担当陸軍大尉としてドイツ戦線に送り込まれるが、そこにおける任務は捏造《ねつぞう》した虚偽情報やデマによって、敵側の大衆心理を攪乱し誘導するというものだった。この情宣活動は予想外の成果を上げ、リップマンは帰国後、その成功体験を基に「大衆と情報」に関わる数々の論考を発表する。

その多くが、一般大衆は権力機関やメディアが提供した様々な情報やニュース・臆測・噂話などによって、簡単に操作されるという趣旨であった。つまり、大衆は確固たる信念や思想、さらに十分な知識を持ち合わせていないため、与えられた情報による〝二次的な疑似環境〟に身を置くことを余儀なくされている。そして、そのなかで疑似反応を繰り返すことによって自律性を喪失し、結果的に宣伝や煽動の餌食になりやすいと断じたのである。

この『幻の公衆』の発表に先立つ三年前、リップマンはメディアに左右される大衆世論の危うさを説いた名著『世論』を世に出して脚光を浴びていた。同著において、彼は大衆が接する報道は「事実そのままの客観性を備えたものではなく、すでにある一定の行動型に合わせてステレオタイプ化されたもの」と考察している。その結果、現実の環境と人間の行動の間に「疑似環境」が介在することになり、人々はいわば〝幻〟に反応しているにすぎないという仮説を発表して、一躍、時代の寵児になっていたのである。(4)

「ステレオタイプ」という言葉は今日、自主性の欠如を表わす表現として頻繁《ひんぱん》に使われるが、これが初めて登場したのはこの著書においてであった。これはよほど堅固な信念や信条の持ち主でない限り、一般大衆は新聞や雑誌など強力なマス・メディアの影響を受けて、〝ステレオタイプ的発想〟を余儀なくされてしまうというもので、そこにはメディアによる「大衆支配」のメカニズムが浮き彫りにされていた。

つまり、人々は現実社会において主体的・自律的に生きていると思っているかもしれないが、本当は知らず知らずのうちにその主体性が捨象され、発信された情報群によって構築された「疑似環境」の中で暮らしているとする分析である。そのような人間と情報と社会の疑似的な相互関係の中で、大衆の意思として尊重されている「世論」が果たしていったいどのような意味を持つのか――とリップマンは問題提起したのである。

大衆の視座に立ったスノーとチョムスキーによるリップマン批判

このようなリップマンの大衆観に対し、大衆こそが民主社会の主権者と信じて疑わないナンシー・スノーは真っ向から反発する。その根拠として、スノーは情報化社会において大衆が自主性を発揮できない理由として、メディアの強力な社会的プロパガンダに対抗できない点を挙げる。また、そのための十分なメディア・リテラシーや対抗手段としての情報発信ツールが未確立であることも指摘している。

そして、メディアだけではなく、テレビや新聞に頻繁に登場して様々な言説を開陳している「知識人」の存在も無視できないと考える。つまり、彼らは巨大メディアとタイアップして影響力のある〝知的プロパガンダ〟を繰り広げ、結果的に「大衆操作の装置」として人々の心理を操り、大衆の社会的抵抗を抑え込んでいると考察する。(5)

ベトナム戦争以来、大衆の立場から米国の対外政策を批判し続けてきたチョムスキーも、スノーと同様、「公益を実現できるのは知性のある〝特別な人たち〟だけ」とするリップマンの大衆論に強く反発する。(6) 彼は、スノーが名指しした「知識人」についても、その名に値するだけの知性を保持している人がどれだけいるのかと懐疑心を隠さない。

メディアによる情報発信力が飛躍的に高まった今日、それを巧みに利用して意図的に情報を流し続ければ、たしかに大衆を意のままに操れることは、先の「小泉劇場」による二〇〇五年総選挙を見れば一目瞭然である。また、物事の善悪の判断ができない子供たちが悪しきネット情報に翻弄《ほんろう》され、我を失う事件が多発していることも、そのことを裏付けている。そして皮肉なことに、これらの事実はリップマンの冷徹な「メディアと大衆」の関係分析が現実のものであることを示しているのである。

3　「知と情報」の公共圏としての論壇ジャーナリズム

知の旗手としての論壇知識人と〝知のトライアングル〟

アカデミズムとジャーナリズムの連携の象徴として知られる「論壇ジャーナリズム」は、戦後しばらくして中央公論や世界・展望・思想の科学・現代の眼・現代の理論といった硬派の総合月刊誌において開花する。その仕掛け人がメディアであることはいうまでもないが、その「主役」兼「立役者」は名だたる学者や大学教授・評論家たちであった。彼らは「論壇知識人」と呼ばれ、〝知の旗手〟として一躍、脚光を浴びるが、その活動によってわが国においても「知の大衆化」が一気に加速することになる。

この論壇ジャーナリズムは、それまで互いに相容れなかったジャーナリズムとアカデミズムが協調することによって実現した社会的な知的表象行為であるが、その誕生は知識人とメディア（編集者）・大衆（読者）の三者による「知のトライアングル」が形成されたことを意味する。そして、それに伴う知的コミュニケーションの広域化によって、大衆社会における「知の公共圏」が徐々に機能し始める。これについて、杉山光信はアカデミズムの成果が論壇ジャーナリズムという理論装置を媒介として、大衆の知的好奇心を喚起し、成熟した世論を醸成することになると分析している。[7]

これら論壇知識人の中で、とりわけ異彩を放ったのが「岩波文化人」と称されるリベラルな論客たちである。彼らは「岩波アカデミズム」と呼ばれる知的左翼世界を構築し、その優れた学術的研究業績ゆえに、学界においてもひときわ高い評価を得て存在感を示した。

このように、戦後の知的世界を主導してきた論壇ジャーナリズムだが、一九七〇年代に入ると、その活動舞台となっていた硬派の総合雑誌が急速に凋落し始める。それまで一五万部台だった月刊「中央公論」の発行部数が一〇万部以下に落ち込んだのをはじめ、各誌とも急激な部数減によって出版社の経営の屋台骨が揺らぎ始めたのである。

その背景としては、テレビなど映像メディアの浸透に伴って若者層を中心に〝活字離れ〟が進んだこと、さらに折からの高度経済成長によって人々の生活水準が上がり、社会全体に中流意識が蔓延《まんえん》した結果、人々の関心が思想や哲学から日々のライフスタイルに直結した「実利」に移行していったことなどが挙げられる。また、論壇ジャーナリズムが盛んに取り上げた社会主義と資本主義の対峙など「イデオロギー論争」について、社会主義の衰退によって急速に社会的関心が稀薄化していったことも無視できない。

巧みな弁舌と魅力的な風貌が有力な武器に

その一方で、学術研究の府であるべき大学において、「団塊の世代」以降の学生の大量入学によって「学問の大衆化」が雪崩《なだれ》現象的に進行し、その結果、「知の平準化」が高等教育の形骸化をもたらしたことも看過できない。このような「知」の社会化や平準化・大衆化といった潮流は、国民メディアが新聞や雑誌から、映像メディアとしてのテレビ、さらにインターネットへとシフトしていったこととも無縁ではない。

つまり、それら媒体の変化に伴って、「知」のコンテンツの表象方法が劇的な変貌を遂げ始めたのである。その端的な例が、論壇ジャーナリズムで主流だった活字メディアの論理性から、映像メディア（テレビ）における象徴性や単純性・イメージ性への移行といえるだろう。

映像メディアの代表である「テレビ」に登場する知識人たちは、限られた極めて短い時間に専門分野の知的表象を行わねばならず、その結果、表象内容は断片的かつ象徴的にならざるを得ない。これはテレビのメディア特性に合わせたもので、それゆえ、プロデューサーが出演させたいと願う論客像の必須条件は、まず第一に視聴者の耳目を引く簡潔で巧みな弁舌、そして魅力的な映像的パフォーマンスということになる。

これは、圧倒的人気を呼んだ小泉元首相の〝絶叫型ワンフレーズ・ポリティクス〟に象徴されるが、そこで求められるのは与えられたわずかな時間内に物事の核心を衝《つ》く表現能力である。それに加えて、映像メディアである限り、視聴者に好印象を抱かせる魅力的な風貌も有力な武器となる。かくして、かつて論壇ジャーナリズムで高く評価された「知性の人々」とはまったく異なる知識人が、テレビ世界を跋扈《ばっこ》するようになったのである。

テレビに常時出演する〝タレント学者〟たちの世俗的欲望

このような流れを受けて、テレビ番組に出演することが学生相手の講義より価値がある、と考えているように思える大学教授も増えている。それは、自分の専門分野とはまったく無縁のバラエティーやクイズ番組に嬉々《きき》として出演し、悦に入っている「タレント学者」を見れば一目瞭然である。そこには、テレビ出演による高額ギャラやメディア露出による知名度の上昇、そしてそれに伴う講演依頼の増加や講演料単価のアップという世俗的動機があることはいうまでもないだろう。

これら〝テレビ族〟ともいうべき大学教授たちによる外部活動は、学術的かつ禁欲的なアカデミズム世界において長く禁忌とされてきたこともあって、彼らの過剰なメディア露出を「知の社会化」の履《は》き違え、あるいは学者としてのモラルに抵触するとして問題視する向きも少なくない。その一方で、彼らタレント学者のテレビ出演を〝大学の宣伝〟として積極的に容認・利用する私大経営者がいるのも事実である。

このような大学教授に加えて、各種評論家やアナリスト・法律家といった特定の専門的知識を有する知的職業人たち、つまり「純粋知」の周縁にいる人々のメディア露出も増えている。

厳格な知識人像を頭に描くサイードは、これらの人々を「知識人の仮面を被った俗人集団」、「顔のない凡庸な専門家たち」、「愛想の良い知的セールスマン」と形容して、彼らは「知識人」とは似て非なる存在と考える。その根拠として、彼らは知識人の必須条件である確固たる信念や哲学・思想を持ち合わせておらず、そのメディア露出も社会的公益性のためではなく、自身の世俗的動機である点を指摘している。つまり、民主社会における「真の知識人」は大衆に対する貢献が大前提になっているのに、彼らにそのような志《こころざし》は見られず、メディアを通じた自身の〝名声・栄達〟や経済的利益、さらに権力への迎合が明白と断じているのである。

4　「朝まで生テレビ」に常連出演する〝知性の人々〟

大衆受けを意識したシナリオ通りの〝知的激論ワイドショー〟

大学教授や評論家たちが主役のテレビ討論番組の中で、最も成功を収めたのが「朝まで生テレビ」（テレビ朝日、司会・田原総一朗）である。これは、出演者たちが歯に衣着せぬ本音で激論を戦わせる知的格闘技番組で、「部落差別」などこれまでタブー視されてきたテーマを積極的に取り上げたという点でも画期的だった。

同番組に先行してスタートした「ニュースステーション」は、ニュース番組を根底から覆す「報道革命」を起こしたが、この討論番組も建て前に傾倒しがちな「ＮＨＫ型」からの脱却という点において、革命的だったといえるかもしれない。

元来、公平で控え目であるべき司会者（田原総一朗）が、自身の主観的見解を堂々と開陳したり、客観的であるべき討論の流れを恣意的に誘導するといった型破りな手法が、視聴者の目に新鮮に映ったのである。つまり、視聴者は田原総一朗たちの独断と偏見と本音が空中戦を演じるという、これまで目にしたことのない〝ワイドショー的激論シーン〟に刺激を受け、次第にその魅力の虜《とりこ》になっていったのである。

この番組に、〝激論ショー〟を演出するための意図や虚構が事前にシナリオとして用意されていたことは十分考えられるが、視聴者たちはそれを暗黙のうちに了解していたと思われる。そのうえで、極度に単純化された、乱暴とも思える〝知的極論・暴論バトル〟を楽しんでいたわけで、かつての「論壇ジャーナリズム」と同レベルの知的水準をこの番組に求めること自体がナンセンスなのである。実際のところ、大衆を意識した「知的ワイドショー」と考えれば文句も出ないのである。

「朝まで生テレビ」の知識人ネットワーク

それでは、この番組にどのような知識人がパネリストとして出演していたのだろうか。資料12－1は一九九六年五月から二〇〇五年五月までの間（計一〇九回）に出演したパネリストを、出演回数順に列挙したものである。

この九年間で、一〇回以上出演した知識人は一三人いるが、トップの評論家・宮崎哲弥は計五〇回。その出演頻度は四五・八％で、実に二回に一回の出演。その際のテーマは、大蔵省の功罪、アメリカ流の正義、女の時代、小泉政権と参院選、アフガン戦争、言論・表現の自由、若者の暴走、皇室問題と多岐にわたっており、政治や国際・社会などの諸領域を含むオールラウンド・プレーヤーとして登用されていた。彼が常連出演者として選ばれたのは、司会を担当する田原総一朗や担当プロデューサーの意向によるものと思われるが、彼が大学など特定の組織に属さない自由な立場にあったこと、さらには若者

資料 12-1　「朝まで生テレビ」に出演した主なパネリストたち

（1996.5～2005.5の計109回分）

順位	氏名	回数	出演期間	出演頻度（%）
1	宮崎哲弥	50	1996年9月～2005年5月	45.8
2	森本敏	31	1997年4月～2005年5月	28.4
3	姜尚中	26	1997年4月～2005年5月	23.8
4	金子勝	22	1999年12月～2004年11月	20.1
5	村田晃嗣	17	2003年2月～2005年5月	15.5
6	猪瀬直樹	16	1996年12月～2004年12月	14.6
7	舛添要一	13	1996年5月～1999年12月	11.9
8	西部邁	12	1996年7月～2003年8月	11.0
9	野坂昭如	10	1997月3月～2002年12月	
9	草野厚	10	1999年11月～2004年1月	
9	井尻千男	10	1996年7月～2003年7月	
9	吉田康彦	10	1996年8月～2005年5月	
9	重村智計	10	1997年5月～2005年5月	
14	石川好	7	1996年12月～2003年1月	
14	秦郁彦	7	1996年11月～2005年4月	

の代表といった清新なイメージが、番組のコンセプトに欠かせないキーパネリストという背景があったのかもしれない。

出演回数二位の森本敏は安全保障問題が専門、三位の姜尚中と四位の金子勝はともに政治から国際・戦争・思想・人権・経済まで広範な領域をカバーできる学識者で、とりわけ前者はこの番組のバックボーン的な看板パネリストであり、その存在感は宮崎以上だった。

また、道路公団改革に取り組んだ猪瀬直樹や、舛添要一、西部邁などは初期の常連パネリストで、彼らの出演頻度は三～九回に一回前後とかなり高かった。九位の野坂昭如もその一人で、ペルー事件や在日問題・ナショナリズムなどの論議に加わった。さらに、同様のパネリストとして一四位の石川好が挙げられるが、彼も得意とするアメリカ問題以外に官僚や在日問題・日本の自立といったテーマに参加していた。

このパネリスト・リストは、特定の人物が繰り返し出演し、したがって同じ顔ぶれで討論が展開されていたことを浮き彫りにしている。つまり、「朝まで生テレビ」の知識人ネットワークが構築されていたわけで、常連出演者の間で徐々に仲間意識が醸成されていたことは想像に難くない。実際、この種の討論番組では、パネリスト同士が顔見知りであると同時に、互いに相手の考え方を熟知していることが、討論をより効果的（シナリオ通り）に展開できる必須条件でもある。

衆愚的なマスを意識した論点単純化と言葉のキャッチボール

それでは、これら「朝まで生テレビ」の常連パネリストたちは、総合雑誌とともにかつての論壇ジャーナリズムを支えてきた新聞に、いったい、どの程度露出していたのだろうか。前掲資料12-1の調査期間とほぼ同時期である一九九六年五月一日～二〇〇五年五月三一日の間、朝日・毎日・読売の三紙に彼らの名前がどれだけ登場したか、その露出度を検索サイト（日経テレコン21）で調査した。

それによると、「朝まで生テレビ」の出演回数で断然トップだった宮崎哲弥は、これら三紙に対する露出は一三四件で、出演者全体の中で一五位だった。また、この番組で二位だった森本敏が同一三位、五位の村田晃嗣が同一九位、八位の西部邁が同二四位、九位の草野厚が同一九位と順位を下げており、いずれも新聞露出度が相対的に劣っていた。反対に、「朝まで生テレビ」より新聞露出度の方が高かった代表例としては、新聞調査で七六〇件とトップだった野坂昭如（「朝まで生テレビ」では九位）、二位の猪瀬直樹（同六位）に加えて三位の島田晴雄（同二三位）、四位の宮台真司（同二〇位）、五位の石川好（同一四位）、九位の福岡政行（同二四位）たちが挙げられる。ちなみに、「朝まで生テレビ」の司会者である田原総一朗の名前が、同じ期間中にこれら三紙に登場したのは二二九件で、これはパネリスト・リストの中で三位に相当する。

「朝まで生テレビ」のような討論番組における「知の表象」の困難性は、それが論理的な活字メディアとは違って、感情移入の余地が大きいイメージや印象が幅を利かせている点にある。パネリストたちの白熱した論議がライブでオンエアされ、そこでキャッチボールされる激しい言葉の遣り取りは、それがバトルであるがゆえに断片的かつ単純化されたものにならざるを得ない。

テレビが難解な知的言説の表象に適していないメディアであることを考えれば、かつての論壇ジャーナリズムのような深遠なる論争は望むべくもないのである。実際、出演者たちには理性的かつ論理的な言説より、パネリスト間の勝ち負けや視聴者受けを意識した姿勢が顕著に見られ、アカデミズムの「知の社会化」という側面がないとはいえないものの、その中身はエンターテインメントやワイドショーの領域にとどまっている。このように、テレビというメディア特性ゆえ、議論が理性的に深化することは期待できず、結局は議論の大乱闘の後、司会者がもっともらしく「総括」するということにならざるを得ないのである。

この討論番組によく出演していた姜尚中は、衆愚的なマスが様々な出来事に対してアド・ホックに反応するという状況下において、この種のテレビ番組の視聴者たちは「入口」（問題）があれば、すぐに「出口」（解答）を求めるといった短絡的な反応しかできないと指摘。さらに、そのような今日的なメディア状況の中で「真の知識人」を見つけることは至難の業《わざ》と警鐘を鳴らしている(8)。

実際、今日の情報化社会では細分化されたメディア群から玉石混淆の情報が洪水のように発信され、その受け手である一般大衆はそれらの真贋《しんがん》を見極めることができず、結果的にそれらに翻弄されているといっても過言ではない。つまり、大衆には「情報」と「知」を読み解くリテラシー力が不足しており、アカデミズムとジャーナリズム・大衆を取り結ぶ理想の「知のトライアングル」は不都合な形に陥っているのである。

5 新しい知のパラダイムでアカデミズムは「道標」になれるか

最近の知識人は「知の断片を切り売りしている知的セールスマン」

ジャーナリズムが現実の社会事象の探求を身上としているのに対し、アカデミズムはその深奥に潜む真理の研究を目的にしている。さらに、前者がそれらの事象の正確かつ迅速な伝達を使命としているのに対し、後者はその知的体系の分析と構築を責務としている。このように、両者の間にはその目的に大きな隔たりがあるが、情報と知識を媒介にして社会を主導するという点において、共通の基盤を持つ存在なのである。

そのような親和性ゆえ、サイードは「真の知識人こそが社会改革の父であり母である」とする強い信念を抱きながらも、民主社会においてメディアを媒介にした知識人と大衆の協調がいかに重要であるかを強調した。実際、知識人像を「大衆的視座で社会批評を展開し、行動する人々」と定義していることからも明らかなように、彼が頭に描く知識人とジャーナリストは、その社会的存在という点において酷似しているのである。

その帰結として、テレビに頻繁に登場して悦に入っている知識人たちは、サイードにとって〝知の断片〟を切り売りしている「知的セールスマン」以外の何者でもないわけで、彼をして「真の対抗的知識人は姿を消しつつある」と慨嘆させたのも、このような現実を抜きにしては語れないのである。[8] チョムスキーは、そのサイードを「現代における真の知識人」と高く評価した。また、姜尚中はこの二人を「知的世界における真の知識人」と形容し、なかでもサイードに対しては「英雄的な孤高の知識人」という最高の賛辞を贈っているのである。[9]

知力が大衆を解放すると考えるサイード

今日の社会ではジャーナリズムの衰退と歩調を合わせるかのように、「純粋知」の社会的後退が進行し、知の世界のパラダイムが劇的に変容する兆しを見せている。それは、コマーシャリズム（商業主義）に傾斜するメディアと、世俗的知識人たちによって形骸化しつつあるアカデミズムの歪《いびつ》な癒着の成せる業《わざ》といえるかもしれない。

知識人こそが、現代の表象システムが押し付けてくるステレオタイプ化した思考を粉砕できる――これはリップマンに対抗するサイードの見解であるが、このようにサイードは大衆を解放するために知識人の積極的な社会的関与が不可欠と考えた。つまり、知力こそが現代社会の「道標」になり得ると信じていたわけで、その過程においてジャーナリズムとの協調を重要視したのである。

6　大学におけるジャーナリズム研究とジャーナリスト教育

ジャーナリスト志望学生のニーズに合わない教育内容

第二次大戦後、わが国ではジャーナリズムが「第四の権力」として社会的認知を受け、主要大学において新聞研究所や新聞学科の創設が相次いだ。一九九〇年代に入ると、高度情報化時代の到来と相俟《あいま》って、情報、メディア、マスコミ、マス・コミュニケーションといった名称の新学科が誕生ラッシュを迎える。いずれも、時代の潮流に乗って受験生を獲得しようというものだったが、これを機にわが国の大学でメディア研究やジャーナリズム研究が本格化し、ジャーナリスト志望の学生も急増する。

一方、メディア先進国の米国では、大学と新聞社・テレビ局などが連携したインターンシップが充実しており、ジャーナリズム学専攻の学生たちはプロのジャーナリストとともに、現場で実践的取材を体験できる環境にある。つまり、ジャーナリスト志望の学生は大学での授業だけではなく、現場取材やライティング・インタビュー・編集技術などを実体験しながら研修する機会に恵まれているのである。

これに対し、日本の大学では理論的なジャーナリズム研究とジャーナリスト養成を包含した統括的なカリキュラムが未整備であるばかりか、双方が乖離し対立した状況にある。つまり、ジャーナリズムの理論研究（授業）は理念に傾倒するあまり、「メディア批判」になりがちであるのに対し、それを受講する学生の多くは、そのメディアへの就職希望者という矛盾を内包しているのである。これはわが国の大学におけるジャーナリズム教育が、ジャーナリストを志望する学生の現実的ニーズに十分応えていないことを意味している。

また、このような学生の不満に加えて、学生を受け入れるメディア側にも大学のジャーナリズム教育に対する不満と不信感がある。メディア側は〝論よりも足〟で行動する積極的で活発な学生を望んでいるのに、大学は頭でっかちな〝青白き理論派〟ばかりを養成しているというもので、学生を送り出す側と受け入れる側のコミュニケーションが円滑ではないのである。それは今日においても改善されているとはいい難く、学生の就職に責任を負うべき大学側が、学生の要望に沿った「実践的教育」に方向転換すべきであることはいうまでもない。

大学院でインターンシップを中心としたプロフェショナル研修を

この点に関して、米国の大学では理論研究とジャーナリスト養成の職業教育がバランスよく行われている。そのキーポイントは実践的教育のための大学院の存在で、日本でも一般教養レベルの学部とは別に、ジャーナリスト志望者のための「専門大学院」の設置が必要ではないだろうか。

そこでは、学部からの延長としての理論研究に加えて、ジャーナリスト志望者のために特別な養成カリキュラムを設け、彼らをインターンシップ提携した新聞社やテレビ局・制作会社に派遣するのも一案である。それも、従来のような二～三週間という短期間ではなく、半年から一年間かけて現場を体験し、実践力を磨くという本格的なものとし、その過程で採用決定があってもよい。つまり、大学とメディアの共同作業による実践教育と就職活動のセットで、メディア側にとっても学生の適正や実力をじっくりと観察できるメリットがある。そのためには、アカデミズムとジャーナリズムの歩み寄りが必要であることはいうまでもない。

昨今、マス・メディアは「メディアの多様化」という嵐の中で、社会的使命としての権力の監視や批判、さらに社会的アジェンダ・セッティング（議題設定）や大衆意見の代弁といった責務を忘れて、利益追求のコマーシャリズムに傾倒している観がある。このことは、民主社会に欠かせない「第四の権力」としてのジャーナリズムの衰退を意味しているわけで、そのような批判に応えるためにも、アカデミズムと協調して、優秀なジャーナリスト養成に取り組むべきではないだろうか。

一方、大学では「マスコミ」「ジャーナリズム」「メディア」といった学科の学生なのに、ジャーナリストになるための実践的な専門教育が受けられないという不満が充満している。これは、教員の中にジャーナリスト経験者が少ないということもあるが、そもそも大学自体が就職を明確に意識した実践的な職業教育を軽視してきたことが最大の要因ではないだろうか。大学生の大半が社会に出て就職するという現実を顧みれば、今日の大学が「職業人」を養成して社会に送り出すという、本来の義務を放棄していると批判されても仕方がないのである。

注

（1）ショーペンハウエル（細谷貞雄訳）『知性について』岩波書店、一九六一年。

（2）エドワード・W・サイード（大橋洋一訳）『知識人とは何か』平凡社、一九九八年。サイードはパレスチナ生まれで、文学研究者であると同時に卓越した批評家、元コロンビア大学教授。一九七八年刊行の『オリエンタリズム』は西洋と東洋双方の虚構の対立を捏造《ねつぞう》してきた知識人批判書であり、同書によって彼は一躍、世界的な文化批評家として脚光を浴びるようになった。彼の知識人論で一貫しているのは、その存在が大衆のために存在するという点に凝縮されており、それゆえ、知識人の代弁＝表象が一段と高いレベルに属し、究極的な価値を体現していると考えるのは「偽知識人」の所業と断罪する。つまり、「真の知識人」は世俗的な存在であるがゆえに、その活動が誰の利害に奉仕しているのか、権力と正義をいかに区分しているのかといった世俗世界における知識人の活動の質に求められるとする。

そして、本書では深く言及しなかったが、サイードの知識人論で重要な位置を占めるのがアマチュアリズム（アマチュア主義）である。これはプロフェショナリズム（専門主義）と対極を成すもので、「専門家のように利益や褒章によって動かされるのではなく、愛好精神と抑えがたい興味によって衝き動かされ、より大きな俯瞰図を手に入れたり、境界や障害を乗り越えてさまざまなつながりをつけたり、また、特定の専門分野にしばられずに専門職という制限から自由になって観念や価値を追求すること」を意味し、それによって知識人の独創性や意志を脅かす圧力に対して揺さぶりをかけることができると考える。つまり、アマチュアとしての知識人は狭量な専門的観点に縛られることなく、社会の中で思考し憂慮する人間のことで、その結果、公共の場で誰彼《だれかれ》に憚《はばか》ることなく思想なり価値観を表明することができる。それゆえ、崇高なアマチュア・マインドを持った知識人は国家への忠誠の圧力や、そこからいかにして相対的に自律できるかを模索する知識人としての責務を念頭に置きながら、権力に対抗して真実を語ろうとする言葉の使い手であると考える。つまり、大衆の視座に立脚するという観点から、アマチュアリズムと権力に対する批判精神が知識人にとって至上命題と考えるところにサイードの原点がある。

（3）ウォルター・リップマン（河崎吉紀訳）『幻の公衆』柏書房、二〇〇七年。リップマンは秀れたジャーナリストであると同時に、政治学者・思想家・哲学者でもあった。わが国で早く刊行された『世論』（一九二二年）から三年後の一九二五年に刊行されたのが、この書である。このほか、一九五五年刊行の『公共の哲学』がある。『幻の公衆』はその刊行過程からも『世論』の延長線上に位置付けられるべきもので、リップマンは「人が事に当たる姿勢にあるとき、彼らは公衆であると私は定義する。他者がどのように振る舞うべきかについての意見が世論である」としたうえで、公衆にできることと、できないことを明確に理解する必要性を強調し、安定した社会において「意見の表明でなく、提案に協力するか反対するかだけの公衆」はあまり必要とされないと考える。つまり、民主社会の主役とされる公衆は「幻にすぎない」「それは抽象なのだ」、さらに「とりとめのない公衆が論争の利点を活かせるとは思えない」と辛辣に述べたうえで、彼らを「無知な人民」と呼称する。また、「公衆を構成する不揃いな傍観者の集まり」とも形容し、彼らが「複雑で変化に富む社会で日々生じる問題のすべてに関心を抱くことはできず、粗雑な判断さえ下せず、もっともひどい党派のようにさえ振る舞わないだろう」とその存在意義を否定的に考察している。

そして、民主的社会との関連においても、「民主主義の理想は決して公衆の機能を定義するものではない」とネガティブな評価をしている。これらの言辞から、リップマンは〝無知なる公衆〟をいかに統御すべきか、またその過程で彼らがどのような反応を示すのかを、世論形成という側面から鋭利に考察したのである。ただ、この分析があまりにも苛烈であっただけに、民主主義という理想の理念に酔う人々には、忌まわしいものとして受け入れられなかった。

（4）ウォルター・リップマン（掛川トミ子訳）『世論』岩波書店、一九八七年。民衆の自己統治力を民主主義の基本的前提と考えるリップマンは、その延長線上に政治社会情報やニュースの本質に迫るマス・コミュニケーション過程を位置付け、そこに「疑似環境」が存在することを発見する。そして、彼は人間がある種の固定観念を持つことによって、イメージが左右されることを「ステレオタイプ」という言葉で表現してみせた。メディアによる読者や視聴者支配、それはまさに彼が指摘するステレオタイプの大量生産に他ならず、それゆえ大衆（世論）は高度情報化社会において、よりいっそうメディアによる影響を受け、脆弱な存在であるという仮説を成立させた。

（5）ナンシー・スノー（福間良朗訳）『情報戦争』岩波書店、二〇〇四年。著者はカリフォルニア州立大学フラートン校コミュニケーション学部准教授。痛烈なウォルター・リップマン批判を展開するスノーは、情報化社会における対外プロパガンダとしてのメディアに焦点を当てて宣伝・広告分析を行っている。その結果、多くのメディアは内容に乏しいが、イメージは強烈で、それゆえ見る者の目を惹《ひ》き感情を操作し、その衝動をショートさせることのみに奉仕すると考える。そのプロセスを経て、「宣伝・広告産業はますます、あたかも成人を服従させる産業のように機能している」とし、彼らに対していかに感じるかを教え込んだ結果、ますます多くの人々が疑問を抱くことなくその合図を受容し、従うようになってしまうと分析する。このようなプロパガンダによる影響力の評価はリップマンと同様であるが、ナンシーはリップマンのようにそれを是認せず、大衆にとって真に民主的な情報社会はどうあるべきかを、メディア批判の立場から追究しているところに特徴がある。

(6)　ノーム・チョムスキー（鈴木主税訳）『メディア・コントロール——正義なき民主主義と国際社会』集英社、二〇〇三年。チョムスキーはマサチューセッツ工科大学教授・言語学者だが、ベトナム戦争をはじめとして米国による強硬な対外政策や覇権戦略を一貫して批判してきた。そして、一般の人々が自分たちの問題を自分たちの頭で考え、その決定にそれなりの影響を及ぼす手段を持っていて、さらに情報へのアクセスが開かれている社会こそが「民主主義社会」であると定義する。つまり、大衆が主権者でなければならないと考えるわけであるが、チョムスキーはこの著書の冒頭で皮肉いっぱいに「民主主義社会のもう一つの概念は、一般の人びとを彼ら自身の問題に決してかかわらせてはならず、情報へのアクセスは一部の人間のあいだだけで厳重に管理しておかなければならないとするものだ」と述べ、このような民主主義社会があってよいはずはないが、「実のところ、優勢なのはこちらのほうだと理解しておくべき」と警告している。

さらに、ウォルター・リップマンの大衆観批判に関連して、当時、このような特別の知識人が愚かな大衆を操作することを是認する論調は珍しくなかったと指摘する。その一例として、プロテスタントの社会思想家で近代産業社会における神学的人間学を実践した外交評論家、ラインホールド・ニーバーを挙げ、彼は理性を持った人間は必要な幻想を作り出し、人びとの感情に訴える過度の単純化によって純真な愚か者たちを逸脱させないようにしなければならないとする政治技法を提唱して、ケネディ政権の政策決定に大きな影響を及ぼしたと批判的に分析している。

(7)　杉山光信『学問とジャーナリズムの間』みすず書房、一九八九年。杉山は「知識人論」がテーマとしてきたのは個人としての知識人ではなく社会層としての知識人であるとし、そのカテゴリーへの所属基準として「高等教育を経て専門的知識を身につけたが、特定の職域でのみ生きるそれら知識・技能をこえて、『多少とも一般的普遍的な事柄について論議する能力、ないし傾向をもつ』こと」が重要と考える。西欧では作家や芸術家・論説記者・批評家・法曹家・医者といった自由業の人々がそのカテゴリーと見做《みな》されてきたが、杉山は知識人を社会層として位置付けた場合、そのような学歴や職業・能力・傾向だけでは不十分とする。つまり、専門や職域を異にしていても、一般的・普遍的な知や教養のために献身しているという共通の意識や自覚による連帯感が重要で、社会層としての知識人を、専門領域にこだわらない広範な知的共同体への帰属意識の共有意識によって結び付けられた社会層と定義する。また、専門領域の学会に足がかりを持たず、総合雑誌を中心に活動していた学者の論考に対して、学会からの、論証を欠き、主観主義的価値判断や情感に浸るものとする批判が跋扈《ばっこ》していることについて、杉山は、それはアカデミズムとジャーナリズムの断絶であり、知識人の共同体の亀裂そのものであるとする批判的立場をとる。つまり、ジャーナリズムの領域に属する「世界」や「中央公論」といった総合雑誌への発表、しかも巻頭や中軸となる論説、さらに新聞の論壇時評で注目されるような知的生産物は専門学会誌への発表と学術的に同等で、時にはアカデミズムより評価が高いこともあると指摘し、アカデミズムとジャーナリズムの共同体的知的行為としての論壇ジャーナリズムを評価している。

（8）　大橋洋一「時間の対位法――サイードともうひとつの帰還」『現代思想』vol.三一‐一四、二〇〇三年。
（9）　姜尚中「サイード、場所なき知識人の声」『現代思想』vol.三一‐一四、二〇〇三年。

参考文献

天野昭・荒木功・吉崎正弘『メディアと人間』昭和堂、二〇〇一年。

伊藤宏・藤田真文編『テレビジョン・ポリフォニー』世界思想社、一九九九年。

伊藤守・西垣通・正村俊之編『パラダイムとしての社会情報学』早稲田大学出版部、二〇〇三年。

稲葉三千男編『「マスコミ」の同時代史』平凡社、一九八五年。

井上輝夫・梅垣理郎編『メディアが変わる　知が変わる』有斐閣、一九九八年。

梅棹忠夫『情報の文明学』中央公論社、一九八八年。

大井浩一『メディアは知識人をどう使ったか――戦後「論壇」の出発』勁草書房、二〇〇四年。

大石裕『ジャーナリズムとメディア言説』勁草書房、二〇〇五年。

加藤秀俊『取材学』中央公論社、一九七五年。

河内孝・岡本隆治『ジャーナリストになるには』ぺりかん社、二〇〇〇年。

公文俊平『情報文明論』NTT出版、一九九四年。

小林康夫・松浦寿輝編『メディア――表象のポリティクス』東京大学出版会、二〇〇〇年。

エドワード・W・サイード、タリク・アリ（大橋洋一訳）『サイード自身が語るサイード』紀伊國屋書店、二〇〇六年。

ロジャー・サイモン（横山和子訳）『ジャーナリストはなぜ疑り深いか』中央公論社、一九八八年。

産経新聞論説委員室編著『社説の大研究』産経新聞社、二〇〇二年。

柴田鉄治『新聞記者という仕事』集英社、二〇〇三年。

清水幾太郎『ジャーナリズム』岩波書店、一九四九年。

ウィッカム・スティード（浅井泰範訳）『理想の新聞』みすず書房、一九九八年。

竹内洋・佐藤卓巳編『日本主義的教養の時代』柏書房、二〇〇六年。

ジャン・ダニエル（塙嘉彦訳）『ジャーナリストの誕生』サイマル出版会、一九七六年。

筑紫哲也・佐野眞一・野中章弘・徳山喜雄編『職業としてのジャーナリスト』岩波書店、二〇〇五年。

内藤国夫『新聞記者として』筑摩書房、一九七四年。

長谷川一『出版と知のメディア論』みすず書房、二〇〇三年。

花田達朗・廣井脩編『論争 いま、ジャーナリスト教育』東京大学出版会、二〇〇三年。

花田達朗・ニューズラボ研究会編著『実践ジャーナリスト養成講座』平凡社、二〇〇四年。

ピート・ハミル（武田徹訳）『新聞ジャーナリズム』日経BP社、二〇〇二年。

原寿雄『ジャーナリズムの思想』岩波書店、一九九七年。

デイビッド・ハルバースタム（浅野輔訳）『ベスト&ブライテスト』サイマル出版会、一九七六年。

本多勝一『職業としてのジャーナリスト』朝日新聞社、一九八四年。

牧内節男『新聞記者入門』みき書房、一九七八年。

鈴木紀夫　183
スノー，ナンシー　278, 279
孫正義　28, 29

た　行

ターナー，テッド　38
ダイアナ（プリンセス・オブ・ウェールズ）　180
高橋淳子　89
竹下登　88, 91, 92
立花隆　215
田中角栄　213
田中真紀子　203, 207, 209, 213, 214, 216
田原総一朗　139, 141, 147, 283, 284
田宮武　101
千草宗一郎　162
筑紫哲也　31, 53, 67, 81, 85–87, 97–100, 122, 147, 174, 176, 177, 205
チョムスキー，ノーム　275, 279, 288
辻村國弘　75
椿貞良　139–147
デリダ，ジャック　275
田英夫　84, 94, 95
戸川猪佐武　84, 94

な　行

中川昭一　129, 130, 132, 133
中曽根康弘　68, 90–92
ニクソン，リチャード　174, 190
西部邁　285, 286
野坂昭如　285, 286
野島直樹　130

は　行

パウエル，コリン　252
萩原敏雄　157
橋本龍太郎　69, 90, 92
秦正流　94
鳩山由紀夫　90
早川紀代秀　175, 176
ハンチントン，サミュエル　6
日枝久　32
平野次郎　53, 58
広瀬道貞　96
（オサマ・）ビン・ラディン　242, 255
福岡政行　286
福田和也　215
福田康夫　121
フセイン，サダム　243, 247–253, 257, 260
ブッシュ，ジョージ・W　84, 249, 253, 255, 262, 270
古舘伊知郎　87
ブルックス，ビンセント　261
古谷綱正　81, 82, 84, 88, 94
ブロコウ，トム　83, 84
細川護熙　140, 141
堀江貴文　30–32
堀尾正明　71

ま・や行

マードック，ルパート　13, 26, 28, 29, 35, 39–42, 263
マクルーハン，マーシャル　5, 43, 267
舛添要一　285
松尾武　130, 133, 137, 138
三木谷浩史　33, 35
宮崎哲弥　284, 286
宮沢喜一　91
宮台真司　286
ムスタファ，アーメド　259
村尾尚子　70
村田晃嗣　286
森田美由紀　71
森本敏　285, 286
森本毅郎　52
森喜朗　90, 124, 125
山崎拓　96
山下徳夫　96
ヤン，ジェリー　25

人名索引

あ 行

アーネット，ピーター　244，245
アイリス，ロジャー　263
青山貞一　186
麻原彰晃　175
麻生太郎　119
安倍晋三　129，130，132-135
アユーブ，タリク　260
石川好　285，286
磯崎洋三　176-178
磯村尚徳　51，84，85
伊藤邦男　144
猪瀬直樹　285
今福祝　51
今道潤三　95
入江徳郎　84，94
上山千穂　86
梅村耕一　85
海老名俊則　54，55
大江健三郎　64，65
大島理森　121
大原麗子　212
大森実　94，95
大宅壮一　74，93
岡田克也　108
小川邦雄　53
小田久榮門　54-57，89，93
小櫃真佐己　73
小渕恵三　90，92

か 行

海部俊樹　92
桂田光喜　54
金子勝　285
金丸信　91
川端義明　86，87
姜尚中　285，287
菅直人　90
木村太郎　58，147
清原和博　213
草野厚　75，286
久保伸太郎　159
熊崎勝彦　163
久米宏　53，55-58，65-74，84-102，122，139，141，147，186，205
クラーク，ビクトリー　261，264
黒田あゆみ　87
クロンカイト，ウォルター　81-83
ケネディ，ジョン・F　51
小泉純一郎　282
河野義行　170-173
小谷真生子　86
小林一喜　55，91
コペル，テッド　256
小宮悦子　55，85，86
近藤紘　75

さ 行

サイード，エドワード・W　275，283，288
酒鬼薔薇聖斗　222
坂本堤　174-176
櫻井よしこ　88
サッチャー，マーガレット　268
佐藤栄作　95
サルトル，ジャン=ポール　275
ジェニングズ，ピーター　83，84
島田晴雄　286
昭和天皇　130
ショーペンハウエル，アルトゥル　274
ジョンソン，リンドン　82
杉山光信　280

《著者紹介》

福永勝也（ふくなが・かつや）

1947年　生まれ。
1970年　慶應義塾大学経済学部卒業。
毎日新聞社編集委員（学芸部・経済部），「英文毎日」（マイニチ・デイリーニューズ）編集長，「世界報道研究所」（World Press Institute・米国）日本代表研究員，米国務省文化交流庁（USIA）メディア招聘フェローなどを経て，
現　在　ジャーナリスト，京都学園大学（大学院）人間文化学部教授（メディア社会学科），京都産業大学非常勤講師（マスコミ論）。
著　書　『こんなアメリカを知ってるか』サイマル出版会，1988年。
『外交官の見たニッポン』ブレーンセンター，1992年。
共著書　『古事記の証明』毎日新聞社，1979年。
『日米映像文学は戦争をどう見たか』日本優良図書出版会，2002年。
『サムライ日本 どこへ行く』『破滅――三菱銀行事件』。
論　文　「寡占化すすむアメリカ・マスメディアの光と影」「海外メディアによる阪神大震災報道」「文豪たちのパリ・カフェ物語」「アメリカの家族――賢母亡国論」「中東・民衆革命におけるフェイスブックの威力」など。

叢書・現代社会のフロンティア⑮
衰退するジャーナリズム
――岐路に立つマス・メディアの諸層――

2010年11月10日　初版第1刷発行　〈検印廃止〉
2012年9月30日　初版第2刷発行

定価はカバーに
表示しています

著　者　福　永　勝　也
発行者　杉　田　啓　三
印刷者　田　中　雅　博

発行所　株式会社　ミネルヴァ書房
607-8494　京都市山科区日ノ岡堤谷町1
電　話　(075) 581-5191（代表）
振替口座・01020-0-8076番

創栄図書印刷・新生製本

ISBN978-4-623-05841-9
Printed in Japan

ら・わ行

ラザー，ダン　83, 84
ラムズフェルド，ドナルド　251
リップマン，ウォルター　276-279, 289
渡辺真理　86

事 項 索 引

あ 行

RDD 方式　110
IT 革命　3, 6
アカデミズム　274, 280, 287, 289
秋田連続児童殺害事件　181, 182
朝日新聞（社）　28, 29, 65, 90, 93, 97, 99, 100, 129, 133, 144, 215
「朝まで生テレビ」（テレビ朝日）　283-286
アジェンダ・セッティング（議題設定）　8, 17, 49, 108, 275
アジト　164
アップル　24
アナウンスメント効果　105, 124, 125
アブダビ・テレビ　259
アマゾン・ドット・コム　10
アメリカ・オンライン（AOL）　22, 27, 40
アメリカン・グローバリズム　241
アル・ジャジーラ　243, 245, 247, 255, 257-260
アルカイダ　242
「アルライ」　260
アンカーマン　81, 256（「キャスター」も参照せよ）
　ビッグ——時代　83, 84
アンダードッグ（効果）　124
アンドロイド　26
イエロージャーナリズム　41, 202, 211
一億総白痴化　74
イメージ・キャンペーン，イメージ戦略　107, 243
イラク国営テレビ　248, 255
イラク戦争　6, 242, 243, 246-248, 256-259, 261-264, 267-270
岩波アカデミズム，岩波文化人　280
インターネット・ビジネス　23
インターンシップ　289, 291
ウィンドウズ　23
ウェスティングハウス・エレクトリック　39
ウォーターゲート事件　174
「ウォールストリート・ジャーナル」　10, 12-15, 26, 41
ウォッチドッグ　17, 211
ウォルト・ディズニー　39
AOL　→アメリカ・オンライン
　——・タイムワーナー　22
英語帝国主義　43
AFP 通信　253
AP 通信　42
ABC　39
NHK　51, 101, 133, 138, 139
　——（的）ニュース　60, 66, 85
　——番組改変報道　129-132, 136
「NHK ニュース10」　54, 59, 61, 63, 64, 67, 71
「NHK ニュースワイド」　52
「NNN ライブオンネットワーク」（日本テレビ）　52
「NC9」　→「ニュースセンター 9 時」
「N ステ」　→「ニュースステーション」
NBC　39
「FNN スーパータイム」（フジテレビ）　52
MI6　250
M & A　28-30, 32-35, 40, 41
MS　→マイクロソフト
　——・ニューズ連合　26
　——・ヤフー連合　25
冤罪報道　170, 173
エンベッド　263
オウム真理教　172, 174-176
O-157 食中毒事件　186
オーストラリアン　40
桶川ストーカー事件　230

オピニオンリーダー 108
オフィス 23
オフィス・トゥー・ワン 54,55,68

か 行

開票速報 119,121
顔写真掲載 202,223-226
化学兵器発見報道 251,252
関西テレビ 160,162-166
疑似環境 277,278
キャスター（アンカーマン） 53,81-90,
93-95,99
——降板 84,94,95
——ニュース 51,52,70,72,84,85,87,94,
97
——編集長 87,97
客観報道 82,89,90,230,243,247,250,253,
256,262
——主義 268,269
キャピタル・シティーズ 39
9・11アメリカ同時多発テロ 6,58,241,267
「きょうの出来事」（日本テレビ） 54,88
「きょうのニュース」（NHK） 51
キンドル 10
グーグル 21,23-27
——・エディション 26
——・ストリートビュー 24
——・マップ 24
グーテンベルクの活版印刷 7
『グーテンベルクの銀河系』 5
クラウド・コンピューティング 26
「クリスチャン・サイエンス・モニター」 9
クリントン・チャンネル 263
グローバル・ビレッジ 5,43,267
グローバル・メディア 267
クローム OS 26
掲載判断基準 200
警察発表 170-173,253
傾斜編集 65
劇場型選挙報道 107
「月刊現代」 136,138
検証報道，検証番組 133,137,147,165,178
現場報道主義 57,258
憲法 21 条 207,215
権力監視 89,93,129,136
言論の自由 142,232
小泉劇場 106-108,115,124,279
公共放送 131,138,139
公職選挙法 124,143
高度情報化社会 17,49,231
幸福追求権 206
神戸小学生連続殺傷事件 222
神戸新聞 224
候補者当落予想 105,110,112
ゴールデンタイム 153,164
告発ジャーナリズム 211
国民の知る権利 37,106,125,129,138,157,
174,180,185,189,197,199,215,235,269
国民の代弁者 58,88
午後5時の茶番劇 244
個人情報 225
——の保護 236
個人情報保護法 96,203,230,232,233
国会喚問 145,147
誤報（誤報道） 159,160,180,187,188
集団—— 172
コマーシャリズム（商業主義） 108,122,153,
157,201,202,216,289

さ 行

サイバー攻撃 26,27
サイバースペース 3
坂本堤弁護士一家拉致殺害事件 174,175
雑誌ジャーナリズム →週刊誌ジャーナリズム
「サン」 13,40
産経新聞 139-141,144
「3時にあいましょう」（TBS） 175,177
三大テレビネットワーク（米国） 21,38,
81-83,260

「サンデー・タイムズ」　40
「サンデープロジェクト」（テレビ朝日）　140
「シアトル・ポスト・インテリジェンサー」　9
CIA　250
CNN　38, 39, 57, 58, 82, 252, 262, 263
——効果　38
——の戦争　245
CBS　39
「CBS イブニングニュース」　81, 83
JR 福知山線脱線事故　233
「JNN ニュースデスク'88」（TBS）　53
「シカゴ・トリビューン」　42
事前検閲　131, 132, 205, 210, 211, 215
視聴質　166
視聴率　74, 153–155
——至上主義，万能主義　36, 108, 153, 157, 158, 160, 166
——の神様　157
——買収事件　154–160
——100％男　55
——四冠王　153
「シックスティ・ミニッツ」（CBS）　52
実名原則　231, 232
実名発表　230
実名報道　202, 223, 226–229, 232, 235
司法介入　190
地元報道懇話会　182–184
ジャーナリスト養成　290
ジャーナリスト倫理　138, 228
ジャーナリズム精神　136, 142, 147, 190, 202, 247
ジャーナリズムの（社会的）使命　93, 136, 243
社会的妥当性　188
社会的プロパガンダ　279
謝罪報道　173
週刊誌ジャーナリズム　183, 202, 203, 209, 211, 213, 215, 216
「週刊新潮」　228
「週刊大衆」　199
「週刊文春」　61, 63, 203, 205, 206, 208, 215, 216
——出版禁止（出版差し止め仮処分）事件　63, 203–210
衆愚的なマス　287
従軍記者制度　263, 264
従軍報道　263–265
集団的過熱取材　→メディア・スクラム
集団的過熱報道　107, 171
取材源（情報源）　174, 175, 249
——秘匿　174
取材の自由　142, 180
出版の自由　205, 206, 208
純粋知，純粋知性　274, 283, 289
肖像権　234
焦土作戦　33
少年法　222–228
情報殺戮作戦　249
情報統制　129
情報民主主義　4, 27
情報リーク　252
"知らせるテレビ" と "考えさせる新聞"　76
人権侵害　181, 200
真実相当性　134, 137
「真相報道バンキシャ！」（日本テレビ）　159
新潮社　223
新聞革命　7
新聞（産業）の凋落　7, 8
新聞ジャーナリズム　15, 94, 142
新聞社の経営破綻　7
新聞とネットの融合　16
推知報道　227
推定無罪　184
スキャンダリズム　41, 211
ステレオタイプ　278, 289
ストレートニュース　59, 60, 64, 67
スポーツニュース　67
スマトラ沖大地震　235
正義の戦争　243

政治的圧力（政治家の圧力） 131, 132
政治的公平性 108, 145
政治の大衆化 93
政党別獲得議席予測 105, 110–121
節度ある取材 181
選挙情勢報道 105, 108–110, 112, 115, 117, 119, 123–125, 139, 142, 143
選挙特番 113, 114, 117, 121–123
戦場ジャーナリスト 244
戦場取材 263, 264
センセーショナリズム 74, 183, 201, 211, 251
戦争ジャーナリズム 266
戦争の大義 242, 250, 253
戦争プロパガンダ 263
戦争報道 82, 94, 258, 262, 266
——指針 268
「戦争をどう裁くか」（NHK 教育） 130
全日本テレビ番組製作社連盟 164
全米公共ラジオ 252
専門大学院 290
ソフトニュース 60, 66, 67, 101
ソフトバンク 28

た　行

大義なき戦争 243
大衆 276–279, 287
——支配 278
——操作の装置 279
——の意見代弁 89, 99
大統領の陰謀 174
大本営発表 244, 267
「タイムズ」 13, 40, 41
タイム・ワーナー 22, 27, 39, 40
第4の権力 231, 266, 289, 291
ダウ・ジョーンズ 41
宅配制度 14
「多事争論」 97
ダブル・スタンダード 259
多メディア・多チャンネル時代 66
「ためしてガッテン」（NHK） 162
タレント学者 282
地下鉄サリン事件 172, 173
「筑紫哲也 NEWS23」（TBS） 31, 53, 59, 61, 63, 64, 67, 75, 76, 81, 85, 87, 97, 176, 177
知識人 275, 279, 283
真の—— 283, 287, 288
対抗的—— 288
論壇—— 280
知的セールスマン 283, 288
知的プロパガンダ 279
知的ワイドショー 284
知の公共圏 280
知の大衆化，社会化 274, 275, 280, 282, 287
知のトライアングル 280, 287
知の表象 286
知の平準化 281
チャレンジャー号爆発事故 57
中東の CNN 258
調査報道 56, 67, 101, 137, 185, 190
ツィッター 27
通信と放送の融合 29, 30, 32, 34, 36, 37
TBS 33–36, 99, 176, 177
——は死んだに等しい 174
報道の—— 95, 179
ディープ・スロート 174
ディレク TV 40
「デーリー・テレグラフ」 13
摘発報道 203
出口調査 114, 115, 117–122
「デトロイト・フリー・プレス」 9
「TV － EYE」（日本テレビ） 52
テレビ朝日 28, 29, 65, 99, 139, 140, 143, 144, 146, 147, 187–189, 192
テレビ時代 51
テレビジャーナリズム 31, 49, 58, 95, 96, 175
テレビマンユニオン 164
テレポリティクス 139
電子新聞（デジタル新聞） 9, 10, 12, 14–16
電子版 7, 9–15, 26
電子メディア時代 5

電波の公共性　144
電波法　178
当確報道　114, 120, 121
東京法務局　200, 224
東電女性社員殺人事件　181, 197
特ダネ競争　180
匿名発表　229, 230, 234, 236
匿名報道　202, 223, 227, 234, 235
徳山工業高専殺人事件　225
所沢ダイオキシン報道　186–191
戸惑える群れ　277

な　行

「ナイトライン」（ABC）　256
ニールセン　154, 155
20世紀フォックス　39, 40
「24時間テレビ」（日本テレビ）　123
2ちゃんねる　225
「日刊ゲンダイ」　199
日経新聞電子版（web 刊）　14
ニッポン放送　30–33
日本広告主協会　166
日本雑誌協会　184, 211
日本新聞協会　183–185, 228
日本テレワーク　164
日本テレビ　51
日本弁護士連合会（日弁連）　200, 223, 230
日本民間放送連盟（民放連）　139, 141, 145, 165, 184
「ニューズアワー」（PBS）　256
「ニューズウィーク」　146
「ニュースウォッチ9」（NHK）　54
「ニユーズ・オブ・ザ・ワールド」　40
ニュース革命（報道革命）　38, 52, 72, 283
――の旗手　102
「ニュース工場一本勝負」（フジテレビ）　52
「ニュースコープ」（TBS）　51, 81, 84, 88, 94, 95
ニューズ・コーポレーション　13, 26, 28, 40, 41, 263
「ニュース JAPAN」（フジテレビ）　54, 59, 63
「ニュースステーション」（テレビ朝日）　52–54, 56–61, 63–72, 74–76, 84–86, 89–91, 93–98, 100, 101, 124, 139, 140, 147, 186, 187, 191, 283
ニュース戦争，ニュース戦国時代　52–54
「ニュースセンター9時」（NHK）　51, 52, 84, 85
「ニュースデスク」（TBS）　76
「ニュース・トゥデイ」（NHK）　53
「ニュース22・プライムタイム」（TBS）　53, 75
ニュースの大衆化　60, 66, 68
「ニューヨーク・タイムズ」　8, 10–12, 41, 42, 246
「ニューヨーク・ポスト」　13, 40
ニンテンドーウォー　50
ネット検索　24, 26
ネット広告　11, 26
「ネットワーク」（TBS）　52

は　行

バーチャル・リアリティー　3
ハードニュース　60, 66, 67
ハーパー・コリンズ　40
バイアコム　39
百度（バイドゥ）　26
バスラ制圧報道　254
パック・ジャーナリズム　179
パックス・アメリカーナ　241
「発掘！ あるある大辞典Ⅱ」（関西テレビ）　160–165
発表ジャーナリズム　56, 172, 173, 253
「ハノイ――田英夫の証言」（TBS）　95
パパラッチ　41, 180
パレスチナホテル　243, 260, 265
パワー・ポリティクス　241
番組編集の自由　131, 139, 179
番組捏造・データ改竄　160–165

バンクロフト家　41
犯罪被害者等基本計画　229-231
ハンチントン理論　6
バンドワゴン効果　124
犯人視報道　170, 171, 184
ＢスカイＢ　40
BBC　29, 39, 179, 268, 269
「ビッグニュースショー　いま世界は」(テレビ朝日)　52
「ぴったしカン・カン」(TBS)　55
ビデオリサーチ　154, 155, 158
表現の自由　61, 63, 131, 142, 145, 204-211, 213, 215, 216, 232
表象文化　4
「開かれた新聞」委員会　185
ビング　25, 26
「フィナンシャル・タイムズ」　10, 13
「フィラデルフィア・インクワイアラー」　8
風俗を語るように政治を語れ　92, 93
風評（報道）被害　186, 187, 189
プール取材　246
フェースブック　27
「フォーカス」　223, 224
フォークランド紛争　268
FOX テレビ　262, 269
フジテレビ　30-33, 165
フジサンケイグループ　32
フセイン大統領死亡報道　249
ブッシュ・チャンネル　263
ブッシュ・ドクトリン　242
普遍性の原則　275
プライバシー・ガイドライン　214
プライバシー権　206
プライバシー侵害　197, 203, 208-213
プライバシー暴露報道（スキャンダル報道）　197-204, 212, 213
プライバシー・ハンター（スキャンダル・ハンター）　41, 203
プライムタイム　153
フリー・プレス　→報道の自由
フリーランサー　265, 266
「ブロードキャスター」(TBS)　107
『文明の衝突』　6
米兵捕虜映像　255
ベトナム戦争　82, 94, 244
偏向番組　130
偏向報道　89, 96, 100, 140, 141, 147
ボイスオーバー　163
放送（編集）の自由　129, 139
放送の自律性　131
放送の世紀　76
放送法　36, 58, 96, 129, 131, 132, 138, 143-147, 165, 179
放送倫理　138, 162
放送倫理・番組向上機構（BPO）　159, 182, 184, 227, 228
報道管制　245, 263
報道規制　211
報道自主規制　256
「報道ステーション」(テレビ朝日)　87, 90
「報道特集」(TBS)　52
報道と人権委員会　185
報道の客観性・公平性（報道の不偏不党）　96, 108, 143, 144
報道の自由（フリー・プレス）　96, 142, 172, 174, 180, 200, 205, 210, 212, 216, 222, 232, 259, 269
報道被害　181
報道倫理　177, 202
「北方ジャーナル」　206, 207
——訴訟　209

ま　行

マードック・ジャーナリズム　42
マードック帝国　42
マイクロソフト（MS）　23-26
——帝国　24, 25
毎日新聞　198
松本サリン事件　170, 172, 181
『幻の公衆』　276, 278

見えない戦争・見せない戦争　246
ミッチーブーム　51
民放連　→日本民間放送連盟
無断録音　134, 135, 138
無料放送　74
名誉毀損訴訟　204, 212
名誉権　206, 234
メディア界の風雲児　38
メディア革命　6, 247
メディア規制法　203, 231, 232
メディア・コングロマリット　13, 28, 40, 42, 43, 263
　グローバル──　35
メディア・コントロール　96, 129, 215
メディア再編　28
メディア・スクラム（集団的過熱取材）　179-185, 251
メディア選挙　106, 109, 110
メディア帝国主義　43
メディアの権力批判　90
メディアの帝王　28, 40
メディアはメッセージである　5
メディア・ビッグバン　3, 34
メディア不信　184
メディア・ミックス　7
メディア・モノポリー　82
メディア・リテラシー　279
メディア倫理　175
『メディア論』　5
問題提起報道　190

や　行

ヤフー　24, 25
「夕刊フジ」　199
ユーチューブ　27
ユビキタス　4, 267
読売新聞　215, 226-228
「ヨルダン・タイムズ」　260
世論　276, 278
　──調査　105, 111
『世論』　278

ら　行

ライブ・サーチ　25
ライブドア　30, 32-35
楽天　33-36
「ラジオ深夜便」（NHK ラジオ）　87
「リベラシオン」　257
連邦破産法　9
ロイター通信　254, 260
「ロサンゼルス・タイムズ」　8, 42
「ロッキーマウンテン・ニュース」　9
論壇ジャーナリズム　280, 281, 284, 286, 287
論壇知識人　280

わ　行

「ワールド・ニュース・トゥナイト」（ABC）　83
「ワールド・ビジネス・サテライト」（テレビ東京）　54, 86
和歌山・毒入りカレー事件　181
「ワシントン・ポスト」　8, 10, 246
湾岸戦争　38, 50, 244, 245

マーシャル・マクルーハン（栗原裕・河本仲聖訳）『メディア論――人間の拡張の諸相』みすず書房、一九八七年。

門奈直樹『ジャーナリズムの科学』有斐閣、二〇〇一年。

矢野暢『衆愚の時代――「神々は渇く」の政治学』新潮社、一九八九年。

山本武利編『「帝国」日本の学知』岩波書店、二〇〇六年。

吉見俊哉編『メディア・スタディーズ』せりか書房、二〇〇一年。

読売新聞社調査研究本部編『実践ジャーナリズム読本』中央公論新社、二〇〇二年。

渡辺淳『二〇世紀のフランス知識人』集英社、二〇〇四年。